面向“十二五”教学课程改革立项教材
会计与财务管理专业规划系列教材

会计基本技能

（新版）

主　编　王　伟　李冬菊
副主编　杜亚彬　高　艳
　　　　张传亮　姚建鹏
参　编　董晓静　党春蕾
　　　　孙　萌　王菲菲
　　　　吴翠翠　孙晓辉
　　　　甄萱萱　张芳丽
　　　　宋　蔚

中国商业出版社

图书在版编目(CIP)数据

会计基本技能/王伟,李冬菊主编.—北京:中国商业出版社,2016.9

ISBN 978-7-5044-7445-2

Ⅰ.①会… Ⅱ.①王…②李… Ⅲ.①会计学-教材
Ⅳ.①F230

中国版本图书馆CIP数据核字(2011)第201237号

责任编辑:于印辉

中国商业出版社出版发行
010-63180647 www.c-chook.com
(100053 北京广安门内报国寺1号)
新华书店总店北京发行所经销
涿州市华建印刷有限公司印刷

* * * * *

787×1092毫米 开本:1/16 印张:12 字数:200千字
2016年9月第1版 2016年9月第1次印刷

定价:29.80元

* * * * *

(如有印装质量问题可更换)

前　言

为了不断提高会计基本技能课程的教学水平和深化教学改革，我们组织山东省农业管理干部学院及临沂职业学院多年从事教学和研究的专家学者编写了这本《会计基本技能》。主要讲授了数字书写、珠算加减乘除运算、点钞基本方法、小键盘数字操作、计算器使用及会计档案整理与保管等财经工作者必备的技能。在编写过程中，力求按照教学规律，同时兼顾实际工作及珠算鉴定考核要求编排内容，在对相关理论进行了简明介绍的基础上，更加注重技能与操作方法的介绍。本书简明实用，适合作为财经院校会计专业和经济管理专业教材，也可作相关培训教材使用。

本书由王伟拟定编写大纲，并担任主编。具体内容由以下编写人员执笔编写：山东省农业管理干部学院董晓静、党春蕾（第一章），山东省农业管理干部学院高艳、孙萌（第二章），山东省农业管理干部学院王伟、王菲菲（第三章），山东省农业管理干部学院杜亚彬、吴翠翠（第四章），山东省农业管理干部学院杜亚彬、孙晓辉（第五章），山东省农业管理干部学院董晓静、甄萱萱（第六章），山东省农业管理干部学院李冬菊、张芳丽、临沂职业学院经济贸易系姚建鹏（第七章），山东省农业管理干部学院王伟、宋蔚、临沂职业学院经济贸易系张传亮（第八章）。期间由王伟、杜亚彬、高艳进行了初稿审阅、统稿修改并定稿。

本书参阅了大量资料，并吸收了同行的经验，在此表示诚挚的谢意，同时也得到了学院有关领导的大力支持，在此表示衷心的感谢。

由于我们水平有限，加之编写时间仓促，书中不当之处在所难免，敬请各位专家和读者批评指正，以便及时修订和完善。

编　者

2016 年 9 月

目 录

第一章　会计数字的书写技能

第一节　阿拉伯数字的书写

一、阿拉伯数字的产生和运用

阿拉伯数字是国际上通用的数码，最早起源于印度。早在公元前3000年，古代印度人发明了包括“零”在内的十个数字符号，即1、2、3、4、5、6、7、8、9、0，我们称为阿拉伯数字。后来随着印度数字传到阿拉伯帝国，得到阿拉伯数学家的广泛应用和改善，后又由阿拉伯人将这十个数字符号传播到欧洲。由于阿拉伯数字采用十进位法，加上本身笔画简单，写起来方便，看起来清楚，所以逐渐在各国流行。大约是13到14世纪，阿拉伯数字传入我国。现在阿拉伯数字已成为人们学习、生活和交往中最常用的数字。

任何计算都离不开数字，数字是计算的前提条件，计算过程和结果都是通过数字来表现和反映的。所有的财务工作，如填写票据、凭证、账簿及报表时，都要进行数字书写，所以对于阿拉伯数字的正确书写既是对一名会计人员的基本要求，也是会计人员基本素质的体现。熟练掌握规范的数字书写，既能提高会计人员的工作质量和效率，又能够使信息使用者快速、全面、清晰地了解会计内容。

二、阿拉伯数字书写要求

规范的阿拉伯数字的书写会给生活和工作带来很多方便，避免产生不必要的麻烦和纠纷。因此必须按照要求规范书写，已达到数字书写清晰、准确、整洁。具体要求如下：

1. 书写时要求字迹工整，各数字自成体型，大小均匀，一目了然，笔划清晰，流畅自然，要求各个数字一个一个地写，不连笔。要合乎手工书写习惯，保持自己独有的字体，防止模仿。对于易于混淆或笔顺相近的字，尽可能按标准字体，区分笔顺，防止涂改。

2. 数字排列整齐有序，有一定的倾斜度，各个数字倾斜度要一致，一般数字以上端向右倾斜60度为准。对于一组数字应按照自左向右的顺序书写，不可逆方向书写。

3. 书写数字时应自上而下、先左后右、大小一致，数字之间应保留等距的间隙。数字上下、左右对齐，数字间不能留空格（以不能穿插数字为准）。在书写没有印刷数字格时，同一行相邻数字之间应空出半个数字的位置。

4. 阿拉伯数字在账表和单据上书写时，数字格上面的数字上不能顶格，高度要占表格的1/3或1/2，这样既美观又便于改错。

图 1－1

5. 除数字“4”、“5”以外，其他数字必须一笔完成，不可人为地增加笔划。

6. “7”和“9”这两个数字书写时上端要低于下半格1/4，且占下一格上半格的1/4；其他数字都要靠在格子底线上，不能出格。

7. “6”、“8”、“9”、“0”的圆必须封口。

8. “1”不能写得过短，要保持倾斜度，将格子占满，以防止涂改为“4”、“6”、“7”、“9”。

9. “4”的顶部不封口，左竖要占数字格左下边 1/3 处，中竖高度占 1/2 且明显比“1”短，“4”的两竖要平行，以避免涂改“1”为“4”。

10. “6”要比其它数字高一些，上竖在表格右上方半格 1/4 处，书写要顶满格子，下圆要明显，以防止“6”改写为“8”。

11. “8”的左上端要略出格外，书写时“8”的上半部分要稍小，下半部分稍大，起笔和终笔处成棱角，以防“3”改为“8”。

12. “9”不能开口和留尾巴。

13. “0”要写饱满，不能写小了，不能写成扁 H 长形的；在连写几个“0”时，不能加连接线。

14. 对于一组数字，其整数部分，一般会计上按照三位一节来记数，由个位算起，从右到左，每隔三位，用分位点“，”隔开；也可以不用分节号，每隔三位空半格，例如，有分节号：数字金额 4,278，数字金额 68,327；无分节号：数字金额 42 178，数字金额 6 183 527。

三、小写金额书写规范举例

一般来讲，货币金额用阿拉伯数字来表示，即称为小写金额。

1. 在书写小写账簿金额时，阿拉伯数字的前面应添加货币币种、货币简称或货币符号，货币符号和数字之间不能留空隙，防止中间添加或涂改数字金额。数字前有货币符号的，数字金额后面不再写货币单位。在中文记账中，人民币用“￥”表示。“￥”是“yuan”第一个字母缩写变形，它既代表了人民币的币制，又表示人民币“元”的单位。小写金额前填写人民币符号“￥”以后，数字后面可不写单位“元”字。注意，在填写票证（如发票、支票、存单等）和编制记账凭证时必须添加人民币符号（“￥”），但在登记账簿、编制报表时，一般数字前不再使用人民币符号（“￥”）。在没有位数分隔线的凭证、账簿、报表上，表示金额的阿拉伯数字，一律要写到角分；无角分的，角位和分位数字下面可划一横线（“－”），或可写“00”；有角无分的，分位应当写“0”，不能以符号“－”代替，例如：￥205.00 或￥205.－；而￥8.30 却不能写成￥8.3－。

2. 对于印有数位分隔线的凭证、账簿、报表，由于他们有固定的格式，必须按照相对应固定的位数填写，不需要加小数点和分节号，更不能错位。要从最高位写起，而且后面的数字必须添写完整，不能留有空格。分位是“0”的，在分位上写“0”；角分位都是“0”的，应在角分位上各写一个“0”字，不能采用划线等方法代替。写法如表 1－1 所示。

表 1－1

	亿	千	百	十	万	千	百	十	元	角	分
正确						7	5	0	0	0	0
错误						7	5	0	0		

四、阿拉伯数字的错误更正

在实际工作中，由于多种因素的存在，在书写凭证、账簿、报表等财务数据时会发生一些错误，如:写错数字、错行、错列或者错位。如果出现错误，应使用规范正确的方法予以更正，绝不允许任意涂改、刀刮、粘贴或使用化学物质更改，具体方法是:应该把错误的阿拉伯数字全部划一道红线，表示注销，再重新把正确的阿拉伯数字写在错误数字的上方，而不应该在单个错误数字上面改错，被划线的全部错误数字的字迹必须清晰且仍可辨认，这种更正方法又叫做划线更正法。更正后，要在错误数字(已划线处)的左端加盖会计修改人员及会计部门负责人印鉴，以示负责。

1. 发现错误的阿拉伯数字，应用红笔在错误数字上划一条横线，且红线要贯穿这笔数字的全部，以示全部注销。再把正确阿拉伯数字写在错误数字的上方。例如:在书写阿拉伯数字 513.26 错写成 531.26。如表 1－2 所示。

表 1－2

亿	千	百	十	万	千	百	十	元	角	分
						5 ~~5~~	1 ~~3~~	3 ~~1~~	2 ~~2~~	6 ~~6~~

2. 如果一笔阿拉伯数字还未写完就发现错误时，也要一定写完或在未写完的数字后面用“0”补齐，不能留空格，最后再用红线划线更正法予以更正。例如:在书写阿拉伯数字 513.26 时，应在百位上书写数字 5，却在万位上书写了数字 5，发现后应将数字后面的账格用“0”补齐，再用划线更正法予以更正。如表 1－3 所示。

表 1－3

	亿	千	百	十	万	千	百	十	元	角	分
正确					~~5~~	~~1~~	5 ~~3~~	1 ~~2~~	3 ~~6~~	2 ~~0~~	6 ~~0~~
错误					~~5~~	~~1~~	5 ~~3~~	1 ~~2~~	3 ~~6~~	2	6
错误					~~5~~	~~1~~	5	1	3	2	6

3. 如果一笔阿拉伯数字只写错其中一个或几个数字时，不能只更改单个错误数字，而应该将这笔数字全部划线注销，再将正确的数字书写在错误数字的上方，进行划线更正。例如:在书写阿拉伯数字 63 462.18 时错写成 64 362.18。如表 1－4 所示。

表 1-4

	亿	千	百	十	万	千	百	十	元	角	分
正确					6	3	4	6	2	1	8
					~~6~~	~~4~~	~~3~~	~~6~~	~~2~~	~~1~~	~~8~~
错误						3	4	6	2	1	8
					~~6~~	~~4~~	~~3~~	~~6~~	~~2~~	~~1~~	~~8~~

第二节　中文大写数字的书写

一、中文大写数字书写要求

在经济活动中，需要填写各种财务票据、结算凭证、发票等会计资料，这些资料是办理支付结算和现金收付的重要依据，直接关系到支付结算的准确、及时和安全，同时又是银行、单位和个人据以记载账务的会计原始凭证，是记载经济业务和明确经济责任的一种书面证明。由于阿拉伯数字和中文简体字(一、二、三、四、五、六、七、八、九)的笔划简单容易涂改和伪篡，所以在填写票据和凭证等会计资料时，必须书写阿拉伯数字和中文大写数字，二者缺一不可，这样就增强财产资金的准确性与安全性。同时在书写时需做到标准化、规范化，二者相对应，应要素齐全、数字正确、字迹清晰、不错漏、不潦草，防止涂改。

二、中文大写数字书写规范举例

中文大写数字金额有 19 个，分别是:壹、贰、叁、肆、伍、陆、柒、捌、玖、零、拾、佰、仟、万、亿、元、角、分、整。前 10 个大写数字表示数量，其对应的阿拉伯数字为 1、2、3、4、5、6、7、8、9、0，这 10 个数字单独存在能够代表一定的意义;后 9 个大写数字表示数位，这 9 个数字单独存在不能全面准确地代表一定的意义。在书写中文大写数字时，其具体要求如下:

1. 书写中文大写数字时一定要正规，不能随意简写。

2. 书写中文大写数字时要用正楷或行书，要求标准规范、清晰可辨认。不能使用大写数字一、二、三、四、五、六、七、八、九等简化字代替。

3. 中文大写数字前面要标明“人民币”字样。对于各种银行票据和结算凭证，如支票、本票、汇票、汇款单、存取款单等，在其大写金额栏中，不得印有固定的大写金额数位，大写金额数字要紧接着“金额(大写)人民币”的字样填写，中间不能留空白或冒号，数字之间更不能留空白，写数与读数顺序要求一致。对于大写金额数字前未印有货币名称“人民币”字样的，应加填“人民币”三字。例如在书写金额 ¥620.00 时，中文大写应为:人民币陆佰贰拾元整，而不能写成:(1)人民币　陆佰贰拾元整;(2)人民币:陆佰贰拾元整。

4. 为了防止大写数字金额被添加涂改，表示数位的文字(拾、佰、仟、万、亿)前必须有数字。大写数字“拾”前面要有表示数量的数字，必须加写“壹”字。例如书写金额 ¥15.60 时，中文大写应为:人民币壹拾伍元陆角整;不能写成:人民币拾伍元陆角整。书写金额￥1 310时,中文大写应写为:人民币壹仟叁佰壹拾元整。

5. 中文大写数字到“元”为止的,“元”后面必须写“整”字或“正”字;在所写金额有“角”的,可写或不写“整”字;所写金额中有“分”的,不能写“整”字。例如数字金额￥10.00,应写为:人民币壹拾元整;数字金额￥35.20,应写为:人民币叁拾伍元贰角整,或者写为:人民币叁拾伍元贰角;数字金额￥781.25,应写为:人民币柒佰捌拾壹元贰角伍分。

6. 在阿拉伯数字金额中间有一个零时,空位要补零。例如数字金额￥603.00,应写为:人民币陆佰零叁元整。对于阿拉伯数字金额中间有连续几个零时,可只补写一个零字。例如数字金额￥10 002.00,应写为:人民币壹万零贰元整。

如果阿拉伯数字金额中元位或者万位为零,或者元位是零并且与其相连几位数都是零,角位不是零,可补写一个零或不写零。例如数字金额￥570.50,应写为:人民币伍佰柒拾元零伍角整;或者写为:人民币伍佰柒拾元伍角整。数字金额￥300 500.78,应写为:人民币叁拾万零伍佰柒角捌分;或者写为:人民币叁拾万伍佰零柒角捌分。

阿拉伯数字金额无角、无分或有角、无分,书写中文大写数字时,不需用“零”表示,直接用整结尾。例如数字金额￥58.00,应写成:人民币伍拾捌元整。数字金额￥9 258.30,应写成:人民币玖仟贰佰伍拾捌元叁角整。

7. 收据、发票等凭证的上面,一般印有“人民币(大写)”字样和固定的大写金额数位,在填写时只用填入表示数量的大写数字即可。如果阿拉伯数字金额中有零时,在其对应的数位填“零”,大写金额栏前面未用数位用符号“⊕”或“Δ”注销,如表1-5所示。

表1-5

收款收据

日期:2009年12月3日　　　　0000078576

交款单位或交款人	上海造纸厂			收款方式	电汇
项目名称	数量	标准	金额	备　注	
货款			30 500.04	预收款	
合计			￥30 500.04		
人民币(大写)	Δ佰Δ拾叁万零仟伍佰零拾零元零角肆分				

8. 票据的出票日期必须使用汉字大写。在我国,票据包括支票、汇票和本票。票据和结算凭证是银行、单位和个人凭以记载账务的会计凭证,是记载经济业务和明确经济责任的一种书面证明。为防止变造票据的出票日期,出票日期的书写必须使用中文大写。票据出票日期月为壹月、贰月和拾月的,日为壹日至玖日、壹拾日、贰拾日和叁拾日的,应在其前加“零”;日为拾壹日至拾玖日的,应在其前加“壹”。例如出票日期为2009年1月9日,应写成二零零玖年零壹月零玖日。再如出票日期为2010年10月5日,应写成贰零壹零年零壹拾月零伍日。如果票据出票日期使用小写填写的,银行不予受理;大写日期未按要求规范填写的,银行可予受理,但由此造成损失的,由出票人自行承担。票据上的大小写金额、日期和收款人如果填写有误,必须作废重新填制,不能直接修改。票据上的签发人签章必须使用银行预留

的印鉴，一般预留单位的财务专用章和单位法人名章，票据上的收款人必须填写单位全称或个人姓名，不能用简称。如图 1－2 所示。

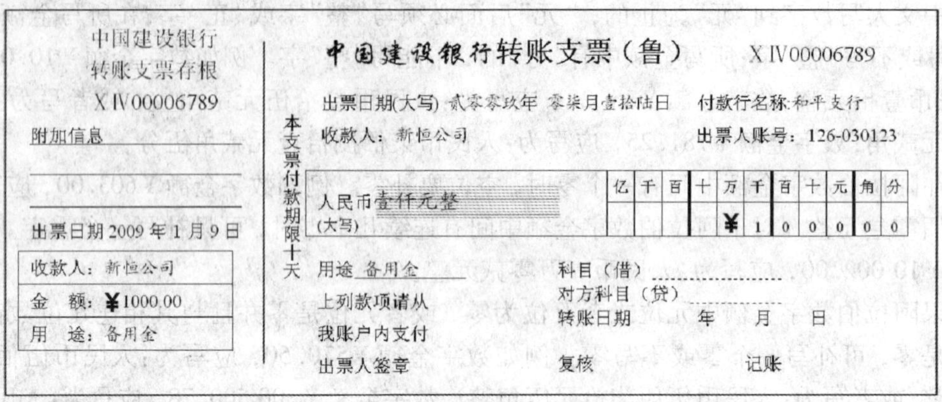
中国建设银行
转账支票存根
X Ⅳ00006789
附加信息

出票日期 2009 年 1 月 9 日
收款人：新恒公司
金　额：¥1000.00
用　途：备用金

中国建设银行转账支票（鲁）　X Ⅳ00006789
出票日期(大写) 贰零零玖年 零柒月壹拾陆日　付款行名称:和平支行
收款人：新恒公司　出票人账号：126-030123
本支票付款期限十天

人民币（大写）	亿	千	百	十	万	千	百	十	元	角	分
壹仟元整					¥	1	0	0	0	0	0

用途 备用金　科目（借）
上列款项请从　对方科目（贷）
我账户内支付　转账日期　年　月　日
出票人签章　复核　记账

图 1－2

三、中文大写数字书写的错误更正

对于中文大写数字金额如果发现错误，不论是一个还是几个错误，都要重新填制一张新的凭证，而不能在原来的错误数字上直接更改。除非有特殊的原因不能重新填制凭证的，可在原错误数字上面填写正确的数字且需填写全部的正确数字，不能只更改个别错误数字，同时把错误数字全部用红线划掉，以示注销，即使用划线更正法。经办人员和会计机构负责人必须在更正处的右端加盖个人印鉴，以示负责。例如，大写金额：人民币叁仟陆佰伍拾元整，错写为人民币叁仟伍佰陆拾元整。

正确：(1) 另外填制一张；

(2) 人民币叁仟陆佰伍拾元整
~~人民币叁仟伍佰陆拾元整~~（加盖印鉴）

错误：　　陆 伍
人民币叁仟~~伍~~佰~~陆~~拾元整（未加盖印鉴）

习题一

一、练习书写阿拉伯小写数字

1. 阿拉伯数字：1、2、3、4、5、6、7、8、9、0
2. ¥745.23
3. ¥200.50
4. ¥560 890.56
5. ¥123,286,369.06
6. ¥8.00
7. ¥0.72
8. ¥0.06

9. ¥300 000.00

10. ¥7,213.56

二、练习书写中文大写数字

1. 中文大写数字：壹、贰、叁、肆、伍、陆、柒、捌、玖、零、拾、佰、仟、万、亿、元、角、分、整。

2. 人民币叁佰肆拾伍元整

3. 人民币伍万零陆拾元整

4. 人民币柒拾陆万壹仟贰佰壹拾玖元整

5. 人民币捌拾柒元叁角贰分

6. 人民币贰拾元零柒分

7. 人民币玖仟万零伍角

8. 人民币肆元叁角壹分

9. 人民币陆分

10. 人民币伍万元整

三、根据下列阿拉伯小写数字金额写出中文大写数字金额

1. ¥157.26

2. ¥450 780.02

3. ¥12,456,238.00

4. ¥7,276.50

5. ¥500 002 017.05

6. ¥69,050.70

7. ¥9.61

8. ¥0.03

9. ¥0.50

10. ¥20.00

四、根据下列中文大写数字金额写出阿拉伯小写数字金额

1. 人民币伍拾柒万零伍角整

2. 人民币叁拾万零陆分

3. 人民币陆仟玖佰壹拾万肆仟贰佰壹拾元零壹分

4. 人民币叁分

5. 人民币壹拾陆元叁角贰分

6. 人民币陆万零壹拾元零叁分

7. 人民币肆角贰分

8. 人民币柒仟万元整

9. 人民币叁仟陆佰叁拾贰元整

10. 人民币玖佰零伍元整

五、写出下列银行票据的大写出票日期

1. 1999.5.07

2. 2000.10.9

3. 2004.1.19

4. 2001. 11. 30

5. 2006. 12. 10

6. 2008 年 1 月 20 日

7. 2009 年 6 月 7 日

8. 2010 年 3 月 15 日

9. 2010 年 12 月 31 日

10. 2011 年 1 月 1 日

六、对下列阿拉伯数字金额进行更正

1. 数字金额￥3 257.36 错写成￥3 527.36

2. 数字金额￥250.00 错写成￥205.00

3. 数字金额￥329.02 错写成￥329.20

4. 数字金额￥37.38 错写成￥73.83

5. 数字金额￥0.46 错写成￥0.64

6. 数字金额￥45 632.00 错写成￥46 532.00

7. 数字金额￥2.60 错写成￥26.00

8. 数字金额￥54.00 错写成￥5.40

9. 数字金额￥780,236.45 错写成￥78,023.64

10. 数字金额￥5 756.00 错写成￥57 560.00

七、对下列中文大写数字金额进行更正

1. 人民币捌仟叁佰贰拾元整错写成人民币捌仟贰佰叁拾元整

2. 人民币伍拾陆元整错写成人民币陆拾伍元元整

3. 人民币玖佰零贰元整错写成人民币玖佰贰拾元整

4. 人民币肆佰柒拾陆万元整错写成人民币肆拾柒万陆仟元整

5. 人民币壹仟万零伍元整错写成人民币壹仟万零伍拾元整

6. 人民币陆拾柒元叁角肆分错写成人民币元整陆拾柒元四角叁分

7. 人民币叁元陆角错写成人民币叁元零陆分

8. 人民币贰分错写成人民币贰角整

9. 人民币壹万零贰元伍角整错写成人民币壹万零贰拾元零伍角整

10. 人民币叁拾玖万壹仟陆佰贰拾捌元叁角整错写成人民币叁拾玖万壹仟陆佰捌拾贰元叁角整

第二章　珠算的基本知识

第一节　珠算发展历程与现状

一、珠算发展历程

珠算，是以算珠为载体，以算盘为工具，以其独有的计算原理和数学原理为基础计算数值的一项计算技术。

珠算及算盘是我国劳动人民在长期社会实践中创造的，是中华民族的优秀文化瑰宝和科学文化遗产。它对于中华民族科技发展、社会进步和经济文化发展发挥了重大作用，在世界范围内也产生了很大的影响。不仅是我国一项优秀的科学文化遗产，也是世界文化遗产的重要组成部分。珠算技术发展至今，经历了一个漫长的历史过程。虽然珠算在中国具体创始于何时至今尚无确切的考证，但从考古发现和现存资料可以分析出它产生和发展的大体轮廓是源于商周，始于秦汉，臻于唐宋，盛于元明，从明朝开始逐步取代了其他计算方式和计算工具，在计算领域中独领风骚，一直发展到今天。

“珠算”一词最早见于东汉徐岳所著《数术记遗》一书，距今 1 800 多年。这部书中记载了 14 种算法，其中以算珠进行计算的算法有太乙算、两仪算、三才算和珠算等。

1976 年我国陕西岐山出土西周的陶丸，可证明珠算历史久远。珠算产生的年代可能远在周代之前，距今已有 3 000 多年历史。伴随着经济及计算技术的发展，算法的不断改进，新的算据不断出现。现有资料表明，珠算及原始的珠算盘（游珠算盘及无梁串珠算盘）最迟产生于东汉。

有梁串珠固定算盘的产生年代，根据北宋徽宗年间宫廷大画师张择端的巨幅名画《清明上河图》中画有与现在算盘相同的图形推断，其产生在唐代或唐代晚期，宋代已盛行于市。宋代谢察微在其《算经》中有“算盘有横梁隔木”等描述，也可证明宋代以前已有成型的有梁串珠固定算盘。

元代，算盘已经在我国南北各地民间广泛流传，见于街头巷尾，出现了大量记录珠算的文字和实物资料。最早由珠算绘图的书籍见于明初《魁本对相四言杂谈》（1371 年），而流传最广的是明代珠算大师程大位所著《算法统宗》（1592 年）。明代之后，这部《算法统宗》奉行全国各地，并流传到国外。

二、珠算科技现状

（一）国内珠算科技现状

新中国成立以来，党和政府对珠算科学十分重视。中国珠算协会的成立是中国振兴珠算事业的里程碑。据不完全统计，全国珠算协会系统团体会员 3 000 多个，个人会员达 20 万人之多，专兼职工作人员和珠算技术等级鉴定员超过万人。

珠算技术等级鉴定是带有行政委托经济技术管理性质的社会工作。为了加强和规范培训，不断提高珠算技术水平，中国珠算协会先后制定了《全国珠算技术等级鉴定标准》、《珠算技术等级鉴定员管理制度》，前者以财政部[85]财会字第60号批文下发。

组织各种珠算技术比赛是各级珠算协会的一项重要的经常性工作。中国珠算协会制定了珠算比赛的有关规程，使比赛有章可循，实现了正规化和规范化。20多年来，举办全国性比赛近40次，包括全国大赛、邀请赛、国家队选拔赛、全国少数民族珠算技术比赛等。海峡两岸珠算通讯比赛至今已举办16届，累计参赛500万人次以上。在国际珠算技术比赛中，中国队选手计算速度惊人，技压群芳。目前我国珠算技术最好成绩是每秒钟计算24个数码(包括写答数)。

为弘扬中华民族文化、广泛宣传和普及珠算科技知识，我国于1990－1991年举办了全国首届珠算科技知识大赛，对珠算历史、学术理论、科普知识、算理算法、运算技术、珠算教学和技术训练等进行了一次空前的大宣传、大普及、大提高，珠算名声大振。

珠算教育历来受到国家重视，目前，全国小学有十几万个教学班，几百万学生学习珠算技术。各财经类和设有财经专业的大中专院校开设珠算技术课，要求学生毕业时最低达到珠算技术普通五级水平。同时，各级珠算协会检查经常举办各种类型的珠算技术培训班、师资培训班，积极宣传普及珠算科技知识。

在传统珠算的基础上，大力推广普及珠心算教育，是十几年来珠算事业发展的一项新生事物。目前，全国学习珠心算的儿童近150万人。多年实践证明，珠心算技术教育不仅能启迪儿童智力、提高儿童的计算能力，而且能培养儿童的非智力因素，是进行素质教育的有效方法和重要途径之一。

20多年来，我国广大珠算专家在算理算法、珠算史、算具改革、珠算技术比赛、三算教学、珠算教育等多个方面进行了深入的研究，先后编著出版了大量珠算著作和教材，建立了珠算资料馆和博物馆，摄制了以珠算为题材的电影、电视剧，为普及和宣传珠算技术，提高珠算学术理论水平做出了重要的贡献。

(二)国际珠算科技现状

珠算从明朝流传到日本、朝鲜、越南、泰国、南洋群岛等地，20世纪60年代起，先后传到美国、英国、墨西哥、巴西、加拿大、坦桑尼亚等国家。

美国是电子计算机应用十分广泛的国家，由于在小学使用电子计算器，小学生不用手脑体验计算过程，致使小学生数学水平大大降低。为解决这一问题，美国一些有识之士从20世纪70年代开始把我国的珠算作为新文化引进推广，于1977年8月20日在洛杉矶的加利福尼亚大学成立了全美珠算教育中心，致力于在全美大、中、小学开设珠算课，并建立算盘学院。不久前，美国还提出“如果不加强珠算教育，有沦为二流国家危险的警告”，以引起当局及有关部门的重视。目前，芝加哥大学考姆斯、斯蒂格勒获得珠算博士学位。中国古老的珠算文化不仅在中国，而且在世界人类文化宝库中仍然放射着科学的光芒。

日本是世界上电子技术最发达的国家之一，电子计算器的年产量占世界总产量的50%左右，但是日本算盘的使用量占包括电子计算器在内的所有计算工具的80%多，算盘在日本获得了“计算工具之王”的美称。在日本，人们认为，一个人掌握了珠算技术是一生最大的财富，他们还认为，日本的财富来自教育，特别是珠算教育。已故日本珠算教育联盟会长荒木勋在我国第二届全国珠算比赛大会贺词中说:“筑成今天日本国力的日本人民的技术和技能,可以说是依靠几百年间形成的教育,这个教育的根本在于读、写、算盘。”

位于太平洋的封建王国汤加明文规定,每个臣民必须学习珠算,珠算课由国王亲自讲授,创立了珠算教师最高职位的记录。由此,汤加以封建王国和珠算王国这一双王国著称于世。

1994 年 5 月,国际珠算理论研讨会在我国黄山召开,主题是研讨珠算的教育启智功能和珠算的价值以及其应用发展前景。会议取得的基本共识是:珠算是中华民族传统的优秀文化瑰宝,它体现了中国传统数学的构造性和机械化的优秀思想方法,并与电子计算机有着相似的机理,并行不悖,相得益彰,而珠算更有利于计算机算法化原理和数学真谛的教育。

1996 年 10 月,首届世界珠算大会在我国潍坊召开,来自十几个国家和地区的 400 多名专家和特邀代表出席会议。大会主题是:发展珠算,启智育人,增进友谊,造福社会。

2002 年 10 月,在北京成立世界珠算心算联合会,并推选我国为会长国,这对推动全球珠算科技发展具有十分重要的意义。

第二节 学习珠算的方法

一、正确认识学习珠算技术的重要性

珠算是中华民族的优秀文化瑰宝,是我国一项卓越的科学技术遗产。学习和应用珠算,研究和弘扬珠算,是继承和发扬中华民族科技文化的重要方面。

珠算作为一项计算技术有其独特之处。算盘结构简单,操作方便,稍具算术知识,即可学会应用。加减法运算速度快,具有广泛的使用性。学习和掌握珠算技术在现代生活中仍然大有用处。

现代珠算的学习研究和发展的实践证明,珠算不仅具有计算功能,同时还具有重要的教育功能和启智功能。在青少年中提倡学习和运用珠算,是智力开发、进行素质教育的有效工具和简捷途径之一。

珠算这种丰富的内涵及其所具有的功能、作用和社会价值,还有待于我们进一步地深入探讨和发掘,使珠算在人类进步的伟大事业中发挥更大的作用。

二、学习珠算的基本方法和要求

(一)苦练基本功,打好学习基础

拨珠法是学习珠算技术的基本功,拨珠的巧拙及是否科学,直接影响到计算速度和准确性。初学者必须认真学习和熟练掌握科学的拨珠法。掌握正确的拨珠动作,养成良好的拨珠习惯,运算才能更加准确迅速。

在打算盘的过程中,眼、脑、手要有机配合,协调动作。先用眼睛看数,这个数一定要看得准,力争看一遍就能记住,同时要动手拨珠,对多位数要分节看数,随即分节拨珠。计算完毕后,写数也很重要,尤其是小数点要点准,避免因为书写错误而导致前功尽弃。

在日常的学习中,要勤学苦练。拨珠指法的敏捷灵巧,看数过目不忘,算法随题巧变,都离不开勤学苦练的过程。珠算学习要持之以恒,循序渐进,不断总结学习中存在的问题,

找出差错的原因和影响速度的症结，才能迅速提高珠算的技术水平。

(二)抓重点，先易后难安排学习

珠算加减法是珠算技术的学习重点。在实际工作中，经常使用的是珠算加减计算。学好加减法又是学习珠算乘除法的基础。因此，必须狠下功夫抓好珠算加减法的学习，熟练掌握珠算加减法技术。先练加减法，再练乘除法;先练基本算法，再练简捷算法和珠心算结合算法。

(三)准确定位，掌握差错查找方法

珠算上的定位通常是指在算盘上决定小数点的位置或乘积、除商的个位档。定位是很重要的一个学习环节，应认真学习各种定位方法，明确其各自的适用范围。

珠算差错的原因通常有看数错误、听数错误、写数错误、运算错误、定位错误、重算错误、漏算错误、正负数错误、数字颠倒错误、大小数错误、混珠带珠错误等。查找差错的方法可根据出现差错的类型，分别采用还原验算法、九除法、十除法、二除法、九余法等进行改正。

(四)以珠算为基础，密切结合心算

提高珠算计算速度的方法有两种:一是加快拨珠速度，二是减少拨珠次数。减少拨珠次数的有效措施就是把珠算和心算结合起来。例如，在算盘上分别加入5、6、7，可以先心算出三数的结果18，直接在算盘上加入18。

(五)培养健康心理，逐步做到稳、准、快

衡量计算技能水平的高低是以稳、准、快为前提的。稳就是忙而不乱，一次算对;准就是看数、计算、写数都准确无误;快就是拨珠敏捷灵活，运算神速，时间短，效率高。要正确处理三者之间的关系，在稳和准的基础上求快。

第三节　珠算的结构与拨珠方法

一、认识算盘

(一)算盘的结构

算盘是我国古代人民创造的一种计算工具，随着经济的发展和科学技术的进步，算盘也不断得到改进和革新。

算盘呈长方形，是由框、梁、档和算珠四个基本部分组成，改进后的算盘又增加了清盘器、计位点和垫脚等装置，如图2－1所示。

框:是算盘四周的边框，也叫边。用以固定算盘的梁、档、珠各部分。分为:上框(上边)、下框(下边)、左框(左边)、右框(右边)。

梁:是连接左右两框(或两边)的横木，它将盘面分为上、下两部分。

档:是穿过横梁并连接上下两边的细杆(或铁、铜棍)，用以穿连算珠并表示数位。

珠:又称算珠或算盘子。梁上部分的算珠叫上珠，梁下部分的算珠叫下珠。七珠算盘最上面的一颗叫顶珠，最下面的一颗叫底珠。

清盘器:是安装在横梁下面用以使算珠离梁的装置，其操作按钮装置在算盘上边的左端。清盘器主要用于提高清盘的速度与质量。

垫脚:装在算盘左右两边的底面，共三个，其作用是使算盘底面离开桌面，当推(拉)算盘下面的计算资料时，防止带动算珠。

记位点：是在梁上做出的计位标识，每隔三档设一点，每点设在两档之间，主要作用是便于计数与看数。

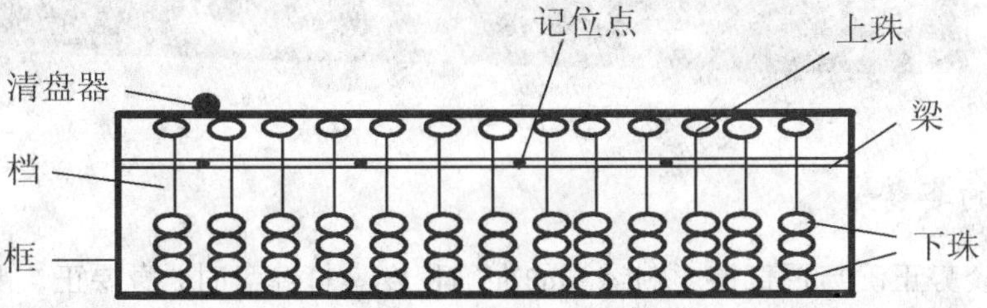

图 2－1

（二）算盘的种类

目前的算盘大致分为三类。

1. 圆形七珠大算盘

它是我国的传统算盘，算珠上二下五，又分为九至十五档等几种。这种算盘手指拨动算珠幅度大，声音响，处于被淘汰的趋势，如图 2－2 所示。

图 2－2

2. 菱珠或圆珠的中型算盘

它是在七珠大算盘的基础上改进而来的。算珠上一下四，缩短了档距，减少了算珠，增加了档位，装有清盘器和垫脚，克服了七珠大算盘的缺点，是我国目前使用最广泛的一种算盘。如图 2－3 所示。

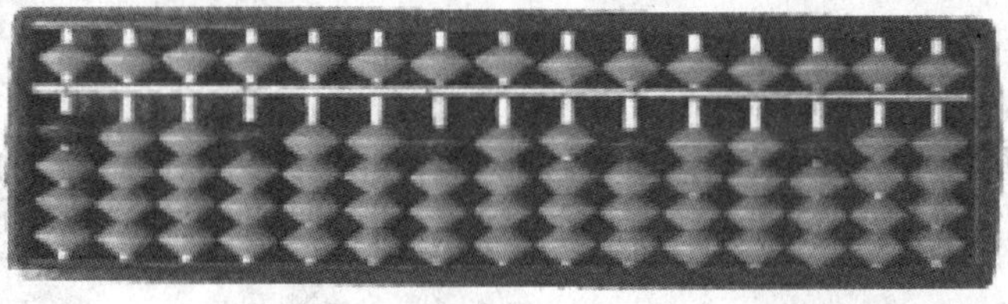

图 2－3

3. 菱形小算盘

这是一种上一下四珠条形菱珠算盘，一般档位较多，便于手握移动；档距短，利于提高速度。这种算盘目前正在被大力推广，尤其是在小学、幼儿园珠算教学中广泛使用。如图 2－4 所示。

图 2－4

二、操盘的姿势

打算盘的姿势正确与否直接影响运算的准确程度。打算盘时，身要正，腰要直，脚平稳，头稍低，眼向下，要求视线落在算盘下边与练习题交界处，运算时靠翻动眼皮看数拨珠，不要摇头。打算盘时肘部摆动的幅度不要过大，精力要高度集中。上身与桌沿的距离约 10cm，算盘放在离桌沿 10～15cm 的位置，并与桌边基本平行。算盘的中央部分基本上要与身体中心一致。

计算资料的摆放位置根据使用算盘的不同而有所差别。使用圆形七珠大算盘，一般是将资料放在算盘的左方偏上位置。使用菱珠中型或小型算盘，可将资料放在算盘下面，边打边在算盘底下向前推进，以防止错看、漏看数字或重看、串行看数，借以加快运算速度，提高运算质量。

三、握笔的方法

为了减少在运算过程中拿笔和放笔的时间，提高运算效率，珠算运算时需要握笔拨珠运算。握笔方法主要有以下几种：

1. 是用无名指和小指握住笔尖部分，笔身横在拇指和食指之间，使拇指、食指和中指能够灵活拨珠。如图 2－5 所示。

2. 是将笔夹在无名指和小指之间，笔尖在小指方向，笔身横在右手拇指与食指间。如图 2－6 所示。

3. 是菱珠小算盘握笔法，将笔横在右手拇指与食指间，笔头上端伸出虎口，笔尖露在食指与中指之间。如图 2－7 所示。

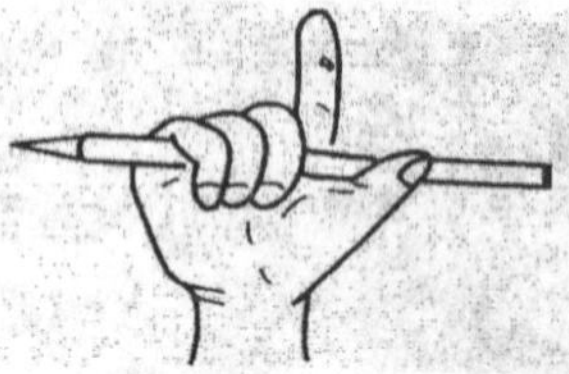

图 2－5

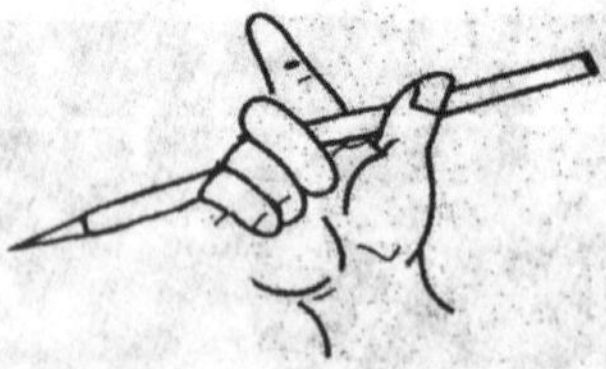

图 2－6

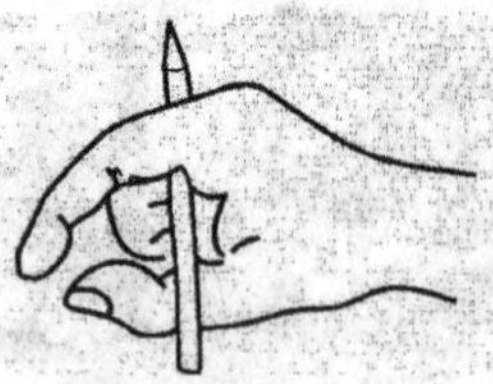

图 2－7

四、记数与看数

（一）记数

算盘以算珠表示数码，靠梁的算珠表示数字，离梁的算珠表示零。上珠一颗表示五，下珠一颗表示一。以档表示数位，计算中各档表示的数位不同，高位在左，低位在右，每隔一档相差十倍，选定个位档后，向左分别为十位档、百位档、千位档……向右分别为十分位档、百分位档……。某档下珠满五，需换用上珠表示，称为“五升”；某档算珠满十，需换用左档一颗算珠表示，称为“十进”。这种上下珠记数和进位方法被称为“五升十进制”。做加减计算时，一经选定档位，不得反复变化。乘除运算由于计算结果会使原档位发生变化，另有定位规定。算盘的记位，采用国际上通用的三分位节制，用横梁上的记位点表示。为了读写方便，可记住记位口诀：

梁上记位点，三位分节段；

一节前千位，二节前百万；

三节前十亿，四节万亿前。

例如：12345678.09 应写成 12 345 678.09，读作一千二百三十四万五千六百七十八点零九，如图 2－8 所示。

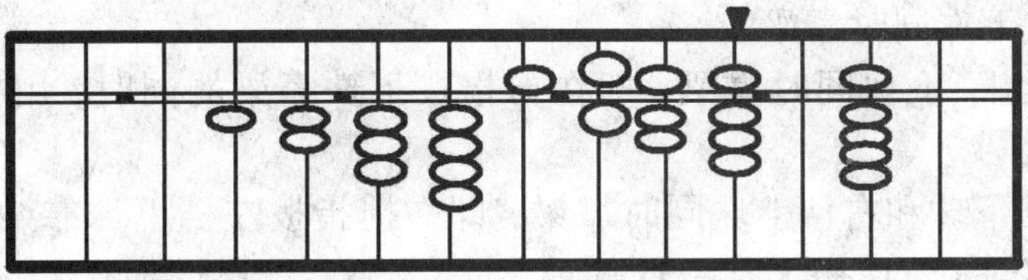

图 2－8

（二）看数

将数置入空盘，或将算盘上的数字记录下来，都需要看数。要练习一眼能看几位数字，开始时分节看数，从左向右，三位一节，熟练之后能边看边打。不要看一个数码拨一次算珠，或看完一个数后再拨珠。将算题放在算盘的下面，右手拨珠，左手推（拉）算题，边看边拨边推（拉），始终使算题与算盘保持最近距离；看数与拨珠时要防止口中读出声音，看数时只默记数码，不读出数位，最终达到“看数反应快、记数牢又准”的要求；运算完毕，眼看算珠，盲写答数，并同时点上分节号和小数点。

五、拨珠方法

珠算是靠手指拨动算珠进行运算的，手指的拨珠方法直接关系到计算速度和准确程度。学习珠算时，既要有正确的坐姿和先进的拨珠方法，又要掌握规范的握笔方式和熟练的清盘动作，以充分提高运算的效率。珠算拨珠法又称指法，是手指与手指之间既分工又协作拨动算盘上算珠的方法。拨珠方法有“三指拨珠法”和“两指拨珠法”，另外还有“双手拨珠法”，各手指的分工如表 2－1 所示。

表 2－1

指法名称	手指分工		
	中指	拇指	食指
二指拨珠法		管下珠靠梁， 有时管下珠离梁	管上珠靠梁， 管上珠离梁， 管下珠离梁
三指拨珠法	管下珠靠梁	管下珠离梁	管上珠靠梁和离梁

（一）三指拨珠法（适用于大、中型算盘）

三指拨珠法是用拇指、食指、中指三个手指拨珠，无名指和小指屈向掌心。拨珠时手指稍倾斜，指尖触珠，用力恰当，不要用指甲或指腹拨珠。

1. 单指拨珠

为了使拨珠迅速而准确，拇指、食指和中指应有一定的分工。

⑴拇指：主要管下珠靠梁。

⑵食指：专管下珠离梁。

⑶中指：专管上珠靠梁和离梁。

2. 两指联拨

两指联拨是在熟练掌握单指独拨的基础上，为了减少拨珠次数，提高运算速度，在同一时间内，用两个手指同时拨珠的方法。

⑴拇指、中指联拨

① 齐合：拨上、下珠同时靠梁。

同档齐合：同档上、下珠同时靠梁，即在拇指拨下珠靠梁的同时，用中指拨同档上珠靠梁。如0 +6,0 +7,1 +7 等。

邻档齐合：左档下珠和右档上珠同时靠梁，即在拇指拨左档下珠靠梁的同时，用中指拨右档上珠靠梁，如0 +15，0 +25，1 +35 等。

②齐分：拨上、下珠同时离梁。

同档齐分：部分下珠和同档上珠同时离梁，即在拇指拨部分下珠离梁的同时，用中指拨同档上珠离梁，如7 -6，8 -7，9 -6 等。

邻档齐分：左档部分下珠和右档上珠同时离梁，即在拇指拨左档部分下珠离梁的同时，用中指拨右档上珠离梁，如45 -35，35 -25，25 -15 等。指法熟练者，可在中指拨左档上珠离梁的同时，用拇指拨右档部分下珠离梁。

③齐上：同时拨下珠靠梁和上珠离梁。

同档齐上：同档下珠靠梁和上珠离梁，即在拇指拨下珠靠梁的同时，用中指拨同档上珠离梁。如5 -4，6 -2，7 -4 等。

邻档齐上：左档下珠靠梁和右档上珠同时离梁，即在拇指拨左档下珠靠梁的同时，用中指拨右档上珠离梁，如5 +5，5 +15，5 +25 等。

④齐下：部分下珠离梁和上珠靠梁。

同档齐下：部分下珠离梁和同档上珠同时靠梁，即在拇指拨部分下珠离梁的同时，用中指拨同档上珠靠梁，如3 +2，3 +3，4 +2 等。

邻档齐下：左档部分下珠离梁和右档上珠同时靠梁，即在拇指拨左档部分下珠离梁的同时，用中指拨右档上珠靠梁。如30 -15，20 -5，40 -25 等。

⑵食指、中指联拨

①齐分：上珠、下珠同时离梁。

同档齐分：下珠和同档上珠同时离梁，即在食指拨下珠离梁的同时，用中指拨上珠离梁。如6 -6,7 -7,8 -8,9 -9 等。

邻档齐分：左档下珠和右档上珠同时离梁，即在食指拨左档下珠离梁的同时，用中指拨右档上珠离梁。如35 -35,25 -25 等。指法熟练者可在中指拨左档上珠离梁的同时，用食指拨右档下珠全部离梁。

②齐下：下珠离梁和上珠靠梁。

同档齐下：下珠离梁和同档上珠同时靠梁，即在食指拨下珠离梁的同时，用中指拨上珠靠梁，如3+2，3+3，4+3等。

邻档齐下：左档下珠离梁和右档上珠同时靠梁，即在食指拨左档全部下珠离梁的同时，用中指拨右档上珠靠梁。如20－15，10－5，30－25等。

(3)拇指和食指联拨

①扭进：右档下珠离梁，左档下珠同时靠梁。即用食指拨右档下珠离梁的同时，用拇指拨左档下珠靠梁。如1+9，2+8，3+7等。

②扭退：左档下珠离梁，右档下珠同时靠梁，即用食指拨左档下珠离梁的同时，用拇指拨右档下珠靠梁。如10－9，10－8，10－7等。

3. 三指联拨

三指联拨难度最大，协调性最强，要求用拇指、中指、食指同时拨珠，共同完成比较复杂的拨珠动作。

(1)进位的三指联拨：右档上、下珠同时离梁，左档下珠靠梁。用食指和中指拨右档上、下珠离梁，同时用拇指拨左档下珠靠梁。如9+1，8+2，7+3等。

(2)退位的三指联拨：左档下珠离梁，右档上、下珠同时靠梁。用食指拨左档下珠离梁，用拇指和中指同时拨右档上、下珠靠梁。如10－1，10－2，10－3等。

（二）两指拨珠法（适用于小算盘）

两指拨珠法是指拇指与食指拨珠，其余三指微屈向掌心。该法适用于菱珠小算盘，目前许多地方和小学及幼儿园均推广此类拨珠方法。

1. 单指拨珠法

(1)拇指：主管下珠靠梁，兼管部分下珠离梁。

(2)食指：管下珠离梁、上珠靠梁与离梁。

2. 两指联拨

拇指与食指配合拨珠，有以下六种拨珠方法。

(1)齐合：在拇指拨下珠靠梁的同时，食指拨上珠靠梁。

同档齐合：同档上、下珠同时靠梁。如1+7，2+6，0+9等。

邻档齐合：左档下珠和右档上珠同时靠梁。如20+15，10+35，12+25等。

(2)齐分：在拇指拨下珠离梁的同时，食指拨上珠离梁。

同档齐分：一是同档上珠与全部下珠同时离梁。如7－7，6－6等。二是同档上珠与部分下珠离梁。如9－8，9－7，9－6，8－6等。

邻档齐分：一是左档全部下珠与右档上珠同时离梁。如15－15，25－25，35－35，45－45等。二是左档部分下珠和右档上珠同时离梁。如45－15，45－25，45－35等。

(3)齐上：在拇指拨下珠靠梁的同时，食指拨上珠离梁。

同档齐上：同档下珠靠梁，上珠同时离梁。如5－2，5－1等。

邻档齐上：左档下珠靠梁，右档上珠同时离梁。如5+5，5+15，5+25等。

(4)齐下：在食指拨上珠靠梁的同时，拇指拨下珠离梁。

同档齐下：一是同档上珠靠梁，全部下珠同时离梁。如1+4，2+3，3+2等。二是同档上珠靠梁，部分下珠同时离梁。如2+4，3+4，4+4等。

邻档齐下：一是左档全部下珠离梁，右档上珠同时靠梁。如10－5，20－15，30－25等。二是左档部分下珠离梁，右档上珠同时靠梁。如20－5，30－15，40－25等。

(5)扭进法：在食指拨右档下珠离梁的同时，拇指拨左档下珠靠梁。如1+9，1+8，3+7等。

⑹扭退法：在食指拨左档下珠离梁的同时，拇指拨右档下珠靠梁。如10－9,10－8,10－7等。

（三）双手拨珠法

双手拨珠法是在熟练掌握三指拨珠法或两指拨珠法的基础上，为了进一步加快拨珠速度，提高计算效率，运用双手同时拨珠的方法。以右手拨珠为主，左手辅助右手同时完成某一拨珠动作。

1. 左手协助进位

左手协助进位是指右手在右档完成某一拨珠动作的同时，左手在左档完成进位动作，主要适用于加法和乘法加积。

⑴左手单指拨珠。如3＋8，右手食指在拨二颗下珠离梁的同时，用左手拇指在其前档上拨一颗下珠靠梁。

⑵左手两指联拨。如46＋6，右手中指拨上珠离梁，拇指拨下珠靠梁的同时，用左手的中指、食指在其左档上拨一颗上珠靠梁和四颗下珠离梁。

2. 左手协助退位

左手协助退位是指右手在右档完成某一拨珠动作的同时，左手在左档完成退位动作，主要适用于减法和除法减积。

⑴左手单指拨珠。如40－3，左手食指在拨一颗下珠离梁的同时，右手中指、拇指在右档上分别拨一颗上珠和两颗下珠靠梁。

⑵左手两指联拨。如53－7，在左手拇指、中指拨四颗下珠靠梁和上珠离梁的同时，用右手的中指、拇指在右档上拨上珠靠梁和两颗下珠离梁。

习题二

一、拨珠、置数和清盘的练习

1. 在盘上按指法拨下列各数（拨完数即核对，无误后清盘，然后再置下一个数）。

76.54　89.72　56.78　32.16　49.58　9 792　8 735　9 621　7 451　9 892　3 927　1 057　3 239　5 281　7 409　3 295　4 247　3 991　5 879　6 543　13 569　24 687　38 745　46 928　90 875　73 521　54 929　68 834　83 284　74 934　68 752　29 543　16 875　27 754　29 899　797 954　695 448　746 231　928 983　872 546　9 291.31　216.58　468.97　7 459.37　4 093.08　192 996　272 874　383 925　465 731　674 525

2. 在盘上"拨上"77,777,777进行"双合"指法练习，然后"拨去"66,666,666进行"双分"指法练习。在盘上"拨上"22,222,222进行"上推"指法练习；"拨上"55,555,555进行"下拨"指法练习；加上55,555,555进行"双上"的练习……。

二、拨珠指法练习

（一）三指拨珠法

1. 单指拨珠

（1）拇指拨珠

①1 213＋2 131　　②32 401＋12 043

③24 012＋20 312　　④401 013＋12 431

⑤40 432＋402 002　　⑥232 401＋212 042

⑦210 031 +12 401 +20 012　　⑧23 021 +210 120 +101 102

(2)食指拨珠

①43 434 -32 011　　②34 143 -12 021

③43 243 -22 102　　④242 342 -121 021

⑤342 213 -231 012　　⑥443 334 -121 123

⑦423 432 -102 101 -20 110　　⑧420 332 -100 201 -210 031

(3)中指拨珠

①55 055 -5 055　　②55 550 -55 050

③555 555 -5 555　　④505 555 -5 555

⑤550 505 -550 505　　⑥12 132 +55 555

⑦55 555 -50 555　　⑧505 055 -505 050 +505 050

2. 两指联拨

(1)拇指、中指联拨

1)齐合

①709 706 +90 060　　②809 080 +90 709

③211 303 +687 696　　④221 123 +607 076

⑤151 515 +25 151　　⑥254 535 +25 250

⑦701 204 +253 525　　⑧232 041 +251 550

2)齐分

①898 098 -676 076　　②999 709 -888 607

③909 809 -606 707　　④988 889 -677 776

⑤253 545 -151 525　　⑥452 535 -251 515

⑦864 737 -253 525　　⑧793 745 -251 515

3)齐上

①555 555 -124 312　　②586 765 -142 341

③657 565 -324 142　　④856 758 -412 344

⑤255 555 +55 555　　⑥280 719 +153 525

⑦180 927 +253 515　　⑧192 637 +151 505

4)齐下

①434 342 +234 344　　②423 334 +443 442

③623 142 +243 744　　④542 364 +244 312

⑤403 020 -151 505　　⑥438 291 -251 535

⑦914 230 -251 505　　⑧829 374 -152 505

(2)食指、中指联拨

1)齐分

①966 777 -966 777　　②609 767 -609 767

③786 897 -786 897　　④497 467 -497 467

⑤853 595 -353 545　　⑥693 726 -153 525

⑦867 879 -352 525　　⑧854 736 -354 535

2)齐下

①242 424 +313 131　②234 244 +321 311

③747 319 +110 240　④511 321 +344 234

⑤403 020 -352 515　⑥423 120 -352 515

⑦644 231 -535 525　⑧917 432 -351 525

(3)拇指、食指联拨

1)扭进法

①123 432 +987 678　②342 432 +879 789

③324 187 +797 998　④436 786 +789 979

⑤347 678 +868 987　⑥324 187 +797 998

⑦434 343 +988 889 +787 987　⑧342 894 +878 987 +889 779

2)扭退法

①232 132 -98 798　②267 356 -79 967

③1726 125 -887 886　④304 060 -70 786

⑤326 571 -89 987　⑥162 765 -78 976

⑦102 030 -80 706　⑧3650 257 -867 879

3. 三指联拨

①67 968 +43 243　②89 796 +21 334

③986 867 +134 244　④102 030 -30 403

⑤35 441 -35 221 +25 552　⑥52 344 -50 232 +55 220

⑦55 252 +23 042 -53 112　⑧102 213 -23 434

⑨202 020 -20 202　⑩101 010 -10 101

(二)两指拨珠法

1. 拇指拨珠

①1320 421 +2314 032　②1210 312 +2132 131

③3140 112 +1304 221　④3403 310 +1041 134

⑤2 143 004 +2 201 320　⑥12 343 +10 123

2. 食指拨珠

①4 322 423 -4 322 423　②23 434 134 -12 313 021

③25 345 521 -25 135 521　④54 453 254 -53 252 153

⑤35 545 534 -25 535 523　⑥54 321 +45 123

3. 两指联拨

①70 809 060 +8 090 708　②666 789 -666 789

③678 676 -434 232　④434 243 +343 434

⑤342 134 +768 976　⑥232 132 -98 798

(三)双手拨珠法

①698 687 +423 423　②796 897 +324 243

③313 212 -34 344　④12 230 -3 443

⑤120 923 -44 034　⑥76 543 +223 456

第三章 珠算加减法

珠算加减法在日常实际工作中应用比较广泛。它是珠算乘除法运算的基础，加减法运算的熟练程度直接决定珠算乘法以及其他运算技能的高低。珠算加减法易学难精，学习时需要有恒心，坚持天天练习。我国珠算加减法的核心是五升十进制，在加法运算中伴随有减法运算，而在减法运算中，又贯穿着加法运算，加中有减，减中有加。

第一节 珠算基本加法

一、运算规则

珠算加法是将两个或两个以上的数合并在一起，计算出它们的和数的一种方法。算式中第一个数为被加数，其余的数为加数，合并成的数叫做“和数”。珠算加法的每一个算式都包括一个被加数和一个或几个加数。其算式如下：

被加数 + 加数 = 和数

珠算加法运算应按照以下规则进行：

(一) 固定个位

珠算加减法和笔算加减法不同，笔算从低位到高位运算，而珠算对于初学者来说则是从高位开始依次向低位运算。在进行加减运算前，必须先确定个位档的位置，以防错位。确定个位档时，最好在个位档的右边留出两档作为小数的位置。通常选择算盘梁上右边第一个记位点的左一档作为个位档，如图 3－1 所示。这样有利于缩短算数与算盘的距离，便于看数，找准位数。

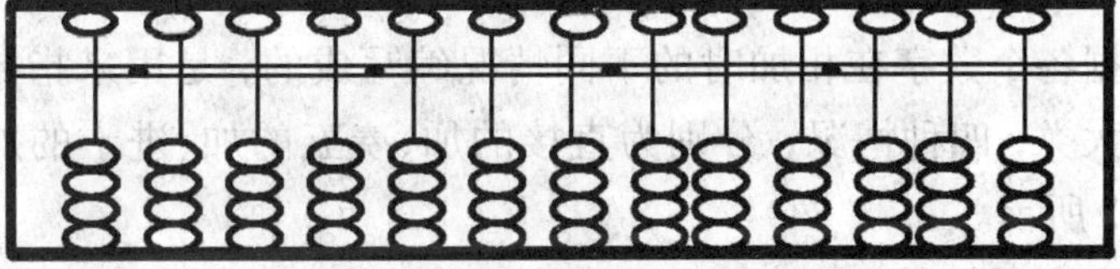

图 3－1

(二) 数位对齐

每个数字与算盘上的档位对齐，个位数对个位数，十位数对十位数，百位数对百位数。

(三) 从高到低

珠算加法的运算顺序，一般以自左至右即从高位到低位运算较多，例如：1 234 + 5 621 = 6 895，这与自高位到低位的读数习惯相吻合，容易识数。当然，在加法运算熟练后，运算顺序既可以自左至右也可以自右至左计算。

(四) 同位相加

被加数和加数按同位对齐后，按同位数与同位数相加，得出它们的和数。

二、运算方法

珠算加法基本运算方法主要有:口诀加法和无诀加法。

口诀加法是一种传统的珠算加法，它是运用一套完整的珠算口诀来指导拨珠运算。运算时，必须熟记口诀。为避免背诵口诀，充分发挥珠算的启智功能，依据“五的凑数，十的补数”原理，形成凑五补十加法，又称无诀加法。其优点是，在理解了运算原理的基础上，较短的时间里就能掌握加法的基本运算。目前，学习珠算加法多采用无诀加法。

(一)有关概念

凑数，两个数加起来等于5，那么这两个数就互为凑数。如:1 和4、2 和3。

补数，两个数加起来等于10，那么这两个数就互为补数。如:1 和9、2 和8、3 和7、4 和6，5 和5。

空档:某一档的上、下珠都离梁的时候，叫做空档。空档表示这一档没有记数，或者表示0。

空盘:算盘的各档都是空档，表示全盘没有记数。

清盘:拨去各档靠梁的算珠，使全盘成为空盘。

本档:正要拨珠记数的这一档。

内珠:靠梁记数的算珠。

外珠:离梁不记数的算珠。

拨上:是指将下珠拨靠梁。

拨下:是指将上珠拨靠梁。

拨去:是指将上珠或下珠拨离梁。

前档:是指本档的前一档，也叫左一档(位)。

后档:是指本挡的后一档，也叫右一档(位)。

漂珠:是指拨珠时用力过轻，不靠梁不着框，浮漂在档中间的算珠。

带珠:是指拨珠时，把本档或邻档不应拨入或拨去的算珠带入或带出。

置数:也叫布数，按照计算的要求，把数字拨入算盘，为计算作准备。

(二)口诀加法

加法口诀是根据各个数字在相加时的不同情况编写成的，是用来指导拨珠动作的要诀。珠算加法口诀共两大类，四种情况，分别为直接的加、凑五的加、进十的加和破五进位的加，共26 句，如表3－1 所示。

口诀中第一个字表示加数，后面的字表示拨珠的动作。口诀中有关术语的含义:

上:指拨下珠靠梁　　下:指拨上珠靠梁

去:指拨上、下珠离梁　　进:向前档(左档)拨入一颗下珠。

例如:6＋3＝9　口诀:三上三　　4＋2＝6　口诀:二下五去三

3＋9＝12　口诀:九去一进一　　7＋6＝12　口诀:六上一去五进一

表3－1　　**珠算加法口诀表**

加数＼类型	不进位加		进位加	
	直接的加	凑五的加	进十的加	破五进十的加
1	一上一	一下五去四	一去九进一	
2	二上二	二下五去三	二去八进一	
3	三上三	三下五去二	三去七进一	
4	四上四	四下五去一	四去六进一	
5	五上五		五去五进一	
6	六上六		六去四进一	六上一去五进一
7	七上七		七去三进一	七上二去五进一
8	八上八		八去二进一	八上三去五进一
9	九上九		九去一进一	九上四去五进一

（三）无诀加法

1．直接的加

直接加是指同档上，在被加数上直接将加数加上。在本档拨入被加数后加上一个加数时，只需拨珠靠梁，并不改变被加数原来的位置。运算方法："加看外珠，够加直加。"直接的加是珠算加法运算中最简单的一种。在这里应重点强调正确的拨珠方法。

【例3－1】123＋156＝279

①定好个位档，将被加数123拨在算盘上，如图3－2所示。

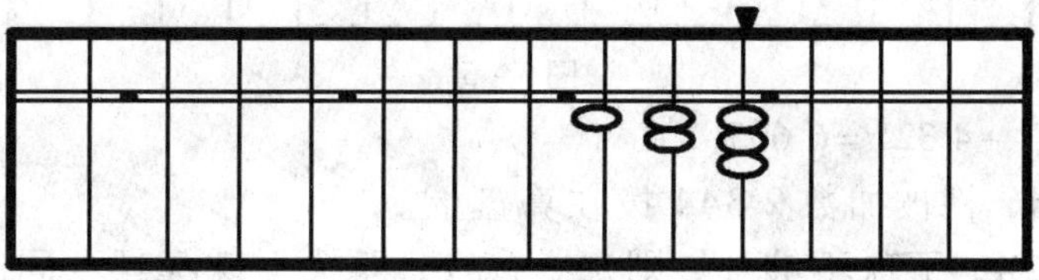

图3－2

②百位上加1，十位上加5，个位上加6，得和为279，如图3－3所示。

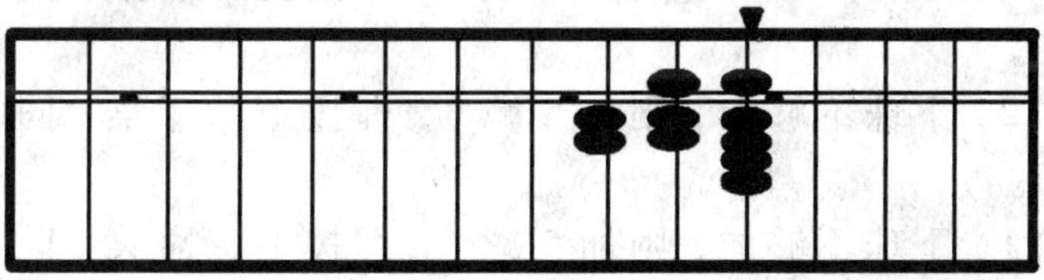

图3－3

【例3－2】1 679＋6 210＝7 889

①定好个位档，先从高位到低位拨被加数1 679。

②在千位上直加6，在百位上直加2，在十位上直加1，结果为7 889。

2. 凑五的加

凑五的加是指本档两数相加，其和数大于等于5且小于10，下珠不够用时用上珠，并将多加的数从下珠中拨去。运算方法:"下珠不够,加五减凑。"如:3+4,不适用直接的加,属于凑五加的加法,即3+4=3+5-1。在凑五的加中,需要通过凑数的组成与分解进行上下珠的转换。凑五的加有5种情况:

表3-2

被加数	加数	操作	运算口诀
4	+1	+5-4	一下五去四
3、4	+2	+5-3	二下五去三
2、3、4	+3	+5-2	三下五去二
1、2、3、4	+4	+5-1	四下五去一

【例3-3】2+4=6

①定好个位档,将被加数2拨在算盘上,如图3-4所示。

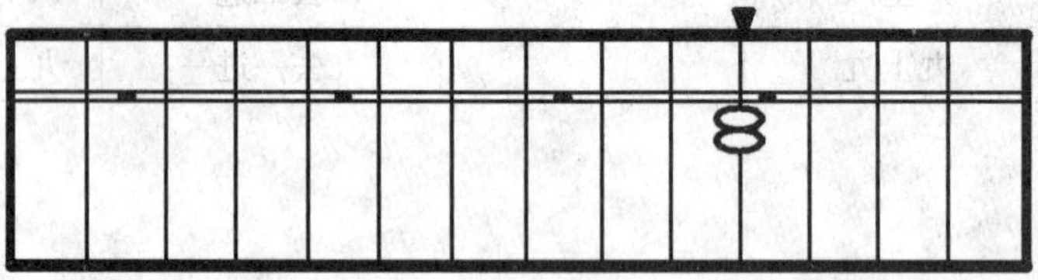

图3-4

②个位无法直接拨入4,采取拨下上珠,同时拨去1颗下珠,即"+5-1",如图3-5所示。

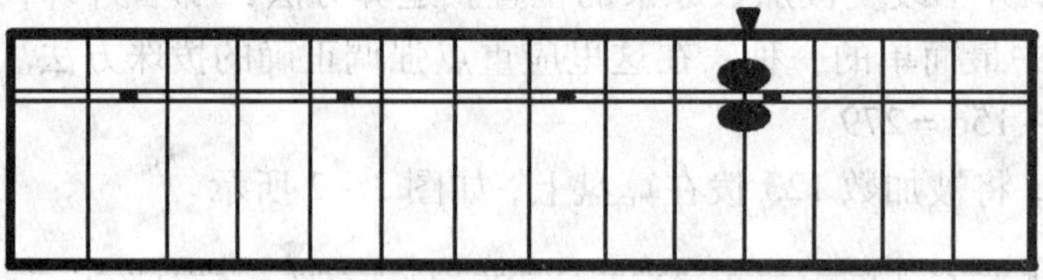

图3-5

【例3-4】2 344+4 321=6 665

①定好个位档,将被加数2 344拨在算盘上。

②在千位上加4,下珠不够加,则加5减1,即拨上珠靠梁,同时拨去1颗下珠,即"+4=+5-1"。

③在百位上加3,下珠不够加,则加5减2,即拨上珠靠梁,同时拨去2颗下珠,即"+3=+5-2"。

④在十位上加2,下珠不够加,则加5减3,即拨上珠靠梁,同时拨去3颗下珠,即"+2=+5-3"。

⑤在个位上加1,下珠不够加,则加5减4,即拨上珠靠梁,同时拨去4颗下珠,即"+1=+5-4",结果是6 665。

3. 进十的加

进十的加是指本档两数相加,其和数大于或等于10,直接从本档拨去加数的补数,再向左档进一的加法。运算方法:"本档满十,减补进一"。本档满十是指两数相加,本档超9(满十)。减补进一是指先减去与加数相对应的"10的补数",即减补,再向左一档进一。如4+8,个位满十,减2进1,减2是因为2是加数8的"10的补数"(+8=-2十10)。所以,减补是重点，也是计算中容易弄错的数。进十的加有9种情况：

表3－3

被加数	加数	操作	运算口诀
9	+1	−9＋10	一去九进一
8、9	+2	−8＋10	二去八进一
7、8、9	+3	−7＋10	三去七进一
6、7、8、9	+4	−6＋10	四去六进一
5、6、7、8、9	+5	−5＋10	五去五进一
4、9	+6	−4＋10	六去四进一
3、4、8、9	+7	−3＋10	七去三进一
2、3、4、7、8、9	+8	−2＋10	八去二进一
1、2、3、4、5、6、7、8、9	+9	−1＋10	九去一进一

【例3－5】3＋9＝12

①定好个位档，将被加数3拨在算盘上，如图3－6所示。

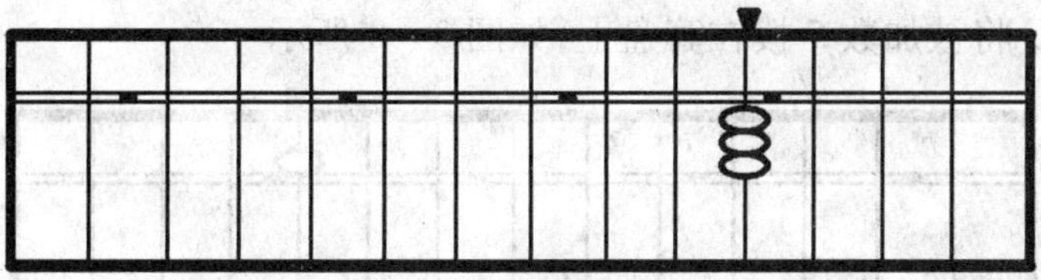

图3－6

②个位档无法直接拨入9，应向十位进1，同时从个位拨去1颗下珠，即“－1＋10＝9”。如图3－7所示。

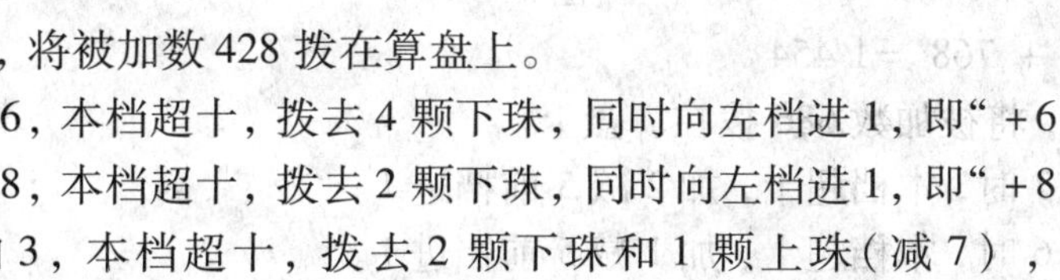

图3－7

【例3－6】428＋683＝1 111

①定好个位档，将被加数428拨在算盘上。

②在百位上加6，本档超十，拨去4颗下珠，同时向左档进1，即“＋6＝－4＋10”。

③在十位上加8，本档超十，拨去2颗下珠，同时向左档进1，即“＋8＝－2＋10”。

④在个位上加3，本档超十，拨去2颗下珠和1颗上珠（减7），同时向左档进1，即“＋3＝－7＋10”。结果为1 111。

4. 破五进十的加

破五进十的加是指当两数相加的和超过10，在进位时，本档下珠不够减，则采取拨去上珠，加添下珠，同时向左进一。在“进十的加”的方法中，当加数为6、7、8、9四个数时，本应拨去（减去）4、3、2、1，但遇到本档无下珠或下珠不够减时，应采用“破五进十加法”的方法。

运算方法:“本档满十，加齐去五进一。”“加齐去五进一”是指向左一档进一，同时减去上珠5，再在下珠加上加数补数的凑数(即加齐，加数在算盘下珠对应的数，如果加数是9，对应的数是4，8 对应的数是3，7 对应的数是2，6 对应的数是1)。

如:6 +6 =6 +(+1 -5 +10)

分析:加 6 的操作是加齐去五进一，由于6 的补数是4 而4 的凑数是1，所以加1 去5 进一。也可以理解为:加数是6，可将6 的上珠和下珠分别加，加上珠5 则是“去五进一”，再加下珠“1”。

破五进十加有4 种情况如表3 -4 所示:

表3 -4

被加数	加数	操作	运算口诀
5、6、7、8	+6	+1 -5 +10	六上一去五进一
5、6、7	+7	+2 -5 +10	七上二去五进一
5、6	+8	+3 -5 +10	八上三去五进一
5	+9	+4 -5 +10	九上四去五进一

【例3 -7】5 + 8 = 13

①定好个位档，将被加数5 拨在算盘上，如图3 -8 所示。

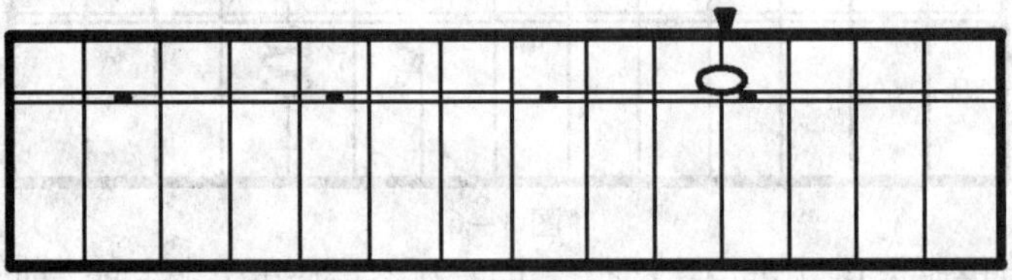

图3 -8

②加8 时，应减去2，但无靠梁的下珠，采取拇指拨3 颗下珠靠梁，同时用中指拨去上珠，再向左档进1，即5 +8 =5 +(+3 -5 +10)，结果为13，如图3 -9 所示。

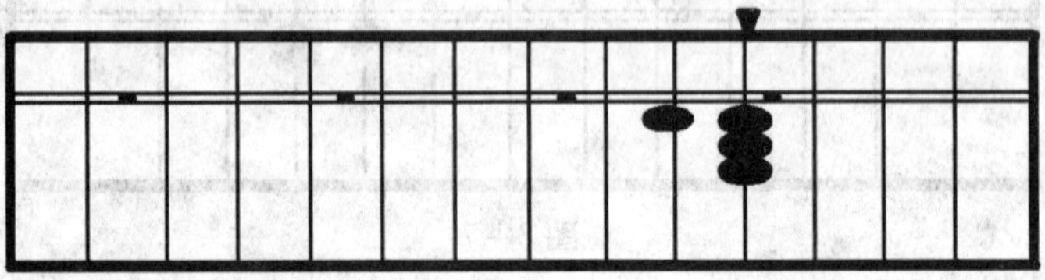

图3 -9

【例3 -8】686 + 768 =1 454

①定好个位档，将被加数686 拨在算盘上。

②在百位档加7 时，本档超十，加2 减5 前档进1。

③在十位档加6 时，本档超十，加1 减5 前档进1。

④在个位档加8 时，本档超十，加3 减5 前档进1，结果是1 454。

第二节　珠算基本减法

一、运算规则

珠算减法是从一个数里减去另一个数的计算方法。珠算减法的每一个算式都包括一个被减数和一个或几个减数。它是加法的逆运算，其算式如下：

被减数 - 减数 = 差数

珠算减法运算应按照以下规则进行：

（一）固定个位

在进行减法运算时，首先选定好个位档，然后将被减数拨入。

（二）数位对齐

每个数字在算盘上的档位对齐，个位数对个位数，十位数对十位数，百位数对百位数。

（三）从高到低

应从高位到低位逐位依次相减。在运算过程中，本档不够减时，要向左档借 1 来减（借一当十）。

（四）同位相减

减数的位数必须对齐被减数的位数。计算小数减法时，应把小数点对齐，然后相减。

二、运算方法

珠算减法基本运算方法主要有：口诀减法和无诀减法。

（一）口诀减法

口诀减法是一种传统的珠算减法。珠算减法包括直接的减、破五的减、退十的减和退十补五的减，共 26 句。珠算减法口诀如表 3 - 5 所示。

表 3 - 5

类型 / 减数	不退位减		退位减	
	直接的减	破五的减	退十的减	退十还五的减
1	一去一	一上四去五	一退十还九	六退十还五去一
2	二去二	二上三去五	二退十还八	七退十还五去二
3	三去三	三上二去五	三退十还七	八退十还五去三
4	四去四	四上一去五	四退十还六	九退十还五去四
5	五去五		五退十还五	
6	六去六		六退十还四	
7	七去七		七退十还三	
8	八去八		八退十还二	
9	九去九		九退十还一	

口诀中第一个字表示减数，后面的字表示拨珠的动作。有关术语的含义：

上:指拨下珠靠梁　　去:指拨珠离梁

退十:从左档拨去1颗下珠　　还:退去左档的数后应在本档加上。

例如:8－6＝2　口诀:六去六　　6－2＝4　口诀:二上三去五

13－9＝4　口诀:九退十还一　　12－6＝6　口诀:六退十还五去一

(二)无诀减法

1. 直接的减

直接的减是指同一档上，被减数能够直接减去减数的减法，即可以直接拨珠离梁。运算方法:“减看内珠，够减直减。”

【例3－9】99－35＝64

①定好个位档，从高位到低位拨上被减数99，如图3－10所示。

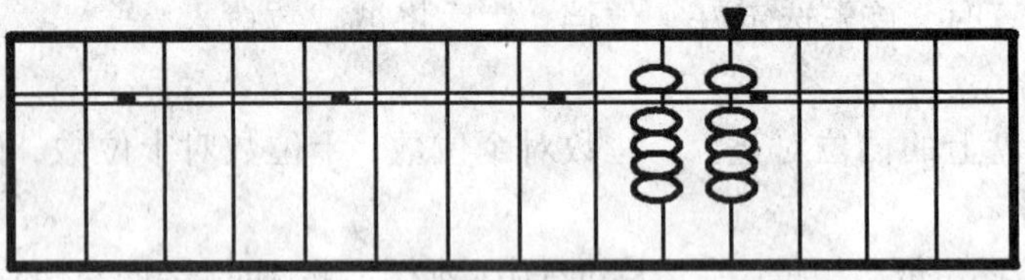

图3－10

②十位拨去3颗下珠，个位拨1颗上珠，差数为64，如图3－11所示。

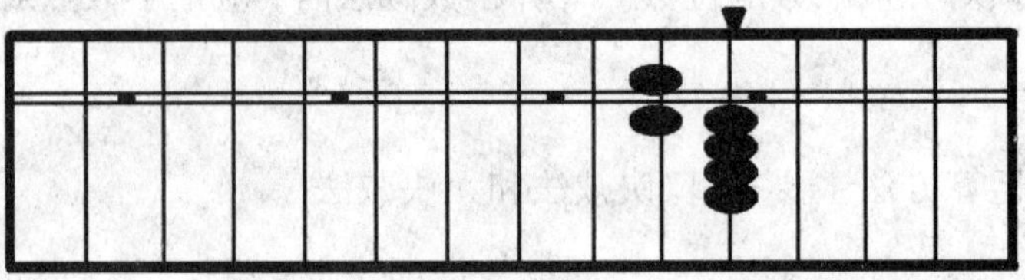

图3－11

【例3－10】997－612 ＝ 385

①定好个位档，将被减数997拨在算盘上。

②在百位上减去6，拨去1颗上珠和1颗下珠。

③在十位上减去1，拨去1颗下珠。

④在个位上减去2，拨去2颗下珠，结果是385。

2. 破五的减

破五的减是指被减数在本档占用上珠，减去一个小于5的数，下珠不够减，需要拨去上珠，同时把多减的数用下珠加上。运算方法:“下珠不够，减五加凑。”属于破五的减有四种情况，如表3－6所示。

表3－6

被减数	减数	操作	运算口诀
5	－1	－5＋4	一上四去五
5、6	－2	－5＋3	二上三去五
5、6、7	－3	－5＋2	三上二去五
5、6、7、8	－4	－5＋1	四上一去五

【例 3－11】6－2＝4

①定好个位档，将被减数 6 拨在算盘上。如图 3－12 所示。

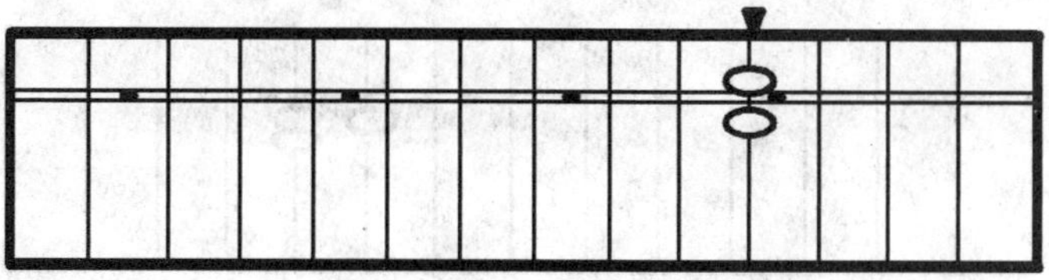

图 3－12

②在个位上减 2，下珠不够减，则减 5 加 3，即拨上 3 颗下珠，同时拨去上珠，即－2＝＋3－5。如图 3－13 所示。

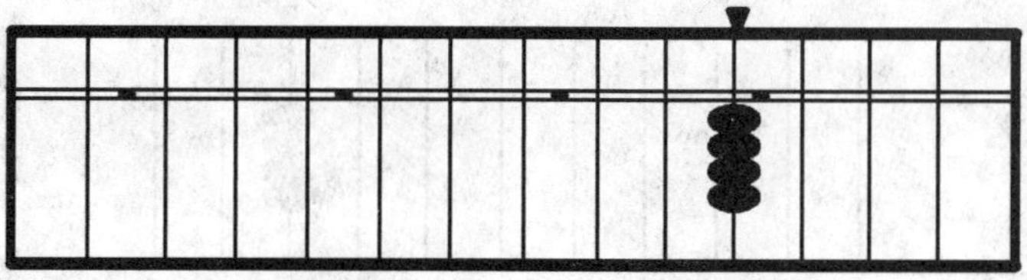

图 3－13

【例 3－12】8 765－4 321＝4 444

①定好个位档，将被减数 8 765 拨在算盘上。

②在千位上减 4，下珠不够减，则减 5 加 1，即拨上 1 颗下珠，同时拨去上珠，即－4＝＋1－5。

③在百位上减 3，下珠不够减，则减 5 加 2，即拨上 2 颗下珠，同时拨去上珠，即－3＝＋2－5。

④在十位上减 2，下珠不够减，则减 5 加 3，即拨上 3 颗下珠，同时拨去上珠，即－2＝＋3－5。

⑤在个位上减 1，下珠不够减，则减 5 加 4，即拨上 4 颗下珠，同时拨去上珠，即－1＝＋4－5，结果是 4 444。

3 退十的减

退十的减是指两数相减，本档不够减时，向左档借一当十相减后，将减数与 10 相减的差数直接加在本档上。运算方法是："本档不够，退一加补。"退十的减有 9 种情况，如表 3－7 所示。

表 3－7

被减数	减数	操作	运算口诀
0	－1	－10＋9	一退十还九
0、1	－2	－10＋8	二退十还八
0、1、2	－3	－10＋7	三退十还七
0、1、2、3	－4	－10＋6	四退十还六
0、1、2、3、4	－5	－10＋5	五退十还五
0、5	－6	－10＋4	六退十还四
0、1、5、6	－7	－10＋3	七退十还三
0、1、2、5、6、7	－8	－10＋2	八退十还二
0、1、2、3、5、6、7、8	－9	－10＋1	九退十还一

【例 3－13】12－8＝4

①定好个位档，将被减数 12 拨在算盘上。如图 3－14 所示。

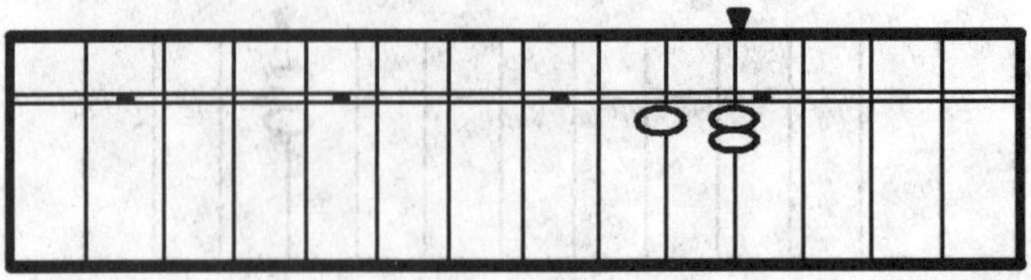

图 3－14

②个位不够减，则从十位退一，同时从个位加上 8 的补数 2，即拨上两颗下珠。如图 3－15 所示。

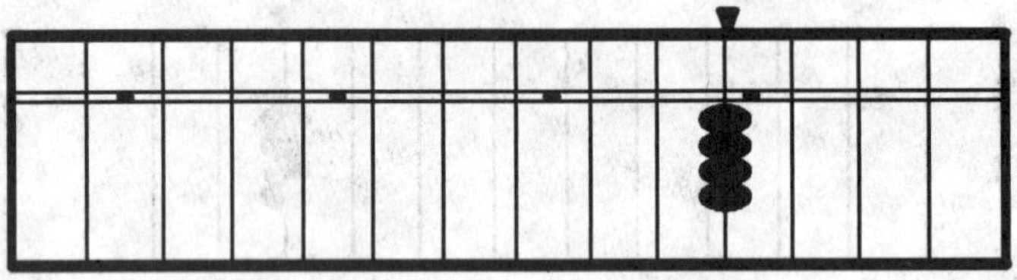

图 3－15

【例 3－14】6 735－896＝ 5 839

①定好个位档，将被减数 6 735 拨在算盘上。

②百位上不够减，则从千位退一，再从百位加上 8 的补数 2

③十位上不够减，则从百位退一，再从十位加上 9 的补数 1

④个位上不够减，则从十位退一，再从个位加上 6 的补数 4，结果是 5 839。

4. 退十补五的减

退十补五的减是指在退位减法中，要用“退十的减”进行运算，但有时退十后多减的数又不能在本档内直接加上，还要与“凑五的加”联系起来。运算方法是：“本档不够，退一加 5 减凑。”退一加五减凑是指先向左一档退一，接着加上珠 5，再在下珠减去减数补数的凑数（即减数在算盘下珠对应的数，如减数是 9，对应的数是 4，8 对应的数是 3，7 对应的数是 2，6 对应的数是 1）。

如：12－6＝12－10＋5－1

分析：减 6 的操作是退一加 5 减凑，由于 6 的补数是 4 而 4 的凑数是 1，所以退一加 5 减 1。也可理解为：减数是 6，可将 6 的上珠和下珠分别减，减上珠 5 则是“退一加 5”，再减下珠“1”。退十补五的减有 4 种情况，如表 3－8 所示。

表 3－8

被减数	减数	操作	运算口诀
1、2、3、4	－6	－10＋5－1	六退十还五去一
2、3、4	－7	－10＋5－2	七退十还五去二
3、4	－8	10＋5－3	八退十还五去三
4	－9	－10＋5－4	九退十还五去四

【例3－15】13－7＝6

①定好个位档，将被减数13拨在算盘上。如图3－16所示。

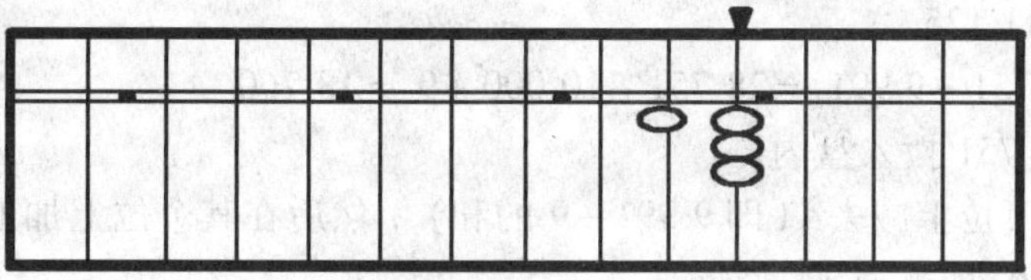

图3－16

②个位不够减，则从十位退一，再从个位加5减2，即拨上珠靠梁，同时拨去2颗下珠，即"－7＝－10＋5－2。"如图3－17所示。

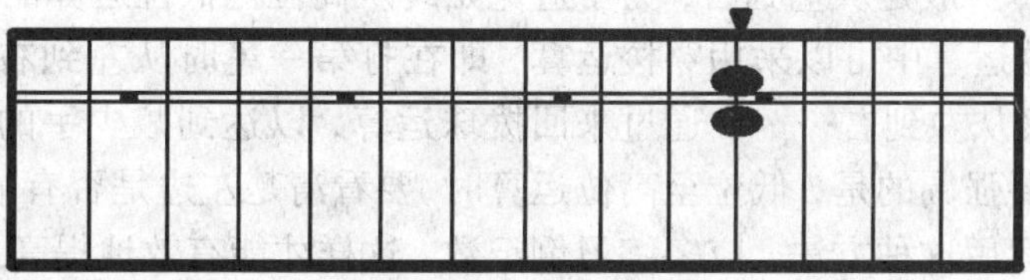

图3－17

【例3－16】144－69＝75

①定好个位档，将被减数144拨在算盘上。

②十位上减6（－10＋5－1），即拨上珠靠梁，同时拨去1颗下珠。

③个位减到9（－10＋5－4），即拨上珠靠梁，同时拨去4颗下珠，结果是75。

在珠算减法中，本档不够减，需从前一档退1，但如前一档或前几档连续为0，应采用隔档借数来减。处理方法:隔几档借数还几个9，末档加上减数的补数。

【例3－17】20 004－7＝19 997

运算时，个位的4减7，不够减，向前档借1，但十位档、百位档和千位档都是0，必须向万位档借1，减去7时，在千位档、百位档和十位档分别加9，在个位档加3（7的补数），操作是加5减2，结果是19 997。

第三节 简捷加减法

一、补数加减法（凑整法）

在加减运算中，当加数或减数接近10^n或m ＊10^n时，就可以先把这个整数加上或减去，同时判定因此而产生的差数是多少，再对这个差数进行调整。调整的方法是:"加整减差，减整加差。"这种方法减少了计算位数及拨珠动作，简化了运算过程，从而取得既准又快的效果。

【例3－18】5 678＋9 997 ＝5 678＋ 10 000－3 ＝15 678－3 ＝15 675

①将被加数5 678拨入盘内。

②在被加数的万位上加1（即9 997＋3的和），然后在个位上减去9 997的补数3，结果是15 675。

【例3－19】8 136＋2 989＝8 136＋3 000－11＝11 136 －11＝11 125

①将被加数 8 136 拨入盘内。

②在被加数的千位上加 3（即 2 989 +11 的和），然后在十位及个位上减去差数 11(即加整减差)，结果是 11 125。

【例 3－20】28 751－9 991 ＝28 751－10 000＋9 ＝18 760

①将被减数 28 751 拨入盘内。

②在被减数的万位上减去 1(即 9 991 +9 的和)，然后在其个位上加上 9(即 9 991 的 补数)，结果是 18 760。

二、穿梭法(来回加减法)

珠算加减法运算一般是从左到右，为了避免始终从高位至低位运算的空手移动及视线空移，在竖行加减法的运算中可以采用穿梭运算，即在打第一笔时从左到右，打第二笔时从右到左，打第三笔时又从左到右……。通过来回拨珠运算，以达到减少手的往返运动，缩短拨珠时间的目的。需要强凋的是，低位至高位运算时，要看清楚左边是否有减号，否则减法被当成加法。为了灵活运用这种方法，应多练习倒记数，这样才能有效地提高运算速度。

【例 3－21】

第一笔	7 679
	→
第二笔	+642
	←
第三笔	+5 517
	→
第四笔	+10 694
	←
合计	24 532

三、一目多行法

传统的加算方法是逐笔逐行相加减，即一目一行，打完第一行后，接着打第二行。一目多行加减法是心算与珠算相结合，将多行数字合成一笔求和(或差)一次拨珠入盘的方法。将多行数分并成一行数，减少了拨珠次数，故能缩短计算时间，提高计算速度。根据每一次运算的行数不同可分为一目双行、一目三行等。一目多行运算有助于心算能力的加强，通过反复的练习，可使计算水平超出单行拨珠的速度。需要说明的是初学者应以一目一行为主，逐笔逐行运算，掌握正确的指法，反复练习看数、拨珠，力争做到拨珠迅速、准确，然后在此基础上提高到一目二行、一目三行的运算。

(一) 一目双行(并行连加)

一目双行加减法，计算时和普通加减法的顺序相同，从高位到低位相加减。过程是:一眼看两行，心算出两行数字之和，并一次拨珠上盘，即把双笔数字合为一笔拨入盘上。运用一目两行法的难点在于迅速而准确的把两个数合并成一个数。为了更好的运用一目两行方法，需要十分熟悉 1 ~9 所构成的每两个数字之和，形成条件反射，从而做到"眼看、心算、口念、手拨”协调一致。

【例 3－22】

```
                                         万 千 百 十 个
                              两行拨珠 →1  4                  ⎫
                                              7               ⎬ 心算
                                                  9           ⎭
                                                  1   1
   5 678                                    ─────────────
  +9 123       得数  14 801  ──────────→ 1  4  8  0  1
 ───────                      两行拨珠→    1  1               ⎫
  + 456                                       1  3            ⎬ 心算
  + 789                                           1   5       ⎭
 ───────                                    ─────────────
 16 046        得数  16 046  ──────────→ 1  6  0  4  6
```

在一目双行使用熟练的情况下，计算的顺序可以从左至右，再从右至左……一来一回地计算下去，这种方法也是可行的，我们称之为“一目双行穿梭法”。

（二）一目三行直加

一目三行直加的原理同一目双行原理是一致的，往往从高位到低位算起，以排列整齐的每三个横行数字为一组，纵列同位数分别相加计算出结果后，按照档次依次拨入算盘。在一组 15 行加减运算下，一目三行只要五次移盘就能算完。这样，在相同频率下，由于拨珠次数少，加快了运算速度。需要注意的是，移盘要形成习惯一次移准。移盘时算题不能离开桌面，而是用左手中指和无名指点在桌面上向上或下平移。眼睛从算盘下框内侧看见三行数为正好，这样平行移动计算时不易串行和串档，能确保看准数，增加计算的准确度。由于三行合并数字增加，合并难度大，因此需要做更多的练习，找二三行数字组合的规律，适应此方法。

【例 3－23】

```
                                         万 千 百 十 个
                              三行拨珠→2  1                   ⎫
                                          1  2                ⎪
                                              1  7            ⎬ 心算
   7 586                                          1  7        ⎭
  +5 678                                    ─────────────
  +9 123       得数  22 387  ──────────→ 2  2  3  8  7
 ───────                      三行拨珠→    1  3               ⎫
   +456                                       1  8            ⎬ 心算
   +256                                           2  1        ⎭
   +789                                     ─────────────
 ───────       得数  23 888  ──────────→ 2  3  8  8  8
 23 888
```

（三）一目三行弃九弃十法

一目三行弃九弃十法，是一目多行运算中更简易的一种提前进位的方法。此方法主要适用于加法运算。因为在一目三行加法运算中，同档位三数之和多数大于 10，为了减少拨珠次数，在计算时提前进位，再利用补数加齐减补，按照“首位加 1，中位弃 9，末位弃 10，超弃加余，欠弃减差”的原则进行运算。

“首位加 1”是指在并行计算时，从高位算起，不满 9 时直加 1，满 9 或超 9 时前一档上先进 1。

“中位弃9”,“中位”是指在哪一档进1，就从进1的后一档起直至末位前的所有各档称为中位。“中位弃9”就是中位档三个数之和大于或等9，便弃掉一个9，余几就在算盘上加几，即超弃加余，如某中位三数分别为5、7、4，则本档直加7(5+7+4-9=7)；某中位三数之和不满9，即不够弃9时，叫“欠弃”，则减去9与三数和的差，即欠弃减差，如某中位三数分别为4、1、2，则本档减去2(4+1+2-9=-2)，操作是从前位减1，本位加8。

“末位弃10”是指末位一档弃10(因为只有满10才能进位)。在末位三个数之和大于10时，便弃掉一个10，余几就在算盘上加几，即超弃加余，如末位三数分别为5、7、4，则本档直加6(5+7+4-10=6)；某中位三数之和不满10，不够弃10时，也是“欠弃”，则减去10与三个数和的差，即欠弃减差，如末位档三数分别为4、1、2，则本档减去3(4+1+2-10=-3)，操作是从前位减1，本位加7。

【例3-24】

	首		中		末
		5	8	6	3
	+	7	1	2	5
		+	6	3	2
首位加1(需要进位，前位加1)① →	1				
中位弃9(5+7-9=3) →		3			
中位弃9(8+1+6-9=6) →			6		
中位弃9(6+2+3-9=2) →				2	
末位弃10(3+5+2-10=0) →					0
盘上得数 →	1	3	6	2	0

【例3-25】

	首		中		末
		1	8	0	2
	+	5	1	7	5
		+	1	1	1
首位加1 (1+5+1=7) ① →		7			
中位弃9(8+1+1-9=1) →			1		
中位弃9(0+7+1-9=-1) ② →				-1	
末位弃10(2+5+1-10=-2) ③ →					-2
盘上得数 →		7	0	8	8

注意:

①首位，并行计算，最高位之和不满9时直加1，即最高位为首位，如【例3－25】;满9或超9时前一档上先进1，即最高位的前一档为首位，如【例3－24】。

②十位中弃9(0＋7＋1－9＝－1)的操作是百位减1，十位加9。

③末位弃10(2＋5＋1－10＝－2)的操作是十位减1，个位加8。

四、借减法(倒减法)

借减法又称倒减法，是指在减法运算中，遇到减数大于被减数时，可利用虚借1的方法，加大被减数，继续运算。采用此方法可以按题目的先后顺序进行运算，以免漏算或重复运算。

借减法的运算要领是:前档虚借，够还随还值为正，不够为负看补数;再借时，前档借，借大还小。

1. 前档虚借，即在运算过程中，遇不够减时，向前档虚借1，再继续运算。

2. 够还随还，即在运算中只要够还，应随时还借。

3. 借大还小，即某一档虚借1未还，又不够减需再借1，就在未还虚借1的前档上借，并将前一次虚借的“1”还上，最终调整为只借1。

4. 还清为正，未还为负。即运算完毕后，还掉“1”盘面上的数即为结果;不能还“1”，则此值为负，为盘面数的负补数(外珠加一的负数)。

【例3－26】321－516＝－195

①把被减数321置到盘上。

②百位上3减5不够减，向千位虚借“1”，理解为“了1321－516”。

③十位、个位依次相减。

④读数。盘中显示数805,由于是有借无还，所以这个结果是“虚数”。即结果是盘上805的负补数（外珠加1的负数),即－195。

【例3－27】321－516＋289＝94

①把被减数321置到盘上。

②百位上3减5不够减，向千位虚借“1”。

③十位、个位依次相减，盘中显示数805。

④百位上8加2满10，够还虚借的“1”，应随借随还，十位、个位依次相加。

⑤盘中显示数是94，即为结果

【例3－28】321－516－897＝－1 092

①把被减数321置到盘上。

②百位上3减5不够减，向千位虚借“1”。

③十位、个位依次相减，盘中显示数805。

④再减去897,百位上又不够减,再虚借“1”,但不能再在千位档上借,而要在千位的前档位(万位档)上虚借“1”,还上千位档上虚借的“1”,所以千位档上拨九,以下再从百位、十位、个位计算。

⑤盘中显示的数是8908，是“虚数”。即结果是盘上8908的负补数（外珠加1的负数),即－1092。

第四节 传票算与账表算

在经济工作中,会涉及到会计核算、统计报表、财务分析、计划检查等业务活动,其报表资料的数字来源都是通过会计凭证的计算,汇总而获的。这些会计凭证的汇总即传票运算,其运算速度及其结果准确与否,直接影响到各个业务项目的可靠性及时性;而报表、分析表的汇总过程都需要账表计算,通过这些账表汇总运算,取得有效数字,从而为有关部门制定政策提供数字依据,可见传票算和账表算是日常经济工作中应用较多、要求较高的计算业务,是财经工作者应具备的基本功,同时传票算和账表算也是珠算技术的重要组成部分,是全国珠算技术比赛项目之一,所以学习传票算和账表算有重要意义。

一、传票算

传票,是指记有文字和数字的会计凭证,如发票、支票、收据、记账凭证等。由于这些凭证在有关人员之间传递使用,因而人们习惯称其为传票。对传票进行分类计算,简称为传票算。传票算也可称为凭证汇总算或翻打算,它是对各种单据、发票和记账凭证进行汇总计算的一种方法。企业和金融部门的会计人员每天必须翻打很多凭证进行核算,因此对于财务工作者来说,掌握传票算是非常重要的。

(一)传票算的题型

在实际工作中,传票的种类很多。根据传票是否装订,可分为订本式传票和活页式传票两种。

订本式传票。在传票的左上角装订成册,实际工作中如发票存根、收据存根和各种装订成册的单据等。珠算、计算器计算和计算机小键盘比赛使用的传票为订本式传票,它是模拟实际工作中具体业务的传票设计的。本教材将重点介绍订本式传票。

活页式传票。又称为百张凭条,有 100 页,不装订成册,每页两侧有一行数字,均为金额单位(反面没有数字),每一侧 100 页为一题,采用限量不限时的方法。活页式传票实际工作中有会计凭证、银行支票等。这种传票在银行业使用较多。

在珠算比赛中,使用传票算的说明如下:

(1)比赛使用的传票为订本式,左上角装订,每本共 100 页,每页长 19 厘米、宽 9 厘米,四号手写体字。计算时可以将预先做好的扇形传票本用夹子夹起计算。

(2)每页的右上角印有阿拉伯数字表示页码,每页传票有五行数,每行数前依次印有(一)、(二)、(三)、(四)、(五)的行次标志,各行数下加有横线,其中第(二)、(四)行数下的横线为粗线。

(3)各行数从第 1 页至第 100 页均为 550 字,每笔最高为 7 位数、最低为 4 位数,全为金额单位。

(4)每连续 20 页的同一行数相加为一题,计 110 字,0 ~ 9 各数码均衡出现。命题时任意选定起止页数。例如,第一题从第 2 页至第 21 页第(一)行,第二题从 第 66 页至第 85 页第(三)行等。

(5)比赛时,采用限时不限量的比赛方法,每场规定 15 分钟,每题分值为 15 分。传票的样式和比赛题型如图 3 - 18、表 3 - 9 所示。

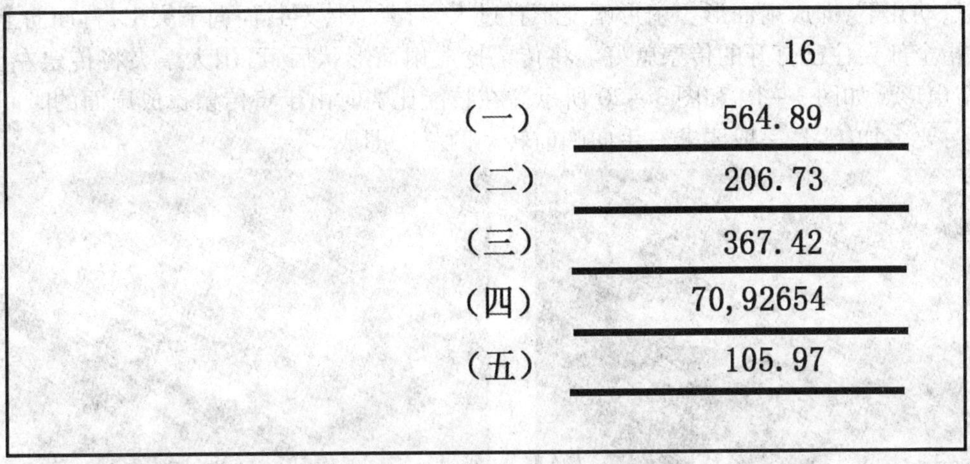

图 3－18

表 3－9

题号	起止页数	行次	答案
一	12～31	(三)	
二	56～75	(一)	
三	20～39	(四)	
四	35～54	(二)	
五	66～85	(五)	
六	47～66	(一)	
·······	·······	······	

应当说明：在表 3－9 中，“题号一”即为第一题，“起止页数”中的“起”表示从哪一页开始计算，“止”表示运算到哪一页为止。“行次”表示把每页的第几行数字累加起来，如表中“题号一”的起止页码是 12～31，行次是(三)，表示从第 12 页起一直运算到第 31 页，共 20 页都计算第 3 行数字。20 页计算完毕得出的答数，写在表中相应的答案内，这样就完成了一道题。

(二)传票算的运算方法

传票算具体的运算步骤和方法，主要包括以下几个方面：传票整理，传票的摆放，传票的翻页、找页和记页，传票的计算方法等。

1. 传票整理

进行传票计算之前，应先检查传票是否有缺页、重页、数字不清晰等情况。传票运算，应左手翻页，即一页页地翻打。为了提高运算速度，加快翻页动作，避免翻重页或漏页的现象，运算前还需将传票捻成扇面形状，这样可使每张传票自然松动，不会出现粘在一起的情况，便于翻页，利于计算。捻扇面的方法是：用左手握住传票的左下角，拇指放在封面的上部，其余四指放在传票的背面;右手握住传票的右上角,拇指放在传票封面的上部,其余四指放在传票的背面,轻轻地捻动几下,即成扇面形。扇形幅度不宜过大,只要以传票封面向下突出,背面向上突出,左手食指全部夹住已打开的传票就好。将传票捻成扇面形状后,可用大票夹将传票左上角夹住,保留扇形。如图 3 – 19 和图 3 – 20 所示。在技能比赛时由于将传票捻成扇面的时间很短,所以平时要多加练习,一般要求右手向胸前转动两三次即成。

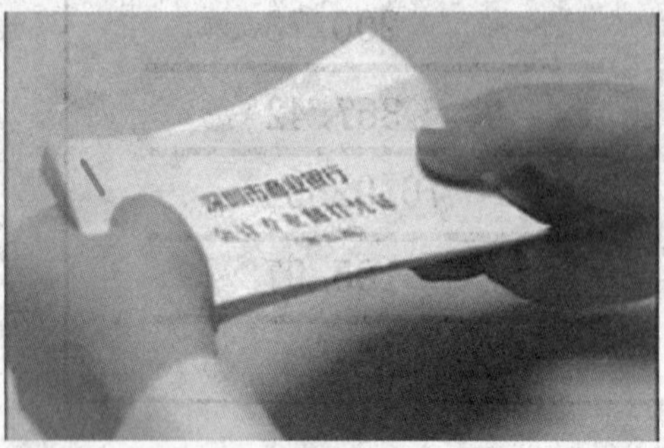

图 3 – 19

图 3 – 20

2. 传票的摆放

传票的摆放要以方便看数和有利于翻页与拨珠为原则。一般情况下,传票的放置位置有三种:

(1)使用大中型算盘计算,可将传票斜放在算盘的左下方。

(2)使用小算盘计算,可将传票放在算盘的左上方,传票试题答案纸放在算盘的右下方。为便于左手翻页,传票的左底边应离开算盘顶框 2 厘米左右,左手放在传票偏左的位置上,用拇指突出的部位翻动传票。

(3)使用计算器和小键盘计算,传票本应放在左方,答题纸应放在中间。答题纸放在传票本下方,以不影响看题、写数为宜。

3. 传票的翻页、找页和记页

(1)翻页方法

翻页在传票运算中十分重要,翻页速度的快慢,将直接决定传票运算的速度和准确性。传票翻页的方法是:左手的小指、无名指和中指放在传票封面的左方或左下方,食指、拇指放在每题的起始页,然后用拇指翻动传票,把翻过的页码夹在中指与食指的指缝中间以便拇指继续翻页。食指快速放进刚翻起的传票下面,把翻过的传票夹在中指与食指的指缝中间以便拇指继续翻页。同时每翻动一页,应迅速将数拨入盘内,传票不宜翻得过高,角度越小越好,以能看清数据为准。翻页计算时,可采用一次一页打法,也可采用一次两页或三页打法。可以用盲翻的方法进行翻页训练,在整理好扇面后,左手压住传票,不看票面,从第 1 页连续向后翻动传票,直到最后 1 页为止,时间控制在 1 分钟以内。

(2)找页方法

传票运算不是按顺序一页页地翻打完成,而是交叉组合进行的,在运算过程中需要前后找页,找页的过程就是凭左手的感觉,借助眼睛的余光,迅速找到各题的起始页。要做到翻两三次传票就能找到所需计算的页码。例如表 3 – 9 中第一题第三行第 12 页到第 31 页,当第一题计算完毕,在写数清盘的同时,应借助眼睛余光看第二题起始页数 56 页,然后左手迅速准确找到 56 页。当第一题清盘后即可进行第二题的运算。

找页练习关键是练习手感，即摸传票纸的厚度。如传票10页、20页……100页厚度，经过一段时间练习，就会做到仅凭手的感觉就可翻到需要的页码上。如果一次未能翻到，再用左手略作调整，迅速翻至要找的页码。总之，找页动作要经过刻苦练习，达到找页准确迅速，而不影响右手拨珠运算的目标。

(3)记页方法

记页是指在传票运算中记住终止页数，传票运算除翻页和找页外，还需要记页。因为传票计算每题由20页组成，为了避免在计算过程中发生多打页或少打页的现象，应采取记页的方法。当估计快要运算完该题时，用眼睛的余光扫视传票的页码，以防过页。在计算过程中默记打了多少次。最好每打一页，默念一页。默念到第20次时核对该题的起止页，如正确无误，书写答数。如果采用一目两页的打法，每题只数10次，即打前两页时默念1，打次两页时默念2……默念到10时，核对该题的起止页数，迅速书写答案。

记页在边翻页边运算中较难记住，平时应加强训练。在训练中，运算中的数据不要默念，心里只需默记页数，通过反复练习，就能掌握记页方法，准确地进行运算。

4. 传票的计算方法

传票的计算方法有一次一页打法、一次双页打法、一次三页打法。一页多次的打法要在一页一次打法的基础上，运用心算及一目多行法进行快速运算。

(1)一次一页打法

一次一页打法是指进行传票运算时，采用翻一页打一笔数的方法。如表3－9中第一题，12～31页第三行数字，要打出这个合计数，需要翻20次传票，进行20次珠算。这种计算方法是最基本的方法，但拨珠动作较多，不利于提高计算效率和计算水平，要想提高运算速度，就必须突破一次一页的打法，选用一次多页的打法。

(2)一次双页打法

一次双页打法是指进行传票运算时，将传票一次翻起两页，然后将两页同行数字进行心算，将心算的结果一次拨入盘中的方法。这种计算方法会涉及如何一次翻两页的问题。具体方法为：小指、无名指、中指放在传票封面上，食指放在起始页上，当大拇指翻起一页后，食指便迅速抵在掀过页的背面，大拇指在迅速翻起一页，使两页有一定间隙，两页掀起的高度与间隙越小越好，以能同时看到两页的同行数字为宜，然后用心算计算出两页对应的数字之和，一次拨入盘中，当合计数的最后一位即将拨入盘中时，拇指迅速将前两页翻过，用食指夹住，再用拇指顺势翻起传票，以同样的方法继续翻下两页进行计算，直至算完为止。这样一道题只需翻动10次即可完成。

一次双页打法较一次一页打法减少了翻页和拨珠次数，提高了计算效率。但是有一定的运算难度，需要在一次一页打法熟练，翻页、找页、看数、拨珠等动作比较衔接的基础上，尝试运用此方法。

(3)一次三页打法

一次三页打法是指进行传票运算时，将三页传票的同位数心算累加起来一次拨入盘中的方法。一次三页翻页方法是：无名指和小指放在传票封面上，先用中指挑起始页，食指挑起第二页，拇指挑起第三页，使三页之间均有一定间隙，使眼睛能迅速看清楚三页里对应的数字，再用一目三行心算法求出三数之和拨入盘中。

一次三页打法大大减少了翻页和拨珠次数，提高了计算效率。但是此方法翻页和运算难度都较大,要想运用一次三页打法,应具备扎实的基本功,翻页手感要好,前后翻页动作协调好,翻页、看数、拨珠等动作衔接好。

(4)一次双页和一次三页的练习方法

一次双页和一次三页的打法速度快,计算效率高,要想熟练运用有一定的难度,掌握一次双页、一次三页计算方法的关键是翻页和心算要过关。因此需要经过反复练习,打下扎实的基本功,才能灵活地运用此方法。可以进行如下练习方法:

(1)熟练掌握加减一目两行和一目三行并数运算方法。

(2)用一次两页、一次三页的翻页方法,依次翻动传票各页,心算一目两行、一目三行同位数之和,但不进行拨珠运算。

(3)待翻票和看数熟练后,就将翻票看数与拨珠结合起来练习。用一次两页、一次三页的翻页方法,心算传票第五行数字,因为第五行数字是传票最后一行数字,容易看清,不易错位或错行。然后逐步向上移动,计算传票各页的第四行、第三行直至第一行。

总之,只要下工夫,多算多练,就能熟练掌握一次两页、一次三页的计算方法。目前参加珠算比赛传票算的选手普遍采用一次两页、一次三页的计算方法。

二、账表算

在经济活动中,会计和统计部门经常要在月末、季末、年末核算汇总各种表格,包括分配表等凭证、账簿、试算平衡表、报表等。这些表格中分列着各种指标,指标填列后要合计、累计、分组算等,而这些都属于账表算。

全国珠算技术比赛项目中的账表算是从实际工作中的各种表格运算中概括出来的一种运算技能项目,是我国珠算技术比赛项目之一。比赛中的账表算是在同一张表格上,分别进行纵横两部分运算,将纵列表算和横行表算的两个合计数相互轧平(即竖、横行两个合计数相等)。账表算的轧平,需要竖列和横行的每一道题都计算正确,否则将无法相等。因此,账表算强调的就是“准”字,要求必须具备熟练的技巧与准确度。本教材将以全国珠算技术比赛项目中的账表算为例说明其运算方法与技巧。

(一)账表算的题型(如表3-10所示)

目前,全国标准账表算题一般为:

(1)账表采用8开纸印刷。限时15分钟,采取定时不定量的方式。要求按顺序算题,前表没打完,后表不计分。

(2)每张表由纵向五个算题,横向二十个算题。

(3)账表中各行数字最低为4位数,最高为8位数。

(4)横向每题由4位、5位、6位、7位、8位数各1个组成,每题有30个字码;纵向每题由4位、5位、6位、7位、8位数各4个组成,共20个数,每题共有120个字码。表中各数均为整数。

(5)每张账表中有四个减号,纵向第4、5题中各有两个。账表算不设倒减法。

(6)账表算的计分为:竖式每对一题得14分,合计70分;横式每对一题得4分,合计80分,两项共计150分。如一张账表答数全部正确且轧平,再加50分,即一张账表全对可得200分,学生达到120分为达标。

表 3－10

账表算题型

纵题＼横题	一	二	三	四	五	合计
一	54 735 189	213 558	8 105	4 735 281	15 043	
二	82 754	58 350 721	93 512	3 526	75 049 126	
三	4 526 197	5 693	7 456 135	508 413	－896 543	
四	3 605	48 167	5 843 172	476 825	18 406 532	
五	735 421	86 405 732	8 124	23 176	5 682 143	
六	82 175 063	5 614 378	408 675	－1 463	64 398	
七	45 371	9 436	94 768 601	14 602 735	1 473	
八	5 487 162	548 703	23 784	－5 861 274	358 417	
九	54 387	465 847	5 697 428	54 736 821	8 925	
十	63 498 126	6 304	173 824	53 268	5 023 147	
十一	347 256	4 081 276	48 316	1 924	68 541 239	
十二	1 547	45 861	50 867 239	5 968 403	876 143	
十三	2 598 603	26 537 014	5 091	456 371	14 267	
十四	3 168 694	32 495 108	7 243	208 561	59 416	
十五	41 602	1 402 375	13 564 239	6 847	425 893	
十六	3 824	593 846	47 248	1 249 736	74 056 128	
十七	605 361	36 521	3 865 174	36 184 952	7 064	
十八	53 826 174	5 109	405 682	62 805	8 763 529	
十九	963 845	6 137 248	60 598 145	84 796	－5 103	
二十	5 483	84 197	762 431	32 481 957	1 974 682	
合计						

(二)账表算的运算方法

1. 纵向题运算方法

账表中的纵向题与珠算等级加减算相似,可以根据自己加减运算的习惯打法进行,一般采用一目多行简捷加减法运算,把账表放在算盘下面左手指数,并随着计算把题单向上推使其计算的行数尽量与盘面的距离接近,以便看数、拨珠、抄写答数能快速进行。

2. 横向题运算方法

横向题计算时,左手指法往往是小拇指指第一组数无名指指第二组数,中指指第三组数,第四第五组数不用手指,直接眼看入盘。把算盘放在该题上方,以便算后抄写答案。可采用传票中的穿梭式打法。首先将第一笔数按从高位向低位的顺序入盘在拨第二笔数时从低位向高位的顺序入盘，再高位向低位将第三笔数拨入盘……直至该题计算完毕抄写答案。为了使算盘靠近所计算的数据，账表就要随着每行数字的计算完毕向上移动。

在账表算中无论是竖式算题，还是横式算题都要手、眼、脑相结合。由于纵向题与珠算等级练习题相似，一般比较习惯打纵向题，横向题相对缺少练习。但横向题所占比重较大会直接影响运算速度，所以要特别注意练习横向题尤其是经常进行看数练习，只有横向看数熟练了才能做到拨珠顺畅有序、干净利落。

传票算和账表算练习题见本教材第七章习题。

习题三

一、基本加法练习

1. 用直接加法计算下列各题

(1) 4 615 +5 371 =　　(2) 7 623 +2 121 =

(3) 5 232 +4 512 =　　(4) 4 237 +5 762 =

(5) 2 345 +7 654 =　　(6) 7 623 +2 121 =

(7) 7 501 +2 458 =　　(8) 255 + 244 =

(9) 2 361 +7 623 =　　(10) 6 521 +2 313 =

(11) 5 316 +2 131 =　　(12) 1 679 +6 210 =

(13) 6 085 +2 614 =　　(14) 2 121 +1 212 =

(15) 2 723 +1 256 =　　(16) 142 152 +2 537 =

(17) 1 158 106 +31 762 =　　(18) 12 765 +86 001 =

(19) 40 275 +53 102 =　　(20) 375 843 +504 106 =

2. 用补五加法计算下列各题

(1) 1 234 +4 321 =　　(2) 3 241 +4 324 =

(3) 3 321 +2 444 =　　(4) 2 233 +3 422 =

(5) 4 344 +1 234 =　　(6) 4 132 +4 423 =

(7) 1 324 +4 234 =　　(8) 4 831 +4 034 =

(9) 4 232 +3 423 =　　(10) 4 132 +3 424 =

(11) 4 141 +2 341 =　　(12) 3 214 +3 432 =

(13) 3 412 +2 343 =　　(14) 1 334 +4 221 =

(15) 324 438 +342 341 =　　(16) 42 313 +34 243 =

(17) 23 432 +32 443 =　　(18) 42 341 +43 424 =

(19) 34 344 +21 413 =　　(20) 344 243 +232 414 =

3. 用进位加法计算下列各题

(1) 3 147 +7 968 =　　(2) 8 731 +3 599 =

(3) 6 543 +9 587 =　　(4) 7 543 +8 597 =

(5) 8 379 +5 786 =　　(6) 3 876 +7 245 =

(7)　1 873 + 9 787 =　　(8)　7 346 + 8 769 =
(9)　3 638 + 8 978 =　　(10)　2 984 + 8 678 =
(11)　4 796 + 7 869 =　　(12)　8 657 + 7 958 =
(13)　7 418 + 8 892 =　　(14)　7 298 + 4 825 =
(15)　76 934 + 54 287 =　　(16)　47 851 + 74 359 =
(17)　78 952 + 32 179 =　　(18)　18 935 + 93 276 =
(19)　524 781 + 586 439 =　　(20)　624 933 + 487 688 =

4. 用破五进位法计算下列各题

(1)　6 555 + 7 897 =　　(2)　5 566 + 6 778 =
(3)　8 786 + 6 565 =　　(4)　5 665 + 8 876 =
(5)　8 677 + 6 867 =　　(6)　6 758 + 7 685 =
(7)　5 655 + 6 789 =　　(8)　7 676 + 6 768 =
(9)　4 567 + 7 689 =　　(10)　7 767 + 6 686 =
(11)　7 858 + 7 696 =　　(12)　17 676 + 1 6768 =
(13)　6 665 + 8 889 =　　(14)　1 767 + 2 676 =
(15)　65 655 + 67 689 =　　(16)　65 675 + 68 769 =
(17)　87 565 + 7 869 =　　(18)　86 565 + 7 869 =
(19)　55 555 + 56 789 =　　(20)　57 661 + 96 884 =

5. 计算下列各题

题号	1	2	3	4	5	合计
(1)	7 359	6 028	377	338	8 054	
(2)	9 251	9 998	3 564	639	371	
(3)	249	5 475	5 446	635	45 293	
(4)	796	6 729	43 255	7 544	3 076	
(5)	22 076	3 334	5 543	6 729	249	
(6)	338	567	67 699	968	7 376	
合计						

题号	6	7	8	9	10	合计
(7)	5	8	58	294	3	
(8)	53	76	891	7	88	
(9)	78	48	989	45	222	
(10)	6	7	45 378	74	5	
(11)	94	46	457	394	78	
(12)	567	7	45	84	394	
合计						

题号	11	12	13	14	15	合计
(13)	4 000	5 724	416	8 536	882	
(14)	775	8 081	5 694	3 179	724	
(15)	91 912	810	7 133	9 583	373	
(16)	2 163	779	42 216	6 230	3 316	
(17)	552	78 630	7 947	4 972	3 454	
(18)	9 797	760	64 214	363	664	
合计						

题号	16	17	18	19	20	合计
(19)	427	9	87	4	7	
(20)	1	34	730	26	83	
(21)	87	46	558	772	74	
(22)	46	3	8 540	1	2	
(23)	830	34	814	61	60	
(24)	57	297	17	909	6	
合计						

二、基本减法练习

1. 用直接减法计算下列各题

(1) 95.4 - 65.3 =
(2) 87.2 - 36.1 =
(3) 76.6 - 65.6 =
(4) 67.8 - 12.3 =
(5) 59.7 - 54.6 =
(6) 782 - 621 =
(7) 698 - 537 =
(8) 597 - 566 =
(9) 478 - 227 =
(10) 886 - 276 =
(11) 55 847 - 55 632 =
(12) 76 734 - 15 623 =
(13) 27 965 - 16 915 =
(14) 85 427 - 25 126 =
(15) 48 732 - 37 621 =
(16) 98 643 - 67 531 =
(17) 96 745 - 86 625 =
(18) 75 396 - 65 185 =
(19) 65 938 - 15 827 =
(20) 43 891 - 32 761 =

2. 用凑五减法计算下列各题

(1) 67.8 - 43.4 =
(2) 58.6 - 34.2 =
(3) 78.6 - 44.2 =
(4) 86.5 - 42.3 =
(5) 56.7 - 33.4 =
(6) 5 876.5 - 3 432.1 =
(7) 6 758.7 - 2 344.3 =
(8) 7 686.5 - 4 243.2 =
(9) 8 675.6 - 4 343.2 =
(10) 8 755.6 - 4 322.4 =
(11) 8 765 - 4 424 =
(12) 65 565 - 23 421 =
(13) 5 756 - 2 312 =
(14) 56 575 - 12 342 =

(15)　7 787 - 3 443 =　　(16)　76 566 - 34 123 =

(17)　7 568 - 3 124 =　　(18)　85 675 - 43 241 =

(19)　8 877 - 4 434 =　　(20)　565 765 - 123 432 =

3. 用退位减法计算下列各题

(1)　78.6 - 9.8 =　　(2)　95.7 - 6.8 =

(3)　86.3 - 7.6 =　　(4)　63.7 - 9.8 =

(5)　26.3 - 7.9 =　　(6)　171.8 - 94.9 =

(7)　315.6 - 76.8 =　　(8)　423.2 - 49.3 =

(9)　523.8 - 9.9 =　　(10)　261.3 - 73.4 =

(11)　4 786 - 897 =　　(12)　5 623 - 789 =

(13)　7 557 - 689 =　　(14)　8 667 - 788 =

(15)　9 566 - 879 =　　(16)　23 654 - 9 875 =

(17)　30 251 - 7 563 =　　(18)　61 432 - 2 549 =

(19)　82 031 - 4 193 =　　(20)　601 435 - 34 598 =

4. 用退位补五法计算下列各题

(1)　161.2 - 6.7 =　　(2)　353.2 - 7.6 =

(3)　243.3 - 8.7 =　　(4)　554.2 - 7.7 =

(5)　632.1 - 6.6 =　　(6)　7 134 - 678 =

(7)　8 213 - 668 =　　(8)　9 134 - 687 =

(9)　6 213 - 767 =　　(10)　3 441 - 886 =

(11)　223 - 776 =　　(12)　3 233 - 677 =

(13)　4 213 - 767 =　　(14)　5 434 - 876 =

(15)　6 234 - 768 =　　(16)　23 344 - 6 789 =

(17)　34 424 - 7 868 =　　(18)　43 434 - 6 869 =

(19)　24 344 - 7 689 =　　(20)　342 434 - 86 769 =

5. 计算下列各题

(1)　8 376 - 456 =　　(2)　7 398 - 679 =

(3)　6 453 - 987 =　　(4)　5 314 - 296 =

(5　4 787 - 978 =　　(6)　8 631 - 7 236 =

(7)　7 482 - 1 387 =　　(8)　6 973 - 5 697 =

(9)　5 374 - 3 668 =　　(10)　4 592 - 2 785 =

(11)　3 219 - 1 957 =　　(12)　2 965 - 2 897 =

(13)　1 364 - 978 =　　(14)　9 783 - 7 877 =

(15)　5 931 - 578 =　　(16)　86 785 - 67 479 =

(17)　73 294 - 57 897 =　　(18)　65 312 - 43 296 =

(19)　54 893 - 37 943 =　　(20)　48 234 - 39 136 =

三、其它加减法练习

1. 用凑整法计算下列各题

(1)　58 792 + 9 999 =　　(2)　69 875 - 29 998 =

(3) 12 356 +9 998 =　　(4) 74 126 −6 997 =

(5) 23 425 +2 989 =　　(6) 99 746 −57 999 =

(7) 41 257 +1 999 =　　(8) 87 516 −5 998 =

(9) 36 251 +3 999 =　　(10) 54 189 −4 997 =

2. 用借减法计算下列各题

(1) 1 765 −5 214 =　　(2) 2 064 −6 432 +5 567 =

(3) 3 092 −7 489 =　　(4) 4 717 −8 694 −7 211 =

(5) 5 567 −9 843 =　　(6) 47 832 −89 787 +35 100 =

(7) 21 396 −37 892 =　　(8) 39 361 −63 717 −111 239 =

(9) 57 342 −73 891 =　　(10) 64 536 −98 765 +34 277 =

四、基本功练习

(一)定数连加减

(1)"1"连加200次，结果为200;减去"1"，直到减完为零。

(2)"2"连加190次，结果为380;减去"2"，直到减完为零。

(3)"3"连加180次，结果为540;减去"3"，直到减完为零。

(4)"4"连加130次，结果为520;减去"4"，直到减完为零。

(5)"5"连加220次，结果为1 100;减去"5"，直到减完为零。

(6)"6"连加150次，结果为900;减去"6"，直到减完为零。

(7)"7"连加140次，结果为980;减去"7"，直到减完为零。

(8)"8"连加130次，结果为1 040;减去"8"，直到减完为零。

(9)"9"连加120次，结果为1 080;减去"9"，直到减完为零。

学习初期确保准确的前提下，定数连加减每题2分10秒内完成，其中连加1分钟，连减1分10秒内完成。

(二)常数连加减

(1)"625"连加16次为10 000，然后再连减625，直到减完为止。

(2)"37"连加3次为111,再加3次为222…直到盘面数为999(总共要加27次);然后再连减37,减3次为888,再减3次为777,再减3次为666…直到减完为止。

(3)"185"连加6次为1110,再加6次为2 220…直到盘面数为9 990;然后再从9990中连减185,直到减完为止。

(4)"987 654 321"连加9次为8 888 888 889，然后再连减9次，直到减完为止。此方法称为倒九九。

(5)"123 456 789"连加9次为1 234 567 890，然后再从盘第二档起连续减去九个123456789，盘上剩下的数是123456789。此方法称为十盘成。

(6)"123 456 789"连加7次，然后在最后档上再加9，就得987 654 321。此方法称为七盘成。

(三)打百子

所谓打百子就是把1、2、…99、100这一百个数连续相加减的计算。其计算方法是首先1+2+3+…+99+100，结果为5 050;然后再从5 050中−1、−2−、3…−100，其结果为0。

检查减百子减到某位数差的公式是:$5\,050 - n(n+1) \div 2$

加数	10	20	24	36	44	55	66	77	89	95	100
和数	55	210	300	666	990	1 540	2 211	3 003	4 005	4 560	5 050

学习初期在确保准确的前提下，从1加到100，要求在1分钟内完成，从100减至0，要求在1分20秒钟内完成。

(四)见子打子

首先拨上被加数，然后看算盘上那一档是什么数，就照加什么数，连加数次得到一定的答案。例如："三盘成"，先在算盘上拨上123456789，然后"见子打子"三遍，在末位加9，其结果是987654321。

五、实务练习

新恒公司2010年11月31日的试算平衡表数据如下，请将该表合计数计算出来。

试算平衡表

	期初余额		本期发生额		期末余额	
账户名称	借方	贷方	借方	贷方	借方	贷方
库存现金	3 200		120 000	120 200	3 000	
银行存款	260 000		1 494 060	522 900	1 231 160	
应收账款	292 300		439 920	280 000	452 220	
原材料	232 000		290 937	160 320	362 617	
库存商品	366 000		127 640	165 000	328 640	
材料采购			290 937	290 937		
待摊费用	21 000		6 000	1 000	26 000	
固定资产	2 680 000		100 000		2 780 000	
累计折旧		300 000		38 000		338 000
生产成本	174 900		303 360	127 640	350 620	
制造费用			47 700	47 700		
短期借款		200 000	100 000	90 000		190 000
应付账款		190 000	160 000	222 300		252 300
其他应付款		1 860				1 860
预提费用		300	800	500		0
应付职工薪酬		18 100	120 000	136 800		34 900
应交税费		1 200	49 363	349 605		301 442
应付股利				57 381		57 381
长期借款		800 000		300 000		1 100 000
实收资本		2 000 000		900 000		2 900 000

续表

盈余公积		35 000		57 382		92 382
本年利润		676 000	1 073 000	397 000		0
利润分配	193 060		229 526	688 578		265 992
主营业务收入			376 000	376 000		
其他业务收入			18 000	18 000		
其他业务成本			10 000	10 000		
营业外收入			3 000	3 000		
主营业务成本			165 000	165 000		
管理费用			26 160	26 160		
销售费用			6 300	6 300		
财务费用			600	600		
营业外支出			8 500	8 500		
所得税费用			565 250	565 250		
合计						

六、加减法达标练习

珠算技术等级普通级 6－4 级（一）（正面）

（限时 10 分钟）

（一）	（二）	（三）	（四）	（五）	（六）
376 179	6 248	1 613	7 679	479 616	7 982
698	936	456	642	118	123
1 784	597 063	1 879	5 517	－8 072	－1 024
249	579	218	10 694	－72 711	464 518
33 952	1 143	68 445	535	523	165
462	498	507	7 618	－3 047	－2 744
5 857	2 804	1 039	863	50 298	919 863
264	82 628	206 642	950 102	8 283	735
70 915	424	475	821	－708	－9 078
283	7 117	93 776	87 304	934 945	308
1 088	318	2 024	839	426	－97 253
416	95 012	803	9 522	－5 699	－109
3 002	6 505	3 057	976 124	560	6 065
609 705	774	135 992	3 804	3 051	20 368
5 314	30 596	889	340	643	547

珠算技术等级普通级6－4级（一）（反面）

（限时10分钟）

（七）	（八）	（九）	（十）
8 573	76 305	6 074	262 873
164	－614	563	902
421 978	9 854	231	645
5 269	137 685	6 021	－8 158
103	209	874	2 214
10 348	－8 974	87 995	－3 049
7 652	423	8 492	7 065
879	－40 698	126 347	136
129 534	572	501	－249
416	－1 346	3 672	913 541
5 620	701	8 954	645
307	853 962	904	902
79 081	4 158	30 816	－90 734
826	239	471 993	769
3 495	－7 041	2 550	578

珠算技术等级普通级6－4级（二）（正面）

（限时10分钟）

（一）	（二）	（三）	（四）	（五）	（六）
672	434 615	792	252	91 713	4 206
59 985	198	7 476	1 389	408	942
248	－3 747	144 324	－796	－4 568	277 617
546 845	561	2 187	295	477 836	39 249
611 387	－5 682	382	－4 775	－591	942
1 969	782	8 510	862 242	3 005	9 971
678	－75 746	794 592	4 918	320	850
9 254	6 875	170	－2 028	－9 241	6 893
659	575 636	3 031	579	749 308	884
61 247	18 145	20 824	903 267	180	95 674
5 177	160	363	－26 811	－18 575	590
408	－5 823	453	167	898	5 808
8 065	439	252	97 849	－6 364	558 435
128	－400	29 320	279	2 151	6 052
5 625	3 892	1 913	－9 459	346	391

珠算技术等级普通级 6－4 级（二）（反面）

（限时 10 分钟）

（七）	（八）	（九）	（十）
393 701	1 544	1 805	79 363
615	43 771	730	4 798
7 499	－213	857 819	954
9 344	2 353	133	817 189
797	760	4 964	6 261
122 456	－3 574	289 733	2 301
305	338	621	297
9 246	733 834	77 756	343 838
24 398	－5 219	3 405	641
290	132	286	24 388
5 314	650	3 349	3 159
661	－1 633	85 514	697
813	－62 399	760	4 363
35 403	277 932	2 342	452
9 503	624	432	973

珠算技术等级普通级 6－4 级（三）（正面）

（限时 10 分钟）

（一）	（二）	（三）	（四）	（五）	（六）
255	420	51 514	85 540	612 505	303
8 623	51 732	623	8 639	468	3 551
434 898	766	－7 363	509	4 993	－280
6 658	797 631	624 652	380 133	7 737	313
890	358 048	－347	3 765	215	－4 527
8 934	5 108	2 514	1 743	507 632	673 200
598 660	592	393	784	382	8 261
558	9 984	－7 756	191 392	8 492	－8 536
3 000	788	491 321	419	78 502	589
64 000	52 955	322	91 462	736	940 075
321	4 820	－19 821	5 720	4 716	－97 459
316	607	303	425	629	195
464	2 368	－2 516	9 612	342	57 869
79 830	127	7 651	922	35 925	467
9 806	5 519	918	861	8 575	－1 681

珠算技术等级普通级 6－4 级（三）（反面）

（限时 10 分钟）

（七）	（八）	（九）	（十）
939 672	4 654	6 331	9 925
642	654	435	72 365
－3 982	632 346	274 542	－636
544	49 379	849	4 899
－9 074	165	2 399	349
804	5 901	150 789	－8 628
－73 931	813	781	858
9 742	7 998	37 628	927 905
807 623	503	3 421	－5 922
62 907	94 034	549	945
199	265	9 992	511
－8 881	4 045	22 525	－8 248
306	379 873	209	－88 806
－491	7 918	6 306	272 008
2 491	647	545	818

珠算技术等级普通级 6－4 级（四）（正面）

（限时 10 分钟）

（一）	（二）	（三）	（四）	（五）	（六）
36 562	469	158 221	4 502	6 003	68 614
4 303	4 664	806	833	79 726	433
617	577 564	－4 423	336 288	－336	－7 075
496 745	4 460	675	785	7 932	231 172
7 260	555	－6 053	2 578	201	－933
6 655	6 326	737	771 272	－4 221	6 186
919	476 664	－38 661	457	184	952
999 474	464	8 525	52 966	839 227	－2 185
961	6 401	754 926	5 940	－4 685	308 642
18 514	77 941	89 544	276	369	857
5 224	933	394	1 971	517	－56 577
445	241	－5 535	47 480	－5 194	370
7 174	398	785	771	－99 912	－4 360
905	20 064	－718	3 118	809 767	9 161
462	7 634	7 030	185	233	725

珠算技术等级普通级6－4级（四）（反面）

（限时10分钟）

（七）	（八）	（九）	（十）
364 510	429	3 903	866
979	77 262	651	7 403
7 852	885	946 645	－747
2 815	238 622	61 975	957
901	884 018	579	－8 828
415 570	1 706	4 228	445 296
443	611	866	7 351
1 902	4 982	2 775	－9 121
52 608	917	474	672
807	44 498	56 485	330 535
6 118	9 181	193	－52 121
469	126	6 285	236
633	5 181	441 742	58 560
18 045	156	8 629	689
1 540	3 183	128	－9 718

珠算技术等级普通级6－4级（五）（正面）

（限时10分钟）

（一）	（二）	（三）	（四）	（五）	（六）
199 235	5 257	21 918	168 682	640	3 224
408	30 712	309	458	3 598	506
1 579	－173	－8 332	－8 009	447 179	619 730
4 949	9 879	510 097	796	3 953	34 698
479	781	－528	－8 160	473	368
482 004	－6 520	1 529	386	4 491	6 073
445	926	562	－40 970	417 733	286
8 990	947 006	－1 256	5 612	218	8 686
60 355	－4 962	524 977	589 627	2 063	715
949	544	515	53 667	73 856	42 215
2 064	884	－78 990	346	564	219
913	－9 629	846	－3 074	830	9 772
147	－19 448	－7 812	266	990	612 776
40 905	788 272	2 992	－493	85 236	3 614
7 283	919	734	4 837	3 261	700

珠算技术等级普通级 6－4 级（五）（反面）

（限时 10 分钟）

（七）	（八）	（九）	（十）
869	90 548	597	9 215
29 139	1 516	6 940	447
630	558	－414	489 750
958 972	318 445	973	575
794 035	2 607	－2 897	4 975
9 737	8 710	667 511	481 186
260	267	1 204	863
7 258	636 288	－1 780	14 216
883	567	213	8 650
24 762	64 334	591 181	858
8 815	9 379	－33 317	6 013
486	486	914	98 514
6 962	5 062	93 532	936
332	877	173	4 897
3 805	656	－2 193	499

珠算技术等级普通级 6－4 级（六）（正面）

（限时 10 分钟）

（一）	（二）	（三）	（四）	（五）	（六）
7 043	382	8 325	49 056	580 324	53 729
628	6 304	608	7 283	866	629
485 969	－465	225 587	868	8 733	－9 093
81 785	650	86 943	241 722	7 525	605 050
714	－2 532	795	3 169	202	－618
5 078	802 196	4 025	8 965	138 230	8 654
589	6 655	338	496	472	625
6 272	－2 951	2 118	311 492	3 887	－1 808
124	197	945	314	76 365	290 681
19 763	687 535	66 743	45 261	165	761
792	－74 129	887	1 578	1 521	－83 901
6 604	196	1 798	124	497	415
526 729	55 436	291 617	7 754	930	－3 707
5 659	702	1 803	224	98 054	4 911
429	－2 290	458	520	6 797	323

珠算技术等级普通级 6－4 级（六）（反面）

（限时 10 分钟）

（七）	（八）	（九）	（十）
1 876	8 954	517	382
143	50 404	73 208	4 112
734 324	－222	595	798 192
528	9 602	874 538	4 529
5 518	704	699 201	697
642 133	－1 547	3 558	7 503
509	726	544	517 836
97 358	891 982	5 066	839
5 236	－1 698	491	3 260
828	508	89 023	45 749
2 993	551	7 429	807
11 521	－1 117	875	974
699	－35 427	4 866	516
6 336	979 087	157	16 604
809	582	4 432	2 930

珠算技术等级普通级 6－4 级（七）（正面）

（限时 10 分钟）

（一）	（二）	（三）	（四）	（五）	（六）
3 998	151 751	87 942	279	295	2 301
469	499	965	1 626	43 412	83 719
178 782	－2 768	－1 804	－368	356	－369
872	612	950 092	159	481 505	1 182
3 067	－3 179	－307	－5 699	643 336	729
697 681	857	3 283	539 917	2 798	－3 630
338	－62 166	765	1 776	858	459
97 244	8 058	－4 072	－4 129	9 598	166 181
2 789	499 382	810 197	241	991	－1 514
950	90 789	267	839 062	58 093	733
7 569	479	－25 010	－38 737	9 246	248
36 560	－8 605	912	282	325	－3 193
864	185	－6 345	78 971	2 451	－44 846
7 431	－917	1 490	276	970	273 916
815	4 278	675	－2 912	6 391	985

珠算技术等级普通级6－4级（七）（反面）

（限时10分钟）

（七）	（八）	（九）	（十）
115	739 310	1 784	91 885
9 601	439	431	2 255
145 605	2 275	793 461	574
1 836	4 377	72 546	718 931
601	550	292	9 362
5 916	465 338	4 946	9 720
860 073	214	193	557
165	7 673	9 225	417 390
7 957	86 867	218	770
98 440	956	64 464	99 778
139	1 918	936	9 905
240	830	6 265	204
262	743	811 534	4 030
41 878	42 694	3 921	942
7 589	5 918	518	856

珠算技术等级普通级6－4级（八）（正面）

（限时10分钟）

（一）	（二）	（三）	（四）	（五）	（六）
2 637	847 591	67 617	959	365 693	438
48 977	979	3 774	6 137	167	7 732
－167	－1 529	214	－911	7 768	300 876
3 713	247	396 143	726	2 452	5 768
663	－8 035	2 440	－8 732	133	972
－7 514	356	9 929	269 965	944 303	9 673
623	－43 859	756	9 741	323	591 277
703 880	9 073	672 781	－9 025	3 509	523
－1 671	643 331	375	225	17 380	4 798
635	71 846	69 393	244 063	718	30 900
341	593	7 532	－29 470	7 490	702
－6 516	－5 508	124	664	441	189
－41 546	489	8 118	86 208	762	751
804 037	－507	159	193	51 089	34 379
568	8 221	782	－8 465	9 170	1 137

珠算技术等级普通级 6－4 级（八）（反面）

（限时 10 分钟）

（七）	（八）	（九）	（十）
5 247	294	93 214	7 495
206	21 762	523	807
194 991	960	－8 076	125 323
32 111	753 302	266 378	969
467	141 767	－825	4 787
3 540	5 881	8 228	237 142
924	481	946	210
6 096	2 437	－6 666	38 321
382	787	358 578	4 757
11 889	31 609	859	561
590	6 282	－13 109	4 022
2 734	866	633	93 092
326 057	4 898	－3 257	215
4 722	855	5 440	7 526
531	6 836	532	319

珠算技术等级普通级 6－4 级（九）（正面）

（限时 10 分钟）

（一）	（二）	（三）	（四）	（五）	（六）
302	886	9 283	60 626	6 527	355 686
2 541	29 864	194	614	50 439	291
－452	146	904 336	－4 309	－211	3 707
255	676 326	489	888 168	2 820	8 201
－9 491	652 623	4 889	－908	189	413
593 889	6 506	615 834	7 523	－5 401	522 571
1 707	664	494	388	653	956
－9 306	9 788	24 444	－7 754	463 827	9 658
421	758	2 276	218 843	－9 212	61 106
574 535	39 265	457	300	698	256
－86 803	3 624	2 019	－91 249	739	4 373
804	498	83 208	500	－6 952	431
93 586	1 641	145	－1 796	－48 980	275
361	266	2 379	7 006	313 359	70 111
－5 844	1 198	999	402	832	8 967

珠算技术等级普通级 6－4 级（九）（反面）

（限时 10 分钟）

（七）	（八）	（九）	（十）
314	90 801	539	721 401
8 755	3 849	4 788	767
－775	527	873 408	－3 666
705	998 874	7 889	963
－8 836	5 342	794	－6 701
258 884	2 472	2 274	910
8 448	178	643 472	－56 108
－2 938	766 758	797	9 254
611	682	2 167	809 658
656 593	79 228	68 087	35 300
－16 260	9 743	145	244
249	672	728	－5 679
59 481	7 761	762	726
661	728	58 839	－590
－2 593	240	5 912	7 139

珠算技术等级普通级 6－4 级（十）（正面）

（限时 10 分钟）

（一）	（二）	（三）	（四）	（五）	（六）
80 495	988 470	191 200	551	525	492
798	423	199	1 305	5 148	13 252
－5 729	－2 969	2 333	299 039	－801	407
628 721	265	8 703	6 587	961	870 533
－545	－5 753	131	855	－9 522	310 975
4 789	798	135 490	2 781	948 758	7 759
765	－31 983	800	345 998	4 501	487
－4 208	9 679	3 657	452	－2 832	6 826
857 929	786 728	55 189	1 851	132	693
541	58 790	451	79 484	740 340	61 874
－31 473	425	8 075	212	－71 409	5 284
641	－8 796	571	499	929	985
－9 177	224	158	723	85 262	2 992
1 625	－759	62 014	63 056	608	605
753	7 617	3 038	1 945	－8 023	3 653

珠算技术等级普通级 6－4 级（十）（反面）

（限时 10 分钟）

（七）	（八）	（九）	（十）
93 303	2 565	7 717	6 665
2 127	89 253	626	917
798	－285	813 868	797 879
410 594	3 505	616	18 045
4 663	324	3 089	892
1 687	－3 491	406 964	6 940
383	695	305	541
609 306	674 090	42 772	2 239
411	－5 188	1 481	744
91 684	687	156	70 116
5 894	571	8 329	280
457	－7 869	45 401	9 686
4 492	－35 646	377	344 346
711	221 335	4 790	5 155
379	595	497	179

珠算技术等级普通级 3－1 级（十一）（正面）

（限时 10 分钟）

（一）	（二）	（三）	（四）	（五）	（六）
7 846 095	7 192	63 059.72	91 465.28	91 465	75.02
62 137	187 963	173.49	830.54	831	19 384.56
43 718 029	5 926 047	890 657.23	509 724.36	509 724	－8 093.27
1 490 562	39 160 782	82.37	3 180.37	3 180	931.64
517 023	8 973 016	620.18	28 095.71	28 096	－4 250.37
6 345	79 064	72 194.85	39.15	39	870 691.52
763 580 512	48 325	4 357.01	745.39	745	－86 209.73
45 806	58 290 314	817 204.59	462 958.03	462 958	724.01
9 728	745 162	42.86	17.62	18	43.58
843 607	3 501	3 601.94	8 479.06	8 479	804 976.25
97 530 186	18 246	568.37	38 465.21	38 465	－8 190.47
52 394	7 243 065	21 630.94	720 619.48	720 619	41.65
9 148	49 825 073	763 804.52	3 190.26	3 190	－635.41
7 254 169	835 904	58.19	426.03	426	29 671.38
289 301	6 158	5 491.06	78.51	79	915 037.82

珠算技术等级普通级 3－1 级（十一）（反面）

（限时 10 分钟）

（七）	（八）	（九）	（十）
359.62	21 859	27 108.95	7 019 864
4 178.06	8 527 943	617.54	294 637
10.29	906 538	35.42	2 945
197 536.48	1 984	－2 347.69	19 037 458
4 910.57	51 783	905 374.86	72 096
36 029.78	70 913 254	10.57	1 780 624
8 531.64	－642 075	－1 637.42	89 041 536
451 803.92	－7 189 406	83 094.26	83 175
712.48	－143 952	782.51	6 492
27.06	7 210	－86 920.43	517 036
50 462.87	3 826 107	410 983.67	3 012 847
716 453.92	－63 072	－5 130.92	48 953
536 025.47	5 063	85.69	5 238
91.34	42 801 796	－520.81	61 093 527
835.09	6 945	390 617.48	586 102

珠算技术等级普通级 3－1 级（十二）（正面）

（限时 10 分钟）

（一）	（二）	（三）	（四）	（五）	（六）
840 673	4 621	78 146 093	7 830.52	12.89	37 204.68
4 021 378	904 382	6 587	21.47	750.64	－2 982.15
4 286	71 346 209	－130 549	380 257.61	2 703.48	19.64
37 064	5 706 281	4 278 906	98 072.43	547 201.63	310 587.26
69 724 803	54 381	－708 362	201.96	37 612.48	730.84
305 968	7 402	5 138	1 938.45	6 408.29	－4 379.51
51 079 214	374 916	－95 601	476.34	17.35	425 361.58
2 075	80 965 382	49 516 237	890 214.67	402 971.65	－630.29
8 645 791	8 107 158	－7 140 325	38.06	908.53	41.89
20 195	96 745	20 583	36 195.24	81 601.89	70 812.95
91 320 576	70 539	62 410 397	760.59	35.96	－9 753.06
1 356	54 186 093	5 159	86.35	9 702.54	560.13
549 182	2 035 679	－308 724	416 508.62	350.98	967 540.82
3 870 215	968 345	5 247 619	1 720.54	637 582.14	－65 497.03
63 428	1 752	53 918	58 397.16	76 439.21	81.42

珠算技术等级普通级 3－1 级（十二）（反面）

（限时 10 分钟）

（七）	（八）	（九）	（十）
259.47	84 102 946	946 627.45	32 874
2 418.82	8 712	－2 019.17	1 278
50 497.01	1 145 759	95.80	409 252
146 281.59	78 264	－424.81	7 515 914
76.24	－905 425	－45 182.72	64 091 248
437.89	46 141 203	47 083.15	9 823
1 505.26	3 982	－5 806.69	382 609
60 492.82	－5 208 767	492.02	7 658 057
831 685.06	25 683	38.15	41 146 023
37.23	－862 039	816 362.37	28 356
306.98	35 737 601	67.59	63 761 705
7 483.45	4 756	30 689.37	6 574
97 371.09	－709 891	－8 445.79	3 056 903
957 306.65	6 309 853	137.09	109 789
13.17	－91 348	306 105.23	39 184

第四章　珠算乘除法

第一节　珠算乘法的基础知识

一、珠算乘法概述

乘法是相同的数连加若干次的简便算法，其运算结果称为积。其中被连加的数称为被乘数，加数的个数称为乘数，二者也统称为因数。在乘法运算中，乘数和被乘数的位置可以互换。在珠算术语中，被乘数被称为"实数"，乘数称为"法数"。乘数的首位数字叫"乘首"，也叫"法首"；被乘数的首位数字叫"实首"。最早的乘法计算是用口诀进行的，乘法口诀从古至今不断演变，形成了今天的大九九口诀(81 句)和小九九口诀(45 句)两种。从实际计算和算理看，大九九口诀要优于小九九口诀，因此我们的珠算乘法主要采用大九九口诀。

二、珠算乘法的分类

珠算乘法历史悠久，各种算法不断发展，都各有其产生的背景和发展过程，各有其特点和长处。按照不同的标准进行分类，会有不同的分类方法。

按适用范围分为：基本乘法和简捷乘法。

按乘算顺序分为：前乘法和后乘法。

按积的位置分为：隔位乘法和不隔位乘法。

按是否在盘上置数分为：置数乘法和空盘乘法。

本章主要介绍空盘前乘法和破头乘法两种目前通用的乘法。

三、乘法口诀

珠算乘法一般是根据九九口诀进行运算的。乘法"九九口诀"是根据 1 ~ 9 九个数字分别乘以 1 ~ 9 九个数字编制而成的歌诀，古称九九歌，早在春秋战国时期就已被广泛运用了。现在应用的口诀分为两种："小九九"和"大九九"，古时一直用大九九口诀，到宋代才改为小九九口诀。小九九口诀，总共 45 句，是由小数在前、大数在后的小因大因相乘及等因相乘，又称为顺九九；大九九口诀，总共 81 句，不仅包括小九九口诀，还包括大数在前、小数在后的大因小因相乘的 36 句，大九九口诀表如表 4 - 1 所示。

乘法口诀每句四字，前两数字为因数，后面的两个阿拉伯数字为乘积。小九九口诀中只有 45 句，两个因数互换只用一句口诀，如二五 10，却没有五二 10，在运算中会因为因数互换而影响速度或错位；大九九口诀共 81 句，第一个数字表示乘数，第二个数字表示被乘数，两个因数互换各有一句口诀，如既有二五 10，也有五二 10，因此在运算中不需颠倒两因数的顺序，提高了运算速度且不易错档。所以在现在的珠算乘法运算中我们采用此口诀。需要注意的是，如“二三 06”，乘积中的“0”也需要在盘中占一档，即两数相乘都有两位数的积。

表 4－1

口诀（被乘数／乘数）	一	二	三	四	五	六	七	八	九
一	一一 01	一二 02	一三 03	一四 04	一五 05	一六 06	一七 07	一八 08	一九 09
二	一二 02	二二 04	二三 06	二四 08	二五 10	二六 12	二七 14	二八 16	二九 18
三	一三 03	二三 06	三三 09	四三 12	五三 15	六三 18	七三 21	八三 24	九三 27
四	一四 04	二四 08	三四 12	四四 16	五四 20	六四 24	七四 28	八四 32	九四 36
五	一五 05	二五 10	三五 15	四五 20	五五 25	六五 30	七五 35	八五 40	九五 45
六	一六 06	二六 12	三六 18	四六 24	五六 30	六六 36	七六 42	八六 48	九六 54
七	一七 07	二七 14	三七 21	四七 28	五七 35	六七 42	七七 49	八七 56	3 九七 6
八	一八 08	二八 16	三八 24	四八 32	五八 40	六八 48	七八 56	八八 64	九八 72
九	一九 09	二九 18	三九 27	四九 36	五九 45	六九 54	七九 63	八九 72	九九 81

四、乘法的定位方法

由于算盘本身的特性，盘中并无固定的个位，而且在盘上都是以空档表示“0”，因此对于数字前后的空档很难分清是“0”还是未使用的空档。如在实际乘法运算中，若两数相乘最后乘积为 67.8，而表现在盘面上时，678、67.8、6.78、0.678 是没有任何区别的。若想正确读出盘面中所示的数字，准确确定小数点的位置，必须掌握乘法的定位方法。乘法定位是根据被乘数和乘数的位数来决定的，因为乘积的位数是由被乘数和乘数的位数来决定的，所以要学习定位，必须先掌握数的位数。

（一）数的位数

数的位数可分为三种情况：正位数、零位数和负位数。

1. 正位数：某数是整数和带小数的，小数点左边有几位数字就是正几位，用符号“＋”表示。如：6 780 是 +4 位，67.8 是 +2 位。

2. 零位数：某数是纯小数，小数点右边不带“0”（即小数点右边接着就是有效数字），就是“0”位。如：0.678、0.6078。

3. 负位数：某数是纯小数，小数点右边是带“0”的，即小数点右边到最高位有效数字之间是有“0”的，有几个“0”就是负几位，用“－”号表示。如：0.0678 是 －1 位，0.00607 是 －2 位，数的位数举例如表 4－2 所示。

表 4－2

位数	+3	+2	+1	0	－1	－2	－3
数	369	36.9	3.69	0.369	0.0369	0.00369	0.000369
	170	17	1.7	0.17	0.017	0.0017	0.00017
	678.2	67.82	6.782	0.6782	0.06782	0.006782	0.0006782

(二)公式定位法

公式定位法源于古代的“悬空定位法”，最早见于元代何平子的《详明算法》，也叫“通用定位法”、“头定法”，后来逐渐加以改进。它是根据被乘数和乘数的位数来确定乘积位数的一种通用的定位方法。这种方法不仅适用于各种算法，在笔算、心算、计算器等其它计算方法上也广泛应用。

该方法是以被乘数和乘数的位数为依据，比较积的首位数字与乘数、被乘数的首位数字的大小来确定乘积位数的。从九九口诀中我们可以观察出，若两个一位数相乘的积是两位数，如“三四12”，则积的位数为两因数位数的和，此时积的首位数字比两因数的首位数字都小；若两个一位数相乘的积是一位数，如“二三06”，则积的位数比两因数位数的和少一位，此时积的首位数字比两因数的首位数字都大。由此，在具体确定积的位数时，用M代表被乘数的位数，N代表乘数的位数，则积的位数可通过以下两个公式求得：

积的位数 = M + N　　　　（1）

积的位数 = M + N − 1　　　　（2）

上述两个公式的适用范围如下：

1. 当乘积的首位有效数字小于两因数中任一因数的首位有效数字时，用公式(1)定位。

【例4－1】315 × 52 = 16 380

乘积的首位数字“1”小于被乘数的首位数字“3”和乘数的首位数字“5”，用公式(1)。

M = +3位　　N = +2位　　M + N = 3 + 2 = +5(位)

2. 当乘积的首位有效数字大于等于两因数中任一因数的首位有效数字时，用公式(2)定位。

【例4－2】123 × 6 = 738

乘积的首位数字“7”大于被乘数的首位数字“1”和乘数的首位数字“6”，用公式(2)。

M = +3位　　N = +1位　　M + N − 1 = (+3) + (+1) − 1 = +3(位)

【例4－3】135 × 2 = 270

乘积的首位数字“2”虽与乘数的首位数字“2”相等，但比被乘数“1”大，用公式(2)。

M = +3位　　N = +1位　　M + N − 1 = 3 + 1 − 1 = +3(位)

3. 当乘积的首位有效数字与两因数的首位有效数字都相同时，就比较它们的第二位数字，若乘积的第二位数字与两因数的第二位数字都相同，那就比较第三位，依此类推。

【例4－4】11 × 11 = 121

乘积的首位数字“1”与两个因数的首位数字“1”都相等，这时要比较第二位，乘积的第二位数字“2”大于被乘数的首位“1”和乘数的首位“1”，用公式(2)。

M = +2位 N = +2位　　M + N − 1 = 2 + 2 − 1 = +3(位)

4. 乘积的首位数字至末位数字与任一因数的首位数字至末位数字都相同时，也用公式(2)。

【例4－5】100 × 1 000 = 10 000

M = +3位　　N = +4位　　M + N − 1 = +6(位)

由上述例题可以看出，积的定位公式的选用原则，可以概括为“两因相加，积大减一”。

此方法定位准确，适用范围较广，为较通用的定位法，但需掌握加减规则，且需比较积大积小，大大影响运算速度。此外若小数点后位数较多，而要求的精确度较小时，会增加无效劳动。

（三）盘上公式定位法

此法是公式定位法在算盘上的直接运用，当运算完毕后可直接根据算盘左边第一档是否有数字来确定积的位数。运用空盘前乘法计算出结果时，若首档有数，则乘积的位数为 M + N；若首档空档，则乘积的位数为 M + N - 1，即“满档位相加，前空再减一”。

此方法是较为理想的定位方法，应用面积较广，而且简便快捷，尤其对整数乘法较为适用。

（四）固定个位档定位法

固定个位档法最早见于杨辉的《乘除通变算宝》，也叫“固定个位点法”、“角位定位法”。它是运算前在算盘上先定好乘积的个位档，然后根据被乘数、乘数的位数，确定被乘数（或乘积）在盘上所置的档位，以得出积的位数。具体方法为：计算前先将算盘的档位编上序号，选择一档为个位档（正 1 位档），向左边依次为正 2 位档，正 3 位档……向右依次为 0 位档、负 1 位档、负 2 位档、负 3 位档……如图 4 - 1 所示。

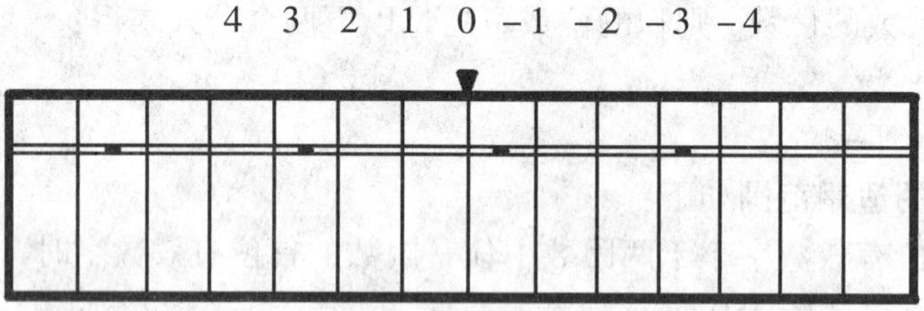

图 4 - 1

这种方法属于算前定位法，在运用不隔位破头乘法运算时，置被乘数的最高位档次为 M + N，即从 M + N 档起置入被乘数，这样乘积的个位必定落在预定的个位档上；在运用空盘前乘法运算时，在盘中置入被乘数的首位与乘数首位的乘积，乘积的十位数的入盘档次也是 M + N。

注意在运用大九九口诀时，十位积为零的也要占一档，这样运算完毕积的个位就正好落在固定的个位档上。

下面以上述两法为例，对固定个位档定位法加以说明。

【例 4 - 6】78 × 2.3 = 179.4

1. 用不隔位破头乘法计算：

（1）选定某一计位点的左一档为积的个位档（也可将算盘从左至右各档上标上整数位数），如图 4 - 2 所示。

（2）被乘数位数为 + 2 位，乘数位数为 + 1 位，则被乘数最高位档次为 M + N = 2 + 1 = + 3 位。应从 + 3 位档开始拨入被乘数 78，如图 4 - 2 所示。

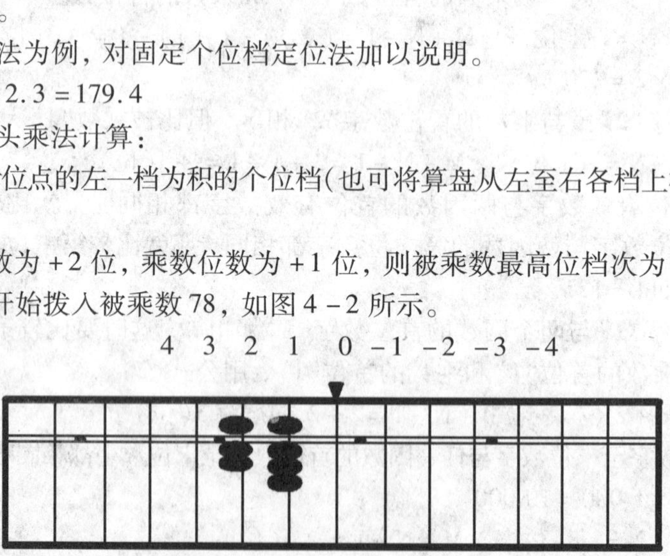

图 4 - 2

（3）运算完毕，盘面数为 1 794，按原选定个位为准，则乘积为 179.4，如图 4 - 3 所示。

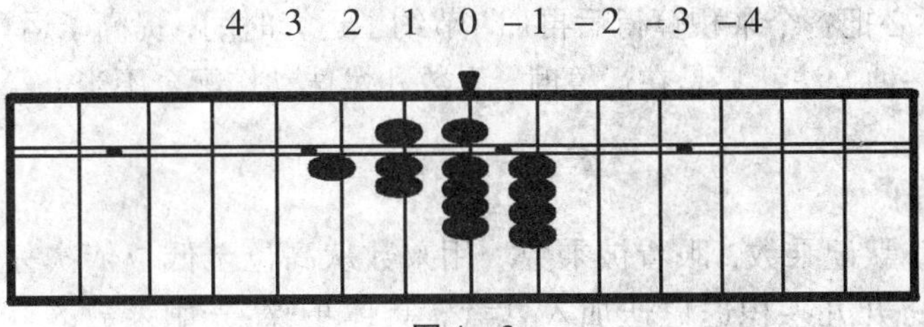

图 4－3

2. 用空盘前乘法计算：

(1)选定某一档为积的个位档，则向左依次为正 2 位档，正 3 位档……，向右依次为 0 位档，负 1 位档，负 2 位档……如图 4－1 所示。

(2)被乘数的位数 M = +2 位，乘数的位数 N = +1 位，则乘积的十位数的入盘档次为 M + N = 2 + 1 = +3(位)，从 +3 档依次布入乘积，如图 4－4 所示。

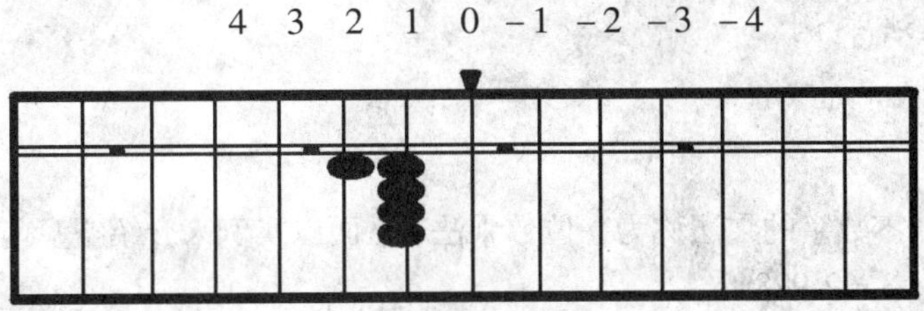

图 4－4

(3)运算完毕，盘面数为 1 794，按照原来选定的个位档为准，乘积应为 179.4，如图 4－5 所示。

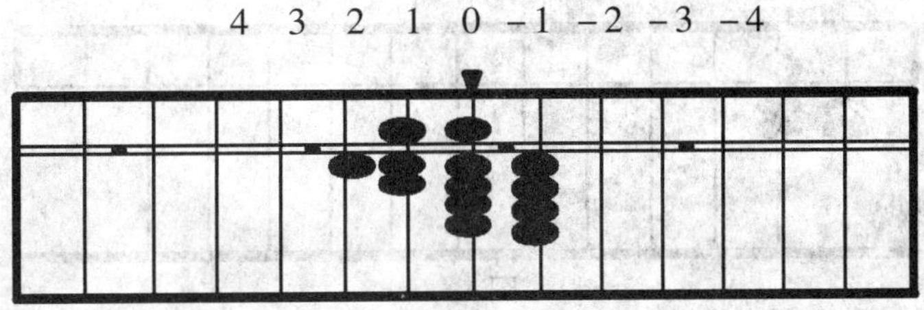

图 4－5

这种定位方法直接在盘面确定个位档，得数一目了然，不易出错，对小数点后数位较多的算题，可结合省乘法，减少无效运算，提高运算速度；而且只有一个公式 M + N，便于记忆。但是每次运算的“M + N”大小不同，置被乘数、乘积的档位也因此产生不同，容易出现错误，若遇到简单的计算，用此法反而繁冗。

第二节　空盘前乘法

空盘前乘法又称空盘头乘法、不置数前乘法，是前乘法的一种。

空盘前乘法是指进行乘法运算时，被乘数和乘数均不拨在算盘上，使各档空置为零，故有“空盘”之称。两因数相乘时，从被乘数的高位至低位与乘数的高位至低位依次相乘，都从首位起乘，即有“前乘”的特点，所以称为空盘前乘法。

在计算中，由于两因数均不布入算盘，省略了置数的时间，尤其在求多笔乘积之和的算题时，可边乘边加，不必把各个乘积算得后再加，节约了运算时间，提高了运算速度，因此此法是目前最广泛使用的一种方法。只是在运算时，看数和拨珠动作配合不当，容易出现错档。

一、运算步骤

根据计算资料，默记乘数，眼看被乘数。用乘数从高位至低位依次去乘被乘数从高位至低位的每一位，并将九九乘积退位迭加入算盘。具体步骤：先用乘数的首位数字去乘被乘数从高位至低位的每一位，边乘边将乘积从算盘左边第一档起退位迭加在算盘中（即上一个乘积的个位档是本次乘积的十位档）；再用乘数的次高位去乘被乘数的高位至低位的每一位，并从算盘左第二档起将乘积退位迭加在盘面……直到乘数的末位与被乘数的每一位乘完为止。一般来说，乘数是第几位的，它和被乘数相乘所得乘积的首位就从算盘左边第几档起拨。运算完毕，对于盘面所得结果，经过定位后得出正确乘积。

二、空盘前乘法举例

（一）整数乘法

1. 一位数乘法

乘数只有一位非零数字的乘法称为一位数乘法，下面以实例来介绍空盘前乘法的具体运用。

【例 4－7】976 × 3 = 2 928

①眼看被乘数 976，默记乘数 3。

②先用乘数 3 去乘被乘数的首位 9，口诀“三九 27”，从算盘左边第一档起拨入乘积 27，如图 4－6 所示。

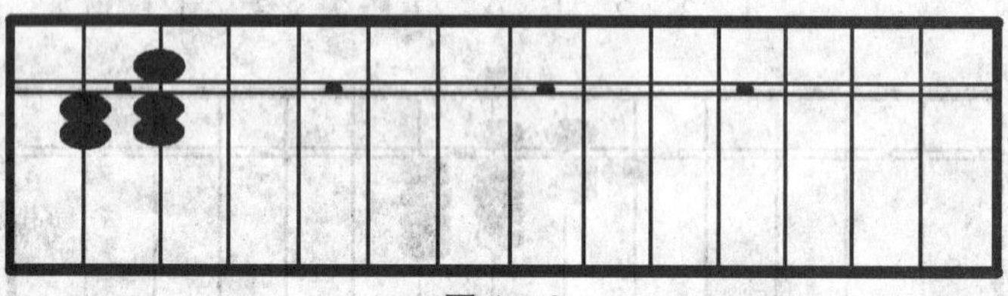

图 4－6

③再用乘数 3 去乘被乘数的次位 7，口诀“三七 21”，从算盘左边第二档起加入乘积 21，累计乘积 291，如图 4－7 所示。

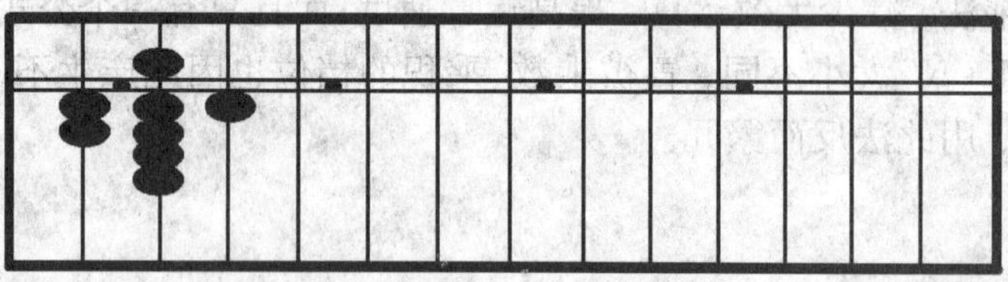

图 4－7

④用乘数 3 去乘被乘数的第三位 6，口诀“三六 18”，从算盘左边第三档起加入乘积 18，累计乘积 2 928，如图 4－8 所示。

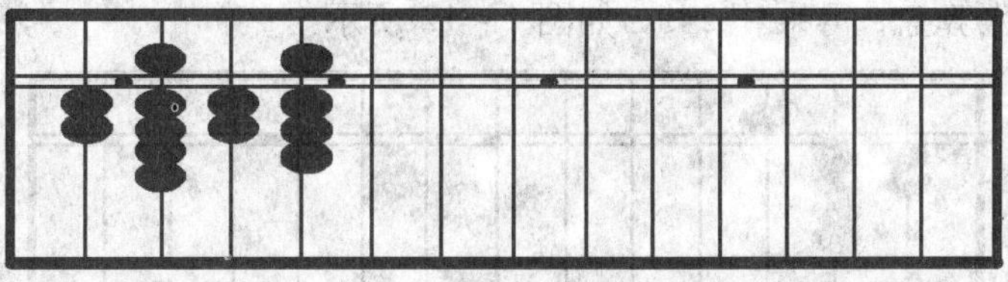
图 4－8

⑤经定位，运用盘上公式定位法，算盘左边第一档有数，“满档位相加”，M＝＋3 位，N＝＋1 位，M＋N＝＋4 位，所以最后结果为 2 928。

【例 4－8】429×2＝858

①眼看被乘数 429，默记乘数 2。

②先用乘数 2 去乘被乘数的首位 4，口诀“二四 08”，从算盘左边第一档起拨入乘积 08，如图 4－9 所示。

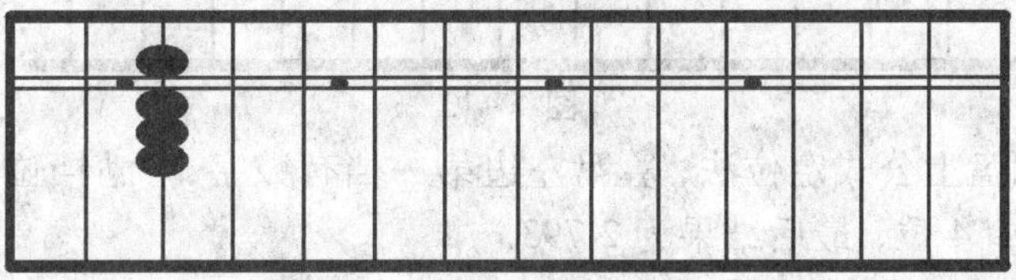
图 4－9

③再用乘数 2 去乘被乘数的次位 2，口诀“二二 04”，从算盘左边第二档起加入乘积 04，累计乘积 84，如图 4－10 所示。

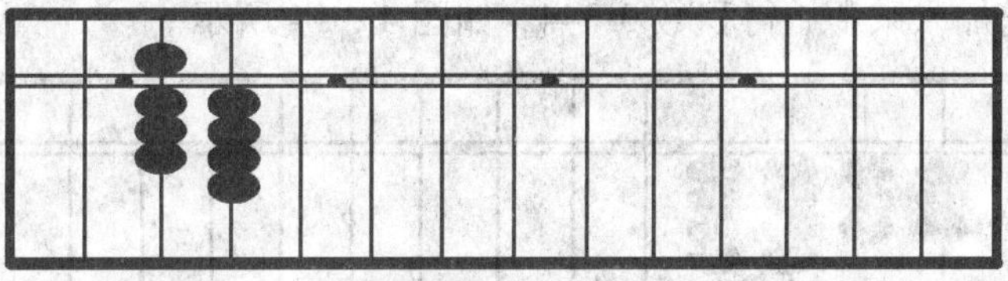
图 4－10

④用乘数 2 去乘被乘数的第三位 9，口诀“二九 18”，从算盘左边第三档起加入乘积 18，累计乘积 858，如图 4－11 所示。

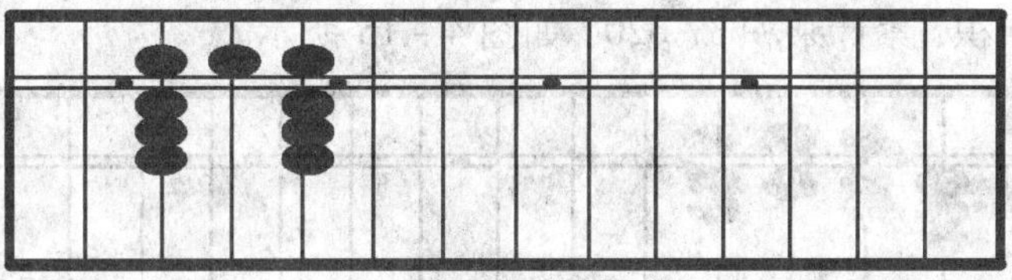
图 4－11

⑤经定位，运用盘上公式定位法，算盘左边第一档空档，“空档再减一”，M＝＋3 位，N＝＋1 位，M＋N－1＝＋3 位，最后结果为 858。

2. 多位数乘法

乘数是两个或两个以上非零数字的乘法叫多位数乘法。它的运算原理和运算步骤同一位数乘法大体相同，只是乘数位数增多了，增加了运算的次数。

【例 4－9】49×57＝2 793

①眼看被乘数 49，默记乘数 57。

②先用乘数首位 5 去乘被乘数 49，口诀“五四 20”、“五九 45”，从算盘左边第一档起将乘

积 20、45 递位迭加入算盘，得乘积 245，如图 4－12 所示。

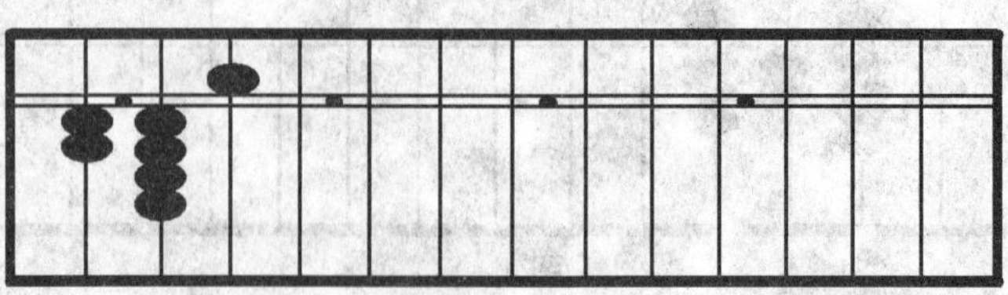

图 4－12

③用乘数 7 去乘被乘数 49，口诀“七四 28”、“七九 63”，从算盘左边第二档起退位迭加入乘积 28 和 63，累计乘积 2 793，如图 4－13 所示。

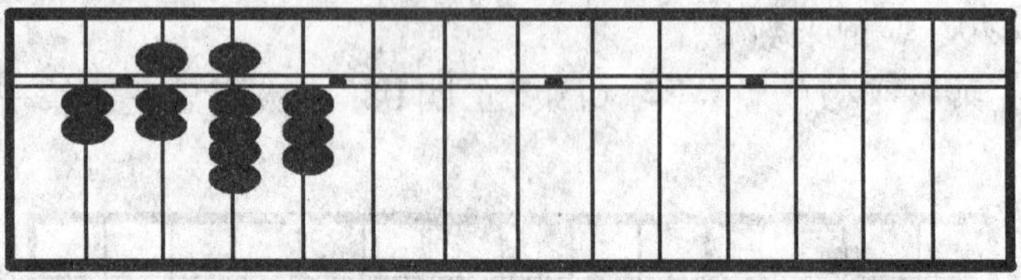

图 4－13

④经定位，运用盘上公式定位法，算盘左边第一档有数字，“满档位相加”，M = +2 位，N = +2 位，M + N = +4 位，最后结果为 2 793。

【例 4－10】836 ×457 =382 052

①眼看被乘数 836，默记乘数 457。

②先用乘数首位数字 4 去乘被乘数 836，口诀“四八 32”、“四三 12”、“四六 24”，从算盘左边第一档起依次迭加入乘积，得积数 3 344，如图 4－14 所示。

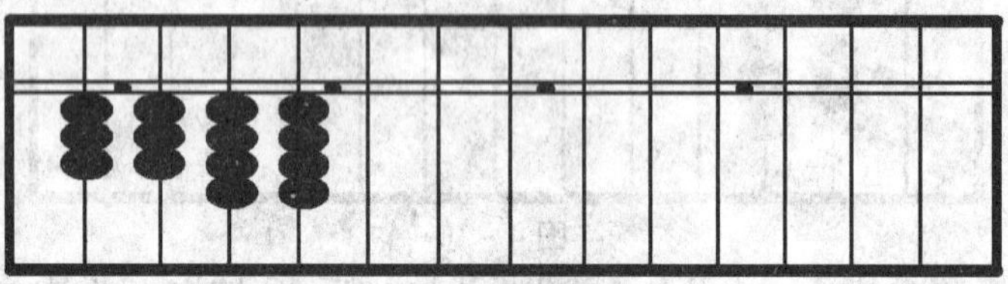

图 4－14

③用乘数次位 5 去乘被乘数 836，口诀“五八 40”、“五三 15”、“五六 30”，从算盘左边第二档起依次迭加入乘积，累计乘积 37 620，如图 4－15 所示。

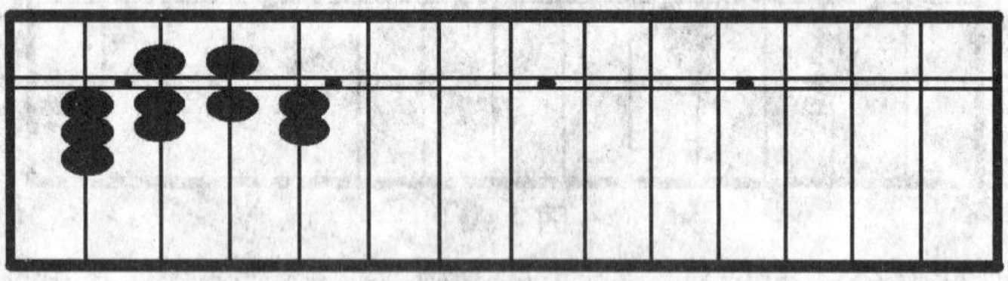

图 4－15

④用乘数末位 7 去乘被乘数 836，口诀“七八 56”、“七三 21”、“七六 42”，从算盘左边第三档起依次迭加入乘积，累计乘积 382 052，如图 4－16 所示。

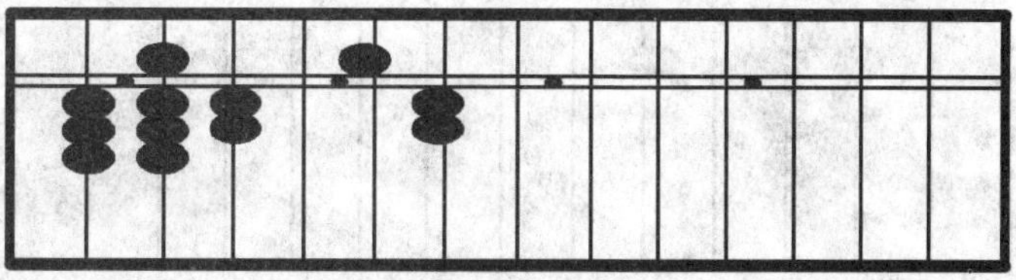

图 4－16

⑤经定位，运用盘上公式定位法，算盘左边第一档满档，“满档位相加”，M＝＋3 位，N＝＋3 位，M＋N＝＋6 位，最后结果为 382 052。

【例 4－11】503×2 084＝1 048 252

①眼看乘数 2 084，默记被乘数 503。

②先用被乘数首位数字 5 去乘乘数 2 084，口诀“五二 10”、5×0＝00、“五八 40”、“五四 20”，从算盘左边第一档起依次迭加入乘积，得积数 10 840，如图 4－17 所示。

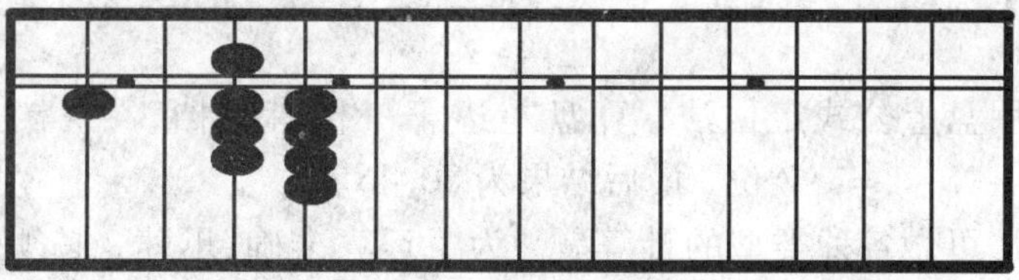

图 4－17

③用被乘数第三位 3 去乘乘数 2084，口诀“三二 06”、3×0＝00、“三八 24”、“三四 12”，从算盘左边第三档起依次迭加入乘积，累计乘积 1 048 252，如图 4－18 所示。

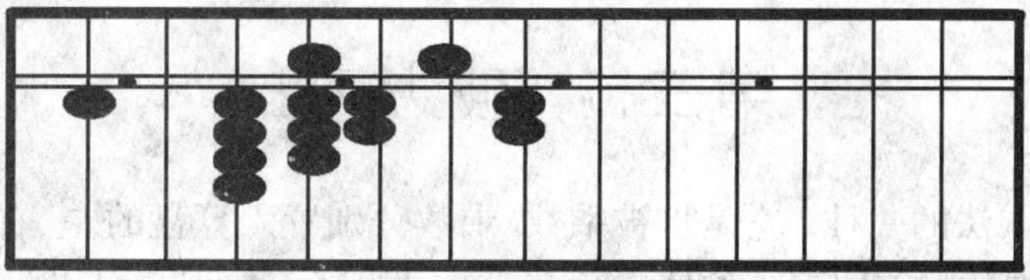

图 4－18

④经定位，运用盘上公式定位法，算盘左边第一档满档，“满档位相加”，M＝＋3 位，N＝＋4 位，M＋N＝＋7 位，最后结果为 1 048 252。

从此题可以看出，被乘数的位数小于乘数的位数，若根据习惯以乘数去乘被乘数的话，需来回乘三次，但是以被乘数去乘乘数的话，则只需来回乘两次即可；而且两数中均含有 0，若被乘的数中含有零，则不需乘算，可直接向右移位，有几个“0”就向右移几位，移位的末档就是下次乘积的十位档；而实施乘的数中含有零时，可直接跳过不乘。所以在实际运算中，可先仔细观察两因数特征，若遇到上述情况或者数中出现相同数字时，可根据具体情况选择哪个因数作为乘数，这样便于记忆，也可减少拨珠次数，节约时间。

（二）小数乘法

小数乘法的计算原理和运算步骤与整数乘法相同，只需在最后定位的时候根据两因数的位数体现最终乘积的位数。

【例 4－12】22.35×3.6＝80.46

①将上题视为 2 235×36，再用整数乘法的计算办法。眼看被乘数 2 235，默记乘数 36。

②先用乘数首位 3 去乘被乘数 2 235，口诀“三二 06”、“三二 06”、“三三 09”、“三五 15”，从算盘左边第一档起将乘积 06、06、09、15 退位迭加入算盘，得乘积 6 705，如图 4－19 所示。

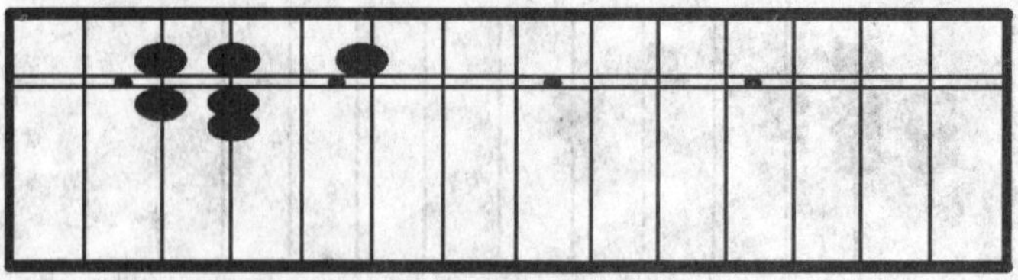

图 4 - 19

③用乘数第二位 6 去乘被乘数 2 235，口诀“六二 12”、“六二 12”、“六三 18”、“六五 30”，从算盘左边第二档起退位迭加入乘积，累计乘积 80 460，如图 4 - 20 所示。

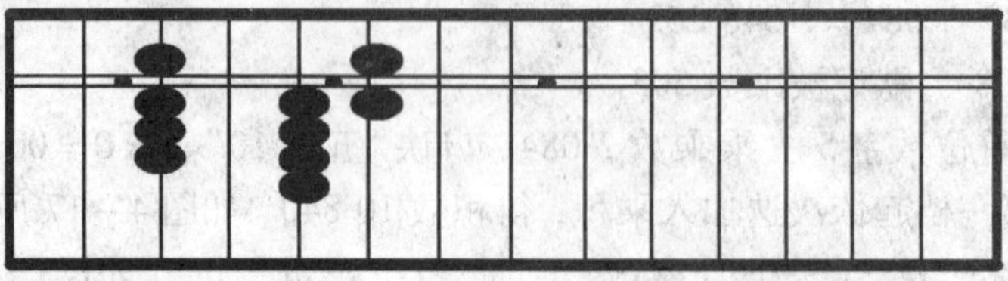

图 4 - 20

④经定位，运用盘上公式定位法，算盘左边第一档有空档，“空档再减一”，M = +2 位，N = +1 位，M + N - 1 = +2 位，最后结果为 80.46。

运用空盘前乘法可做各种类型的计算题，为了运算准确、迅速，必须做到眼、手、脑配合默契。用心记乘数，眼看被乘数，左手食指点住被乘的数字，右手食指点住该步运算的起点档，迅速在脑中反应乘积，并准确置入盘中。

第三节　破头乘法

破头乘法是后乘法的一种，它是将被乘数、乘数分别置入算盘的左、右两端，然后从被乘数的末位数起，同乘数的首位至末位依次相乘，乘得的第一位积数可以将被乘数中实施乘的那个数字破去变为该积数的十位数，个位数在其右一档，这种方法称为不隔位破头乘法；也可以将第一位积数的十位数置于被乘数中实施乘的那个数字的后一档，乘完本轮后再将实施乘的那个被乘数的本位破去，此法称为隔位破头乘法。

一、隔位破头乘法

隔位破头乘法在开始乘时，不需要破去被乘数的本位，直到用其乘完乘数的每一位时，才将其拨去成空档，空档将被乘数和乘数隔开，界限分明，所以称为隔位乘法。而在实施乘时，是从被乘数的末位起乘，用其去乘乘数的从高位至低位的每一位，所以又称为隔位后乘法、隔位头乘法，目前应用不广。

（一）运算步骤

1. 置数：将被乘数置于算盘左端（一般从算盘左边第一档起拨入），默记乘数（或者将其置于算盘右端）。

2. 运算：用被乘数的末位与乘数的首位至末位依次相乘，逐一在被乘数后得出乘积，然后去掉被乘数本位，乘完一轮后，再用被乘数的倒数第二位与乘数的高位至末位依次相乘，在盘面置入乘积后去掉被乘数本位……依此类推，直到被乘数的首位与乘数的每一位乘完为止。

3. 置积：乘数是第几位，乘积的十位数就放在被乘数本位右边的第几档上，其个位就在十位数的右一档加上。

4. 定位：运算完成后，运用盘上公式定位法，积的首位若落在算盘左边第二档上，用公式 M + N 定位；若乘积首位落在算盘左边第三档上，用公式 M + N - 1 定位。

（二）隔位破头乘法举例

【例 4 - 13】743 × 8 = 5 944

①将被乘数 743 置入算盘左端，默记乘数 8，如图 4 - 21 所示。

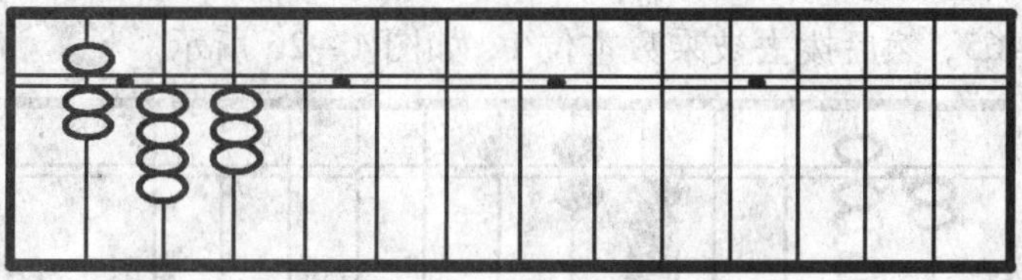

图 4 - 21

②用被乘数的末位 3 与乘数 8 相乘，口诀"三八 24"，从 3 后第一档起拨入积数 24，然后拨去被乘数本位 3，如图 4 - 22 所示。

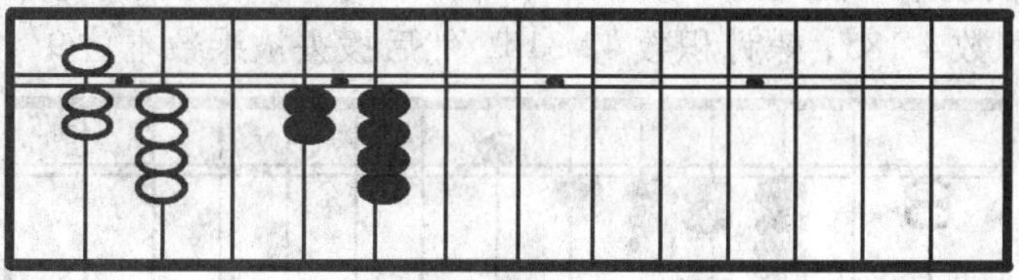

图 4 - 22

③用被乘数的倒数第二位 4 与乘数 8 相乘，口诀"四八 32"，从 4 后第一档起拨入积数 32，累计积数 344，然后拨去被乘数本位 4，如图 4 - 23 所示。

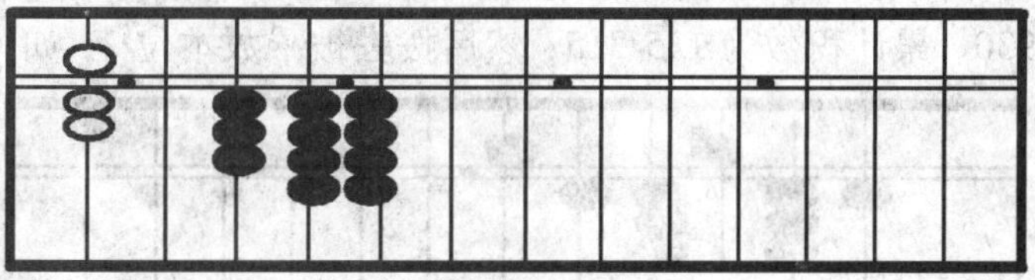

图 4 - 23

④用被乘数的首位 7 与乘数 8 相乘，口诀"七八 56"，从 7 后第一档起拨入积数 56，累计积数 5 944，然后拨去被乘数本位 7，如图 4 - 24 所示。

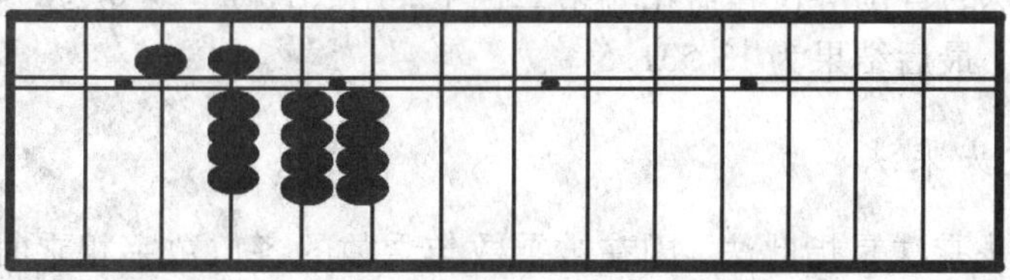

图 4 - 24

⑤经定位，乘积的首位落在算盘左端第二档上，用公式 M + N 定位，M = +3 位，N = +1 位，M + N = +4 位，最后结果为 5 944。

【例 4 - 14】291 × 46.5 = 13 531.5

①上述式子在运算中可直接视为 291 × 465，将被乘数 291 置入算盘左端，默记乘数 465

(或将其置入算盘右端)，如图 4－25 所示。

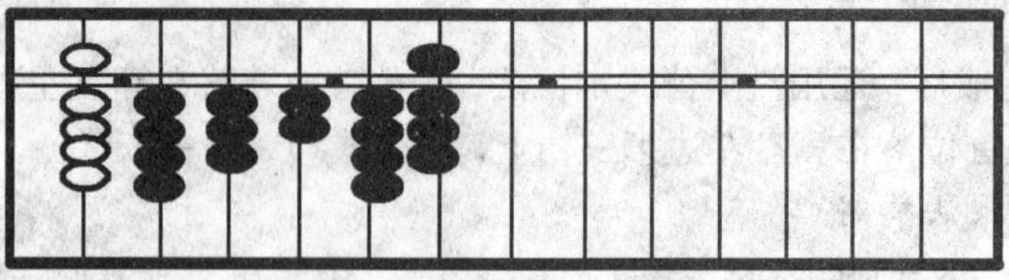

图 4－25

②用被乘数的末位 1 与乘数 465 相乘，口诀“一四 04”、“一六 06”、“一五 05”，从 3 后第一档起拨入积数 0 465，然后拨去被乘数本位 1，如图 4－26 所示。

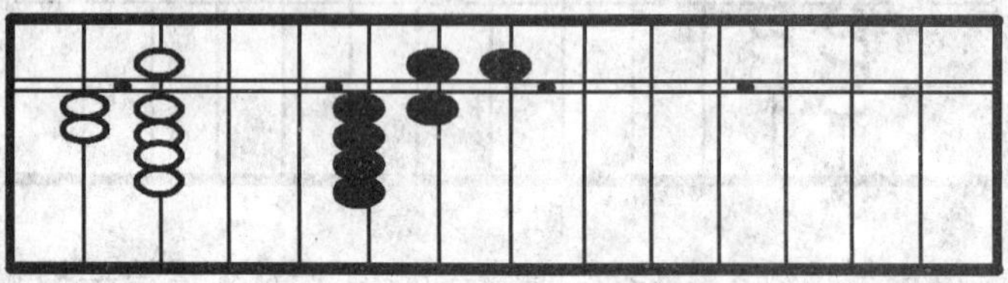

图 4－26

③用被乘数的倒数第二位 9 与乘数 465 相乘，口诀“九四 36”、“九六 54”、“九五 45”，从 9 后第一档起拨入积数 4 185，累计积数 42 315，然后拨去被乘数本位 9，如图 4－27 所示。

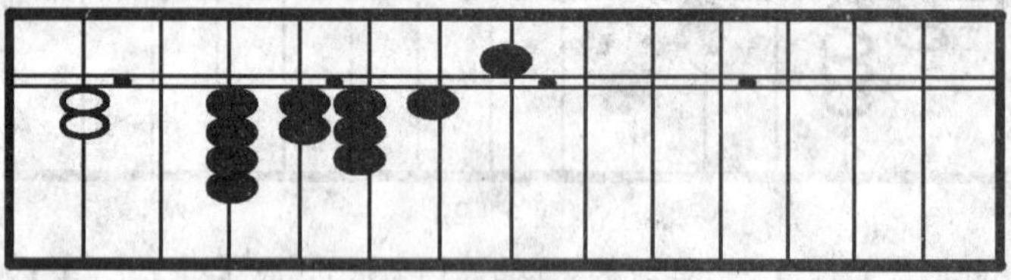

图 4－27

④用被乘数的首位 2 与乘数 465 相乘，口诀“二四 08”、“二六 12”、“二五 10”，从 2 后第一档起拨入积数 0 930，累计积数为 135 315，然后拨去被乘数本位 2，如图 4－28 所示。

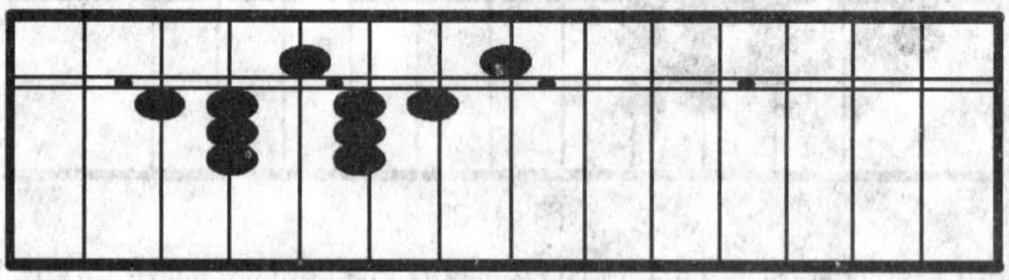

图 4－28

⑤经定位，乘积的首位落在算盘左端第二档上，用公式 M＋N 定位，M＝＋3 位，N＝＋2 位，M＋N＝＋5 位，最后结果为 13 531.5。

二、不隔位破头乘法

通常所说的破头乘法是指此法，因在被乘数与乘数的各位数字相乘时，是从乘数的首位起乘，而且要在一开始就把被乘数中实施乘的本位数字变为该轮乘积的首位(即破本位)，又称为头乘法、变头乘、当头乘、仙人脱衣法等。

(一)运算步骤

1. 将被乘数和乘数分别置于算盘的左、右两端，或者默记乘数。

2. 运算：先用被乘数的末位与乘数的首位至末位依次相乘，乘积的首位直接置于实施乘的被乘数的本位，破本位为乘积首位，乘完该轮后，再用被乘数的倒数第二位与乘数的首位至末位依次相乘，破实施乘的被乘数本位为本轮乘积的首位……依此类推，直至被乘数的首位与乘数的每一位乘完为止。

3. 置积：乘数是第几位，乘积的个位就放在被乘数本位右边的第几档上，其十位数就放在个位数的左一档上。

4. 定位：运算完毕，若乘积的首位在算盘左边第一档上，用定位公式 M + N；若乘积的首位落在算盘左边第二档上，用定位公式 M + N − 1。

（二）不隔位破头乘法举例

【例 4 − 15】782 × 0.6 = 469.2

①将被乘数 782 置入算盘左端，默记乘数 6，如图 4 − 29 所示。

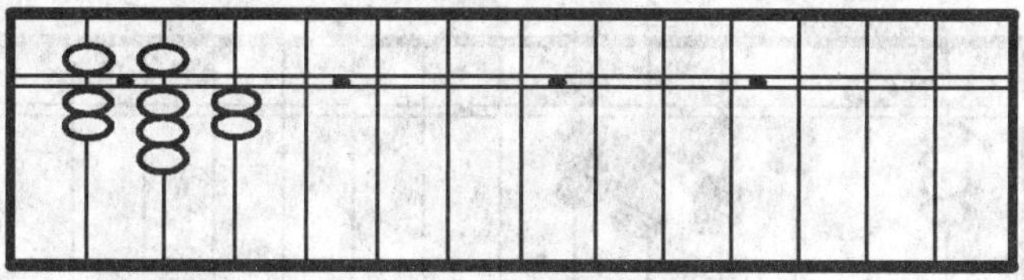

图 4 − 29

②用被乘数的末位 2 与乘数 6 相乘，口诀“二六 12”，破实施乘的本位 2 为 1，并在其右一档置入乘积的个位 2，如图 4 − 30 所示。

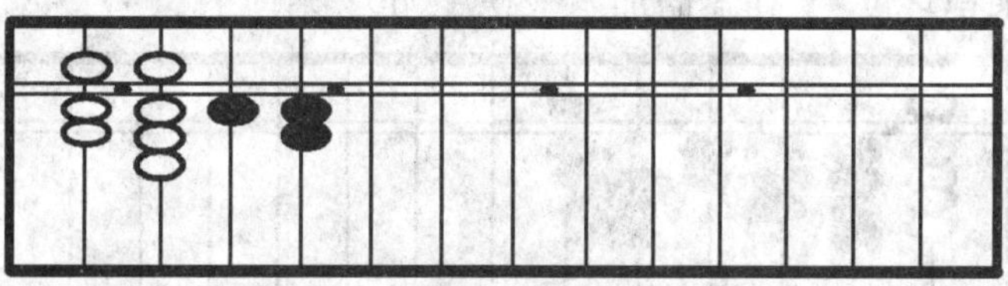

图 4 − 30

③用被乘数的倒数第二位 8 与乘数 6 相乘，口诀“八六 48”，破实施乘的本位 8 为乘积首位 4，在其右一档加入积的个位数 8，累计乘积 492，如图 4 − 31 所示。

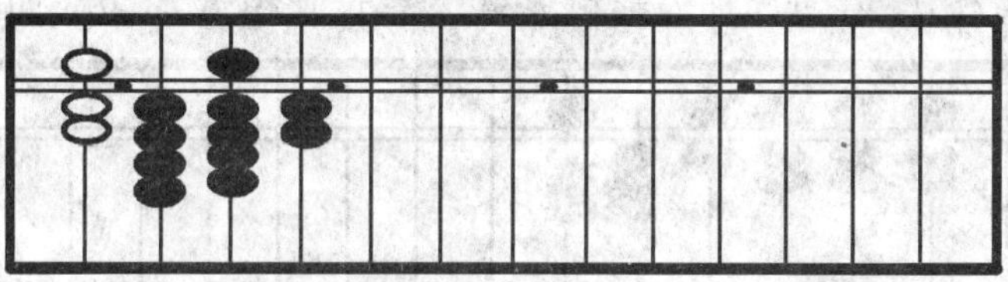

图 4 − 31

④用被乘数的首位 7 与乘数 6 相乘，口诀“七六 42”，破实施乘的本位 7 为乘积的首位 4，并在其右一档加入乘积的个位数 2，累计乘积 4 692，如图 4 − 32 所示。

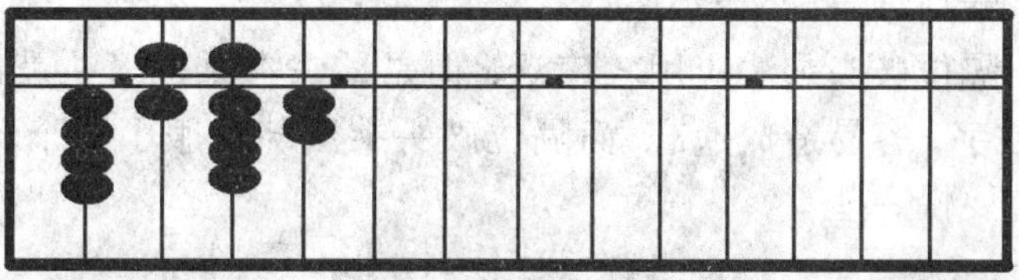

图 4 − 32

⑤经定位，乘积的首位落在算盘左端第一档上，用公式 M + N 定位，M = +3 位，N = 0

位，M + N = +3 位，最后结果为 469.2。

【例 4 - 16】95.3 × 81.6 = 7 776.48

①将被乘数 953 置入算盘左端，乘数 816 置入算盘右端(或者默记乘数)，如图 4 - 33 所示。

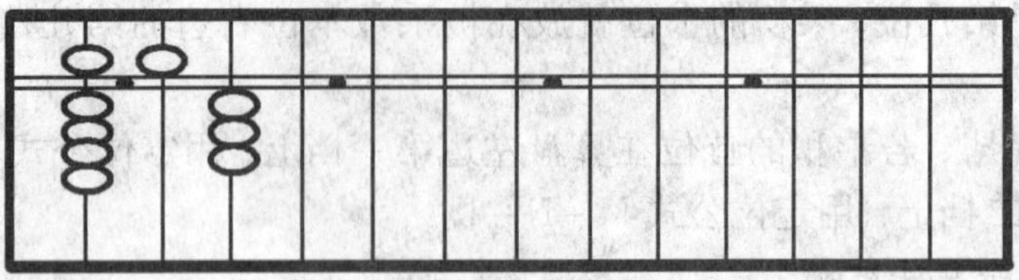

图 4 - 33

②用被乘数的末位 3 与乘数 816 相乘，口诀“三八 24”、“三一 03”、“三六 18”，破实施乘的本位 3 为乘积首位 2，在盘面置其乘积 2 448，如图 4 - 34 所示。

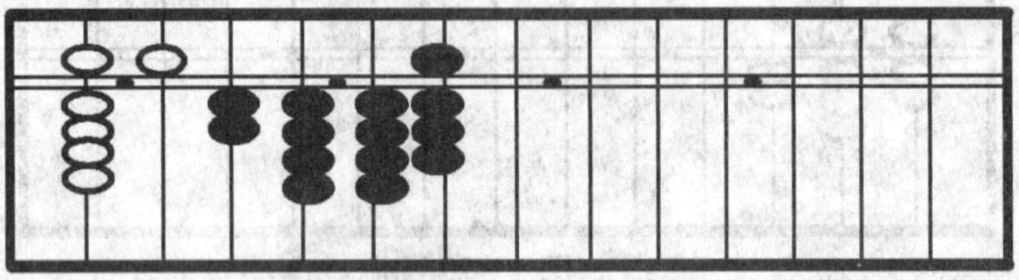

图 4 - 34

③用被乘数的倒数第二位 5 与乘数 816 相乘，口诀“五八 40”、“五一 05”、“五六 30”，破实施乘的本位 5 为乘积首位 4，在盘面加入乘积 4 080，累计乘积 43 248，如图 4 - 35 所示。

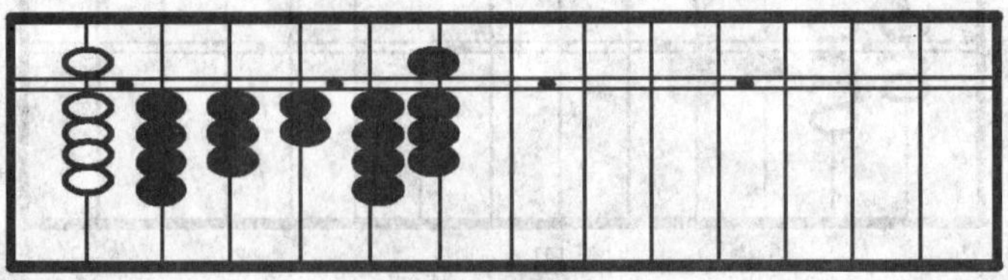

图 4 - 35

④用被乘数的首位 9 与乘数 816 相乘，口诀“九八 72”、“九一 09”、“九六 54”，破实施乘的本位 9 为乘积的首位 7，在盘面加入乘积 7 344，累计乘积 777 648，如图 4 - 36 所示。

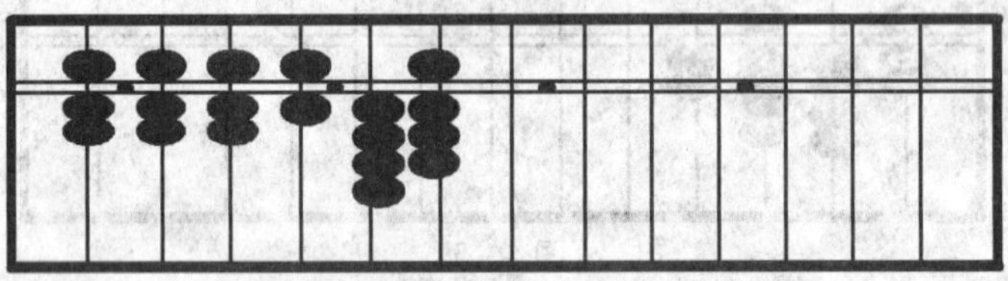

图 4 - 36

⑤经定位，乘积的首位落在算盘左端第一档上，用公式 M + N 定位，M = +2 位，N = +2 位，M + N = +4 位，最后结果为 7 776.48。

一般情况下，不隔位破头乘法应用较广泛，但是该法在乘的开头就破去实施乘的本位，再乘时需记住这个数字，容易造成遗忘；而隔位破头乘法却克服了这个弱点，但增加了拨珠次数，运算速度相应要慢一些。

第四节　珠算除法的基础知识

一、珠算除法概述

把一个数分为若干等分的方法，称为除法。被分的那个数称为被除数，分成的份数称为除数，每份分得的数称为商数。其算式为：被除数 ÷ 除数 = 商数。它是乘法的逆运算，也是同数连减的简便算法，在运算中主要应用九九口诀和减法的相关知识。而珠算除法的算理和笔算基本相同。在古代珠算术语中，被除数又称为实数，除数称为法数。

珠算除法源于古代的筹算除法。我国古代筹算除法一直使用商除法（即今天的“隔位商除法”），但没有专门的名称，在南宋杨辉的《算法通变本末》中始见“商除”的专名。宋代开始流行“九归诀歌”，以后逐步补充，用九归诀运算的归除法取代商除。到了元代，归除已占优势，商除退居次要地位。明清两代盛行珠算，归除继续占优势，一般计算工作者，不知商除之法。入民国后，经过教育工作者的倡导，在小学尝试过使用商除法，取得较好效果。与此同时，珠算工作者对商除法加以改进，同时其他一些特殊除法也在不断发展和完善。

现在珠算除法中广泛应用的有归除法、省除法、剥皮除法、补数除法、商除法等，其中主要是“归除法”和“商除法”。而商除法是根据笔算笔算除法的原理，结合珠算的特点，容易学习和掌握，运算方便且速度快，是现时珠算除法中使用较为普遍的一种，我们主要学习此法。

二、珠算除法定位

在古代的算书中强调“凡算之法，必先识其位”。而在珠算除法运算中，我们在盘面上能看到的仅仅是商数的有效数字，要想确定商的具体数值，必须确定小数点的位置，即进行商的准确定位。而且在除法运算中，对于无法整除的数，我们一般只要求保留两位小数，所以必须要算前定位，否则就会多做无用功。商的定位方法很多，比如公式定位法、固定个位档定位法以及移档定位法等。我们介绍比较常用的公式定位法和固定个位档定位法。

（一）公式定位法

公式定位法是一种广泛应用于各种计算方法的定位方法。它和乘法定位的基本原理是一致的，是以被除数和除数的位数之差为基础（关于数的位数我们在前面已经讲述过），并通过比较被除数、除数的首位有效数字的大小，用一定的公式来确定商的位数的。在确定商的位数时，若以 M 代表被除数的位数，N 代表除数的位数，则定位公式为：

商的位数 = M − N　　　　①

商的位数 = M − N + 1　　　　②

两个公式的使用规则如下：

1. 当被除数的首位有效数字小于除数的首位有效数字时，用公式①定位。

【例 4－17】7 392 ÷ 8 = 924

被除数的首位有效数字 7 小于除数的首位有效数字 8，用公式①定位。

M = +4 位　　N = +1 位　　M − N = 4 − 1 = +3 位

2. 当被除数的首位有效数字大于除数的首位有效数字时，用公式②定位。

【例 4－18】4 221 ÷3 =1 407

被除数的首位有效数字 4 大于除数的首位有效数字 3，用公式②定位。

M = +4 位　　N = +1 位　　M－N+1 =4－1+1 = +4 位

【例 4－19】89.096 ÷0.43 =207.20

被除数的首位有效数字 8 大于除数的首位有效数字 4，用公式②定位。

M = +2 位　　N =0 位　　M－N+1 =2－0+1 = +3 位

我们需要注意的是，我们比较的是两因数的最高位有效数字，而不是它们的首位，所以比较时我们用 8 和 4 比较，而非 8 和 0。

3. 当被除数和除数的首位有效数字相同时，需要比较它们的第二位有效数字，第二位都相同时则需比较第三位……依此类推，根据比较结果再按上述方法选择定位公式。

【例 4－20】8 633 ÷89 =97

被除数和除数的首位有效数字相同，那么我们需要比较第二位有效数字，被除数的第二位有效数字 6 小于除数的第二位有效数字 9，要用公式①定位。

M = +4 位　　N = +2 位　　M－N =4－2 = +2 位

4. 当被除数和除数的各位有效数字都相同时，用公式②定位。

【例 4－21】10 000 ÷1 000 =10

被除数和除数的各位都相同，我们用公式②定位，此时，

M = +5 位　　N = +4 位　　M－N+1 =5－4+1 = +2 位

综上所述，公式定位法的基本方法可概括为“被小位相减，不小再加 1”。

（二）盘上公式定位法

盘上公式定位法是公式定位法在算盘上的直接运用。运算完成后，可直接根据算盘左边第一档是否空档来确定商的位数。若首档为空档，则商的位数为 M－N；若首档有数，则商的位数为 M－N+1。我们可将其概括为“空档位相减，不空再加一”。

这种定位方法简单明了，方便实用且有利于提高运算速度，因此在商除法中我们主要采用此法。

（三）固定个位档定位法

固定个位档定位法是算前定位法，是指在运算前先在算盘上定出个位档（一般以算盘右端的第二个记位点的前一档做为个位档），此档即为商数的个位档（也可称为正 1 位档），并以此档为基点，来确定被除数的置数位置。

被除数的置数位置因为除法运算方法的不同而不同。若采用隔位商除法，则根据公式 M－N－1 来确定被除数首位有效数字的置入档位；若采用不隔位商除法，则根据公式 M－N 来确定被除数首位有效数字的置入档位。以上述方法置入被除数后，运算完毕，商的个位就落在预定的个位档上，此时盘面数即为答数。

下面以两种运算方法为例对固定个位档定位法加以说明。

【例 4－22】10 324 ÷356 =29　　（用不隔位商除法）

①选定算盘右端的第二个记位点的左一档为个位档，则此记位点为小数点，如图 4－37 所示。

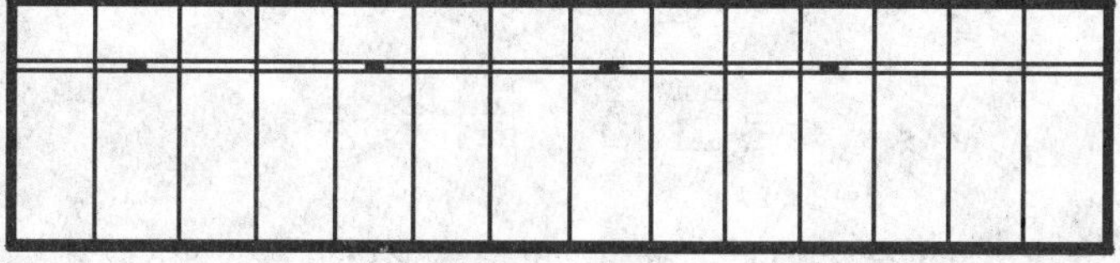

图 4－37

②被除数的位数为＋5 位，除数的位数为＋3 位，则被除数的首位有效数字的置入档位为 M－N＝5－3＝＋2 位，应从正 2 位档起布入被除数，如图 4－38 所示。

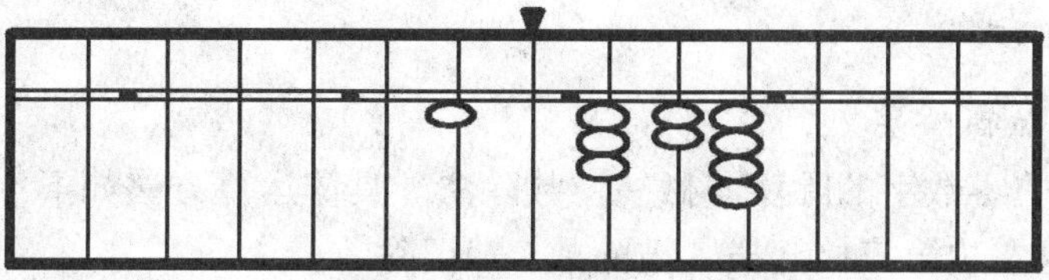

图 4－38

③运算完毕，盘面数为 29，根据原选定的个位档为准，此数即为最终结果，如图 4－39 所示。

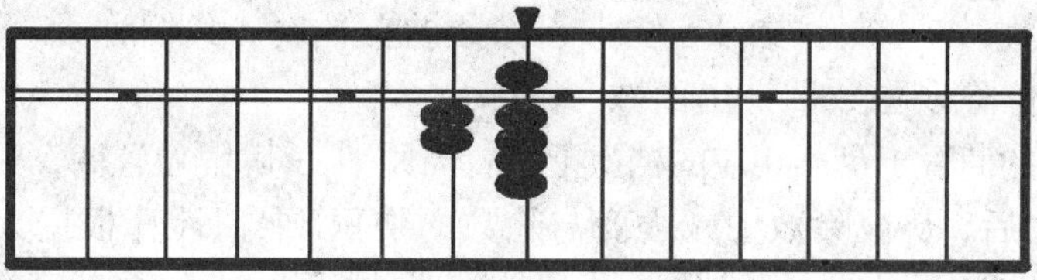

图 4－39

【例 4－23】77 112 ÷816＝94.5（用隔位商除法）

①选定算盘右端的第二个记位点的左一档为个位档，则此记位点为小数点(同图 4－37)。

②被除数的位数为＋5 位，除数的位数为＋3 位，则被除数的首位有效数字的置入档位为 M－N－1＝5－3－1＝＋1 位，应从正 1 位档起布入被除数，如图 4－40 所示。

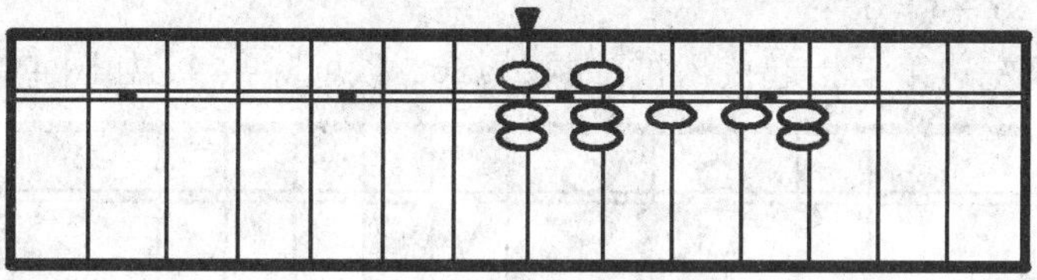

图 4－40

③运算完毕，盘面数为 945，根据原选定的个位档为准，正确结果应为 94.5，如图 4－41 所示。

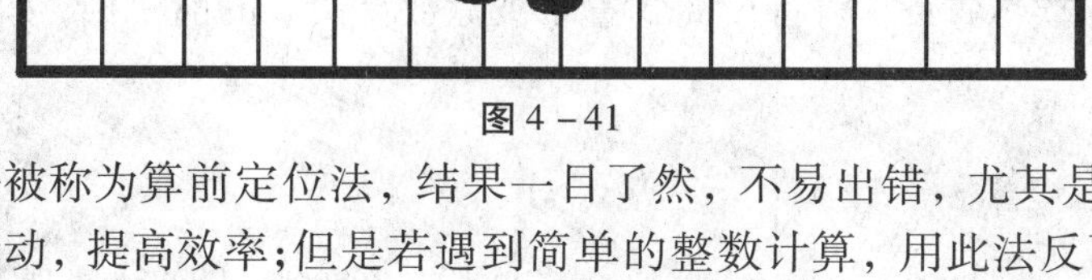

图 4－41

这种定位方法被称为算前定位法，结果一目了然，不易出错，尤其是遇到带小数的题，可大大减少冗余劳动，提高效率；但是若遇到简单的整数计算，用此法反而比公式定位法麻烦得多。

第五节　商除法

商除法在运算时不采用除法口诀，而是和笔算类似，简便易学，符合人们的计算习惯，因而为大多数人所采用。根据置商的位置不同，商除法可分为隔位商除法和不隔位商除法。

一、隔位商除法

(一)一位数隔位商除法

除数只有一个非零数字的除法叫做一位数除法。具体运算方法如下：

1. 置数：从算盘左边第三档起拨入被除数，默记除数。

2. 估商：在除法中，需求得每一个商数，就要用心算，估出被除数是除数的几倍，这种心算过程叫做估商。

当被除数的首位大于或等于除数时，我们称为“够除”，此时，根据被除数的首位除以除数的首位估计出商数；如果被除数的首位小于除数的首位时，我们称为“不够除”，此时需根据被除数的首次两位除以除数估计出商数。

3. 置商：将所估的商置于盘面相应的档次上。置商原则：够除隔位置商，不够除挨位置商。

4. 减积：置商之后，从被除数中减去商与除数的乘积(乘积计算根据大九九口诀，每两个数字相乘所得结果在盘面必须占两档)。减积档次为：乘积的十位数从商数右边第一档减去，个位数从商数右边第二档减去(或可称为从十位数后一档减去)。每置一次商，即需乘减一次，直到除尽或者除到要求的精确度为止。

5. 定位：运算完毕，根据盘上公式定位法，当算盘左边第一档空档时，用公式 M－N 定位；若首档有数，用公式 M－N＋1 定位。

【例 4－24】2 736 ÷ 4 ＝684

①置数：从算盘左边第三档起拨入被除数 2 736，默记除数 4，如图 4－42 所示。

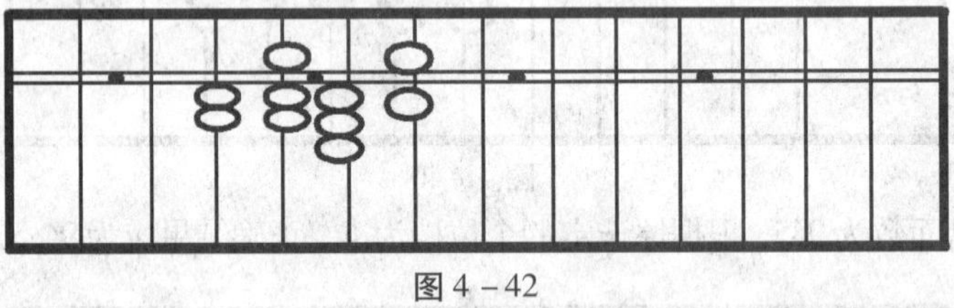

图 4－42

②求首位商：被除数的首位 2 小于除数 4，不够除，我们根据被除数的前两位 27 除以除数 4，估商为 6。

③置商：不够除挨位置商，将首位商 6 置于被除数首位 2 的前一档，如图 4－43 所示。

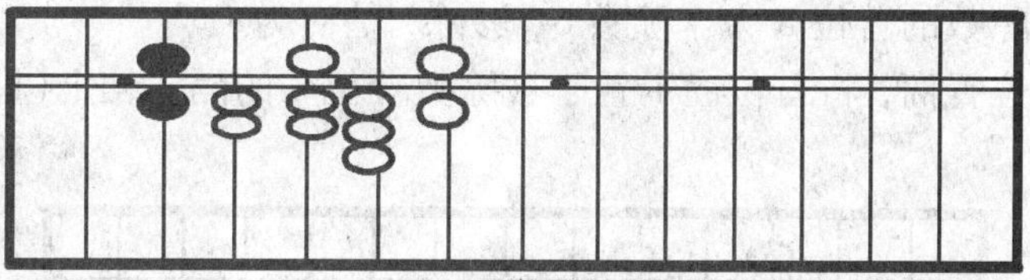

图 4－43

④减积：商 6 与除数 4 的乘积"六四 24"从所置商 6 的后第一档开始减，盘面余数为 336，如图 4－44 所示。

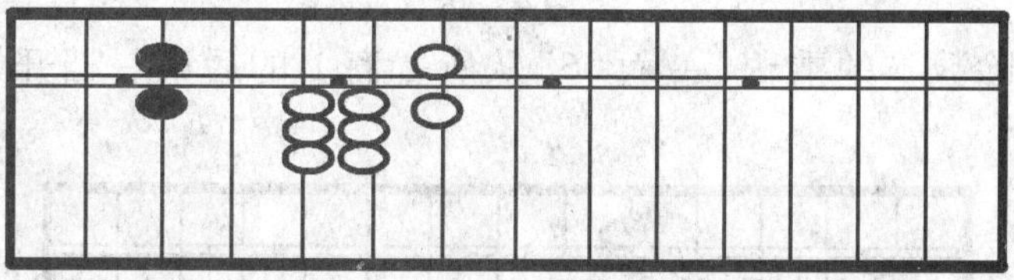

图 4－44

⑤求次商：余数首位 3 小于除数 4，不够除，我们根据余数的前两位 33 除以除数 4，估商为 8，将其置于余数首位 3 的前一档，并从商数 8 的右一档开始减去所估商数与除数的乘积"八四 32"，余数为 16，如图 4－45 所示。

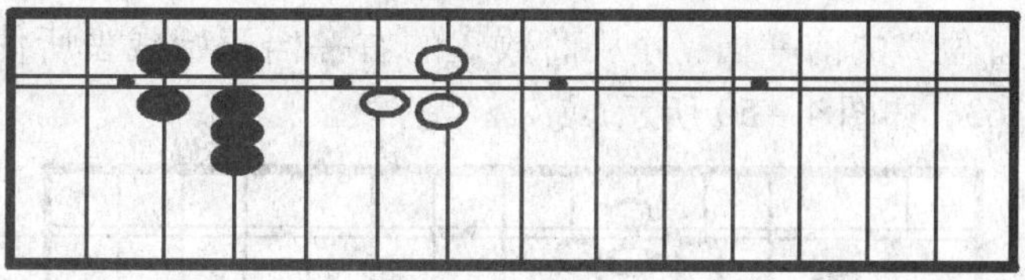

图 4－45

⑥求第三位商：余数首位 1 小于除数 4，不够除，我们根据余数的前两位 16 除以除数 4，估商为 4，将其置于余数首位 1 的前一档，并从商数 4 的右一档开始减去所估商数与除数的乘积"四四 16"，余数为 0，恰好除尽，盘面数为 684，如图 4－46 所示。

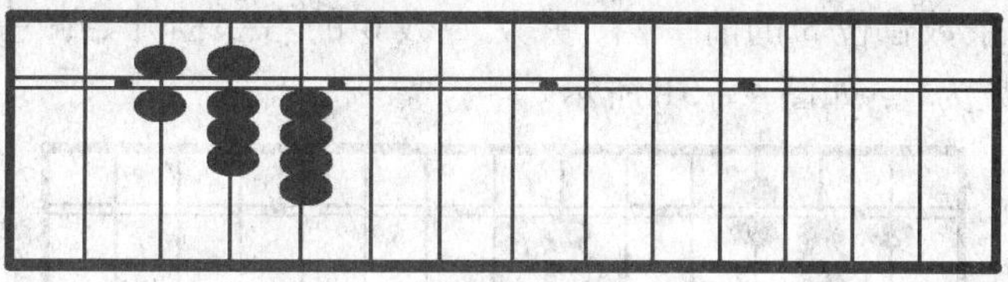

图 4－46

⑦定位：根据盘上公式定位法，算盘左边第一档空档，用公式 M－N 定位，M＝＋4 位，N＝＋1 位，商的位数 M－N＝＋3 位，所以商为 684。

【例 4－25】8 163÷6＝1 360.5

①置数：从算盘左边第三档起拨入被除数 8 163，默记除数 6，如图 4－47 所示。

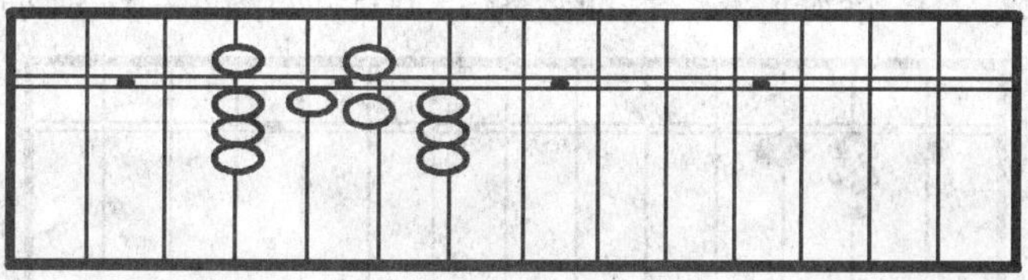

图 4－47

②求首位商:被除数的首位8大于除数6，够除，估商为1。

③置商:够除隔位置商，将首位商1置于被除数首位8的隔一档上(即算盘左边第一档)，如图4－48所示。

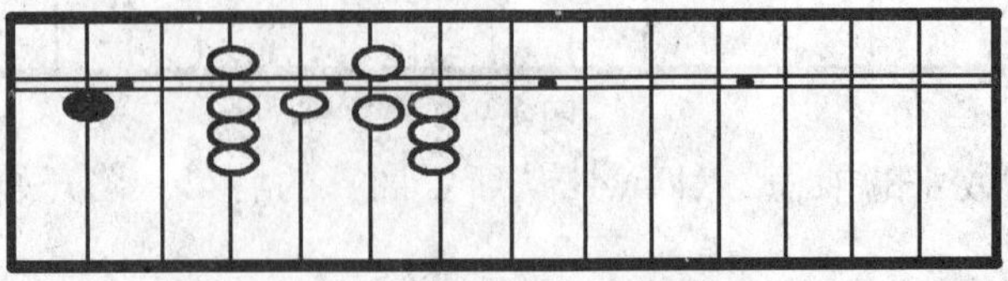

图4－48

④减积:商1与除数6的乘积“一六06”从所置商1的后第一档开始减,盘面余数为2 163,如图4－49所示。

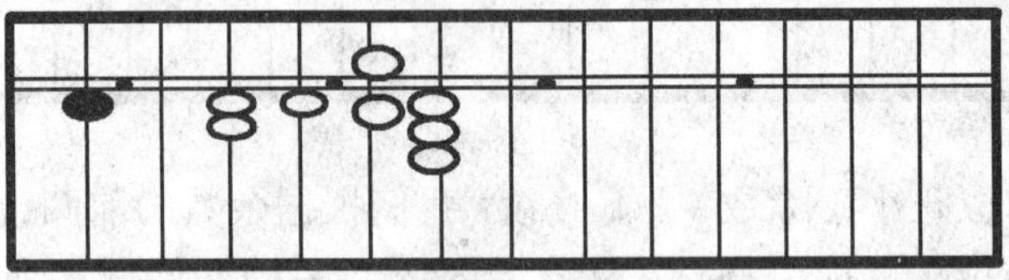

图4－49

⑤求次商:余数首位2小于除数6，不够除，我们根据余数的前两位21除以除数6，估商为3，将其置于余数首位2的前一档，并从商数3的右一档开始减去所估商数与除数的乘积“三六18”，余数为363，如图4－50所示。

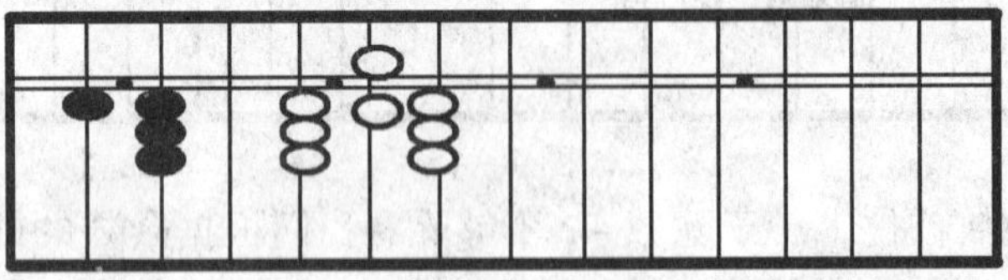

图4－50

⑥求第三位商:余数首位3小于除数6，不够除，我们根据余数的前两位36除以除数6，估商为6，将其置于余数首位3的前一档，并从商数6的右一档开始减去所估商数与除数的乘积“六六36”，余数为3，如图4－51所示。

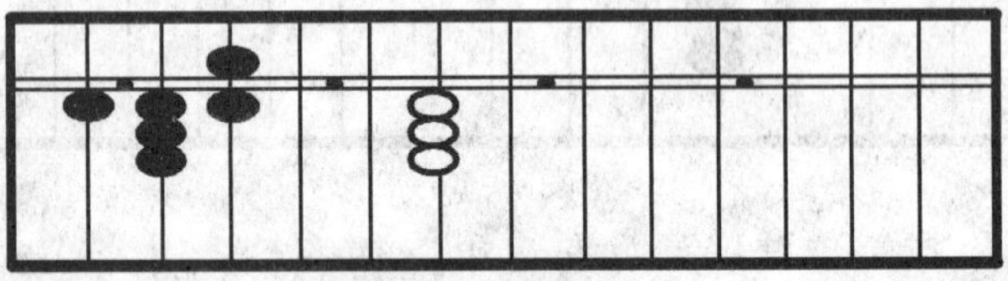

图4－51

⑦求第四位商:余数首位3小于除数6，不够除，我们根据余数的前两位30除以除数6，估商为5，将其置于余数首位3的前一档，并从商数5的右一档开始减去所估商数与除数的乘积“五六30”，余数为0，恰好除尽，盘面数为13 605，如图4－52所示。

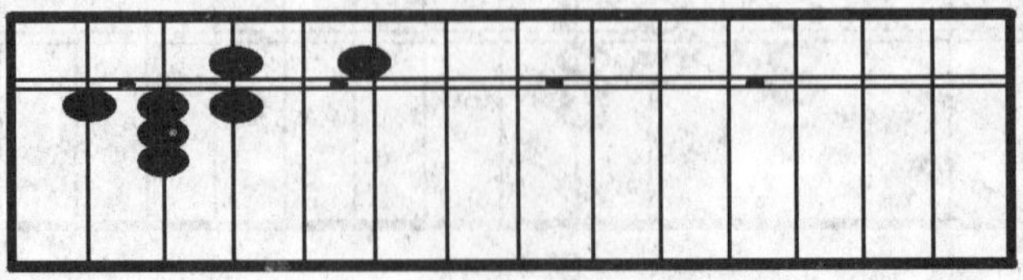

图4－52

⑧定位：根据盘上公式定位法，算盘左边第一档有数字，用公式 $M-N+1$ 定位，$M=+4$ 位，$N=+1$ 位，商的位数 $M-N+1=+4$ 位，所以商为 1 360.5。

（二）多位数隔位商除法

除数是两位或两位以上的非零数字的除法叫做多位数隔位商除法。多位数隔位商除法的运算方法与一位数隔位商除法基本相同，只是除数位数增多了，增加了估商的难度，增多了减积的次数。具体运算方法如下：

1. 置数：从算盘左边第三档起拨入被除数，默记除数。

2. 估商：把被除数的首位或首次两位除以除数，用心算估计出商数。由于除数为多位数，所以估商时仅看首位并不一定准确，要同时考虑除数的次位来估商。

3. 置商：将所估的商置于盘面相应的档次上。置商原则：够除隔位置商，不够除挨位置商。

4. 减积：置商后，用商数与除数从首位至末位的每一位相乘，并将乘积从被除数中退位迭减。减积档次为：除数是第几位，它与商相乘所得乘积的十位数就从商右边第几档减去，个位数从十位数的下一档减去。上次减积的个位档就是本次减积的十位档。要注意必须在完成该轮乘减后，才能再估算下一个商。

5. 定位：运算完毕，根据盘上公式定位法，当算盘左边第一档空档时，用公式 $M-N$ 定位；若首档有数，用公式 $M-N+1$ 定位。

【例 4－26】45 136 ÷ 62 = 728

①置数：从算盘左边第三档起拨入被除数 45 136，默记除数 62，如图 4－53 所示。

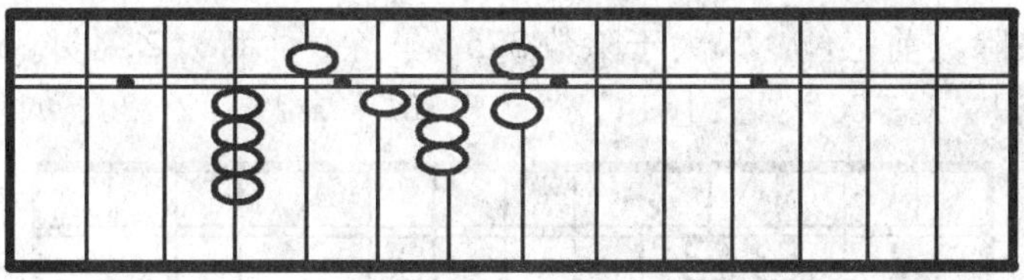

图 4－53

②求首位商：被除数前两位 45 小于除数 62，不够除，根据 45 与 6 相比，估商为 7，不够除挨位置商，并从商 7 右一档依次减去乘积“七六 42”、“七二 14”，余数为 1 736，如图 4－54 所示。

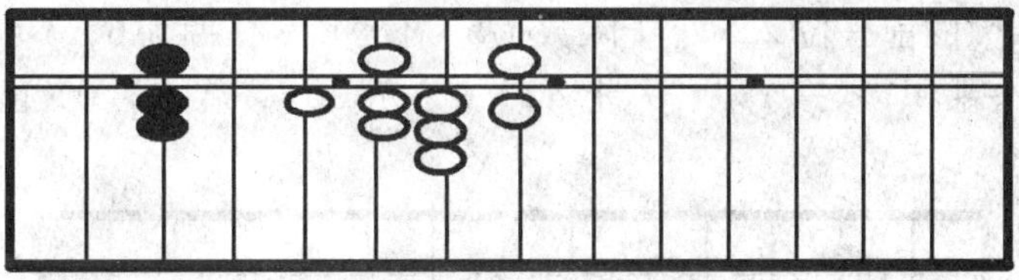

图 4－54

③求次位商：余数的前两位 17 小于除数 62，不够除，根据 17 与 6 相比，估商为 2，不够除挨位置商，并从商 2 右一档依次减去乘积“二六 12”、“二二 04”，余数为 496，如图 4－55 所示。

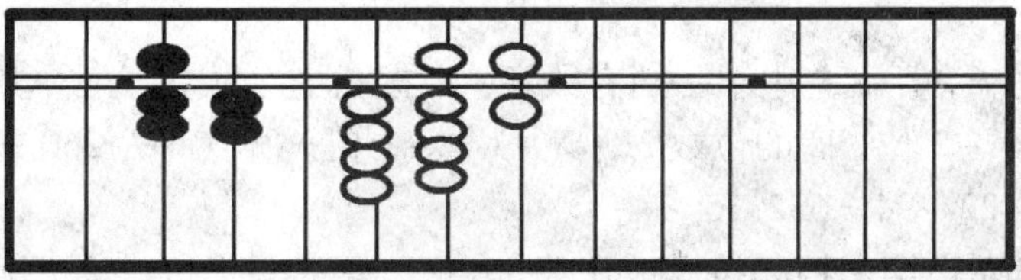

图 4－55

④求第三位商：余数的前两位49小于除数62，不够除，根据49与6相比，估商为8，不够除挨位置商，并从商8右一档依次减去乘积“八六48”、“八二16”，余数为0，正好除尽，盘面数为728，如图4－56所示。

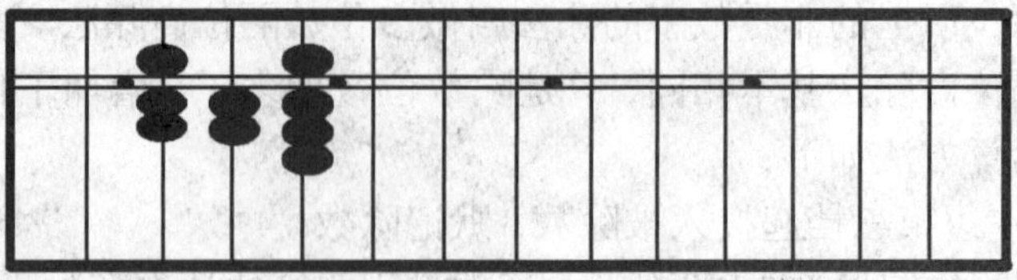

图4－56

⑤定位：运算完毕，算盘左边第一档空档，根据盘上公式定位法，用公式M－N定位，M＝＋5位，N＝＋2位，商的位数M－N＝＋3位，所以商为728。

【例4－27】9 750÷37.5＝260

①置数：从算盘左边第三档起拨入被除数9 750，默记除数375，如图4－57所示。

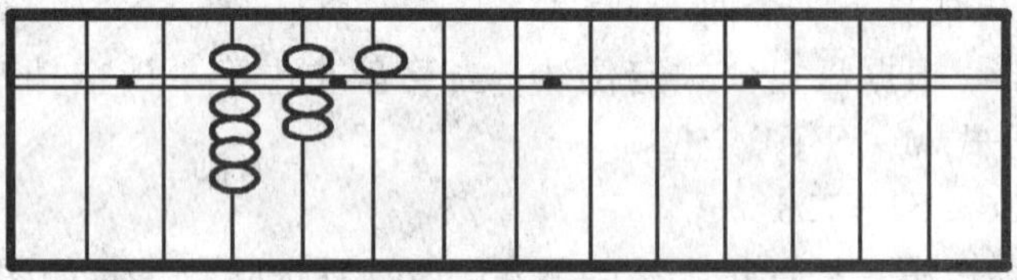

图4－57

②求首位商：被除数前三位975大于除数375，够除，估商为2，够除隔位置商，并从商2右一档依次减去乘积“二三06”、“二七14”、“二五10”，余数为2 250，如图4－58所示。

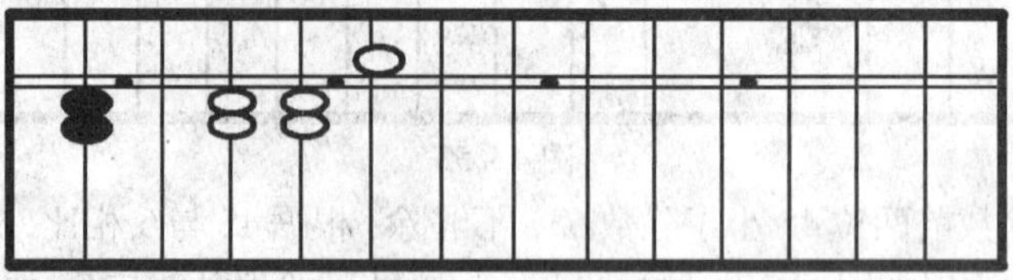

图4－58

③求次位商：余数的前三位225小于除数375，不够除，估商为6，不够除挨位置商，并从商6右一档依次减去乘积“六三18”、“六七42”、“六五30”，余数为0，正好除尽，盘面数为26，如图4－59所示。

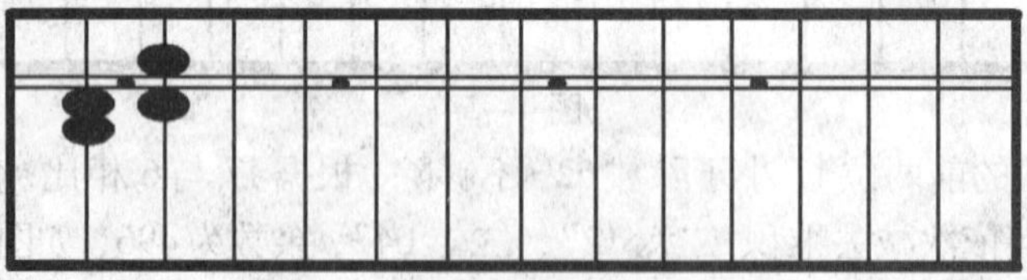

图4－59

④定位：运算完毕，算盘左边第一档有数字，根据盘上公式定位法，用公式M－N＋1定位，M＝＋4位，N＝＋2位，商的位数M－N＋1＝＋3位，所以商为260。

【例4－28】59 422÷94＝632.15

①置数：从算盘左边第三档起拨入被除数59 422，默记除数94，如图4－60所示。

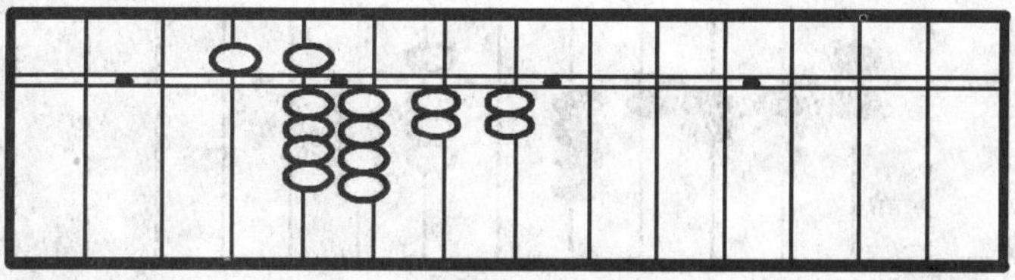

图 4－60

②求首位商：被除数前两位 59 小于除数 94，不够除，估商为 6，不够除挨位置商，并从商 6 右一档依次减去乘积“六九 54”、“六四 24”，余数为 3 022，如图 4－61 所示。

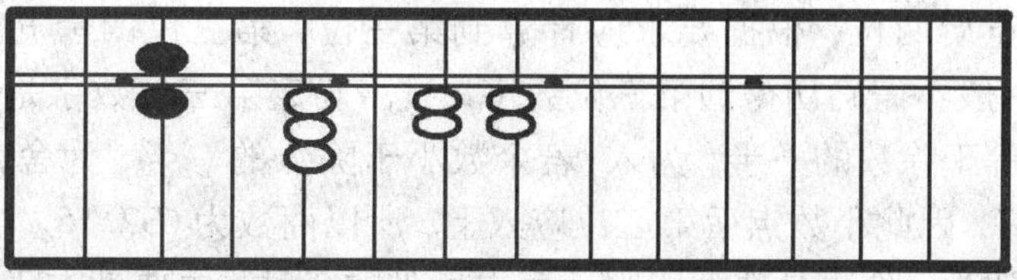

图 4－61

③求次位商：余数的前两位 30 小于除数 94，不够除，估商为 3，不够除挨位置商，并从商 3 右一档依次减去乘积“三九 27”、“三四 12”，余数为 202，如图 4－62 所示。

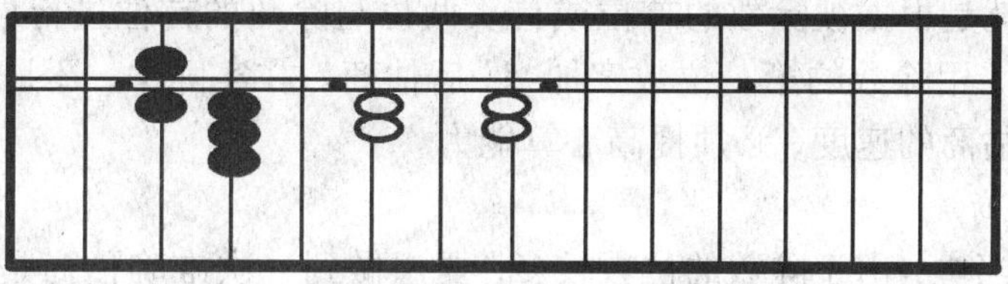

图 4－62

④求第三位商：余数的前两位 20 小于除数 94，不够除，估商为 2，不够除挨位置商，并从商 2 右一档依次减去乘积“二九 18”、“二四 08”，余数为 14，如图 4－63 所示。

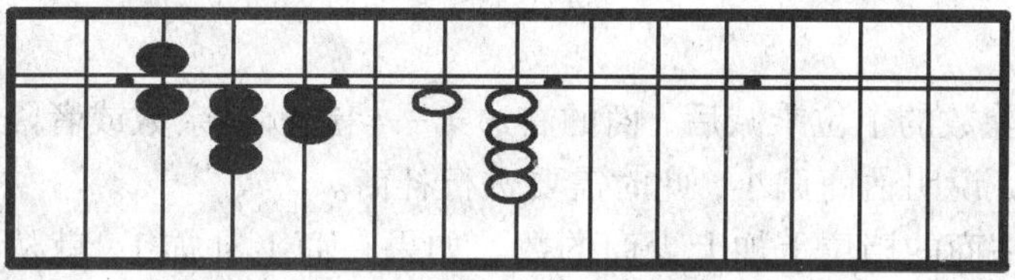

图 4－63

⑤求第四位商：余数的前两位 14 小于除数 94，不够除，估商为 1，不够除挨位置商，并从商 1 右一档依次减去乘积“一九 09”、“一四 04”，余数为 46，如图 4－64 所示。

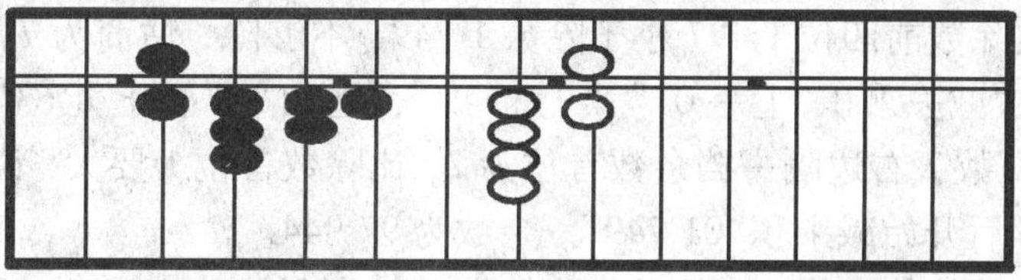

图 4－64

⑥求第五位商：余数的前两位 46 小于除数 94，不够除，估商为 4，不够除挨位置商，并从商 4 右一档依次减去乘积“四九 36”、“四四 16”，余数为 84，如图 4－65 所示。

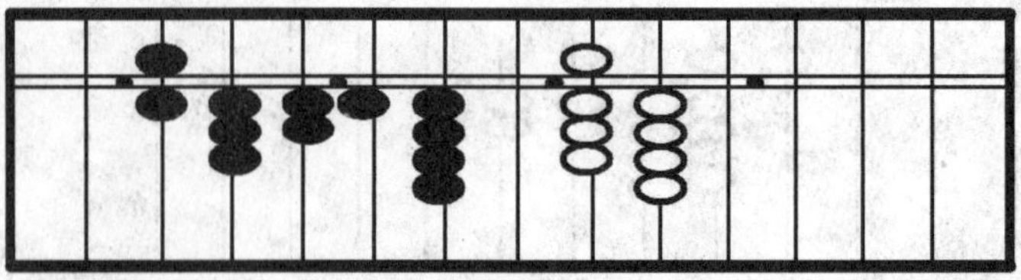

图 4 - 65

⑦根据要求，带小数的要保留两位小数，定位：算盘左边第一档空档，根据盘上公式定位法，用公式 M - N 定位，M = +5 位，N = +2 位，商的位数 M - N = +3 位，从盘面可以看出，现在已计算到小数点后两位，根据要求应计算到第三位，第三位四舍五入。为提高计算速度，实际运算中，一般不需确切得到第三位数字，只需确定第三位数字是否大于五即可。如果盘面余数大于或等于除数的一半，为入；若余数小于除数的一半，为舍，此题的余数 84 大于除数 94 的一半 47，因此小数点后第三位应入上，所以商数为 632.15。

一般初学者都认为，除法是珠算四则运算中最难的一种，主要就在于商除法中的估商不易准确。尤其是当除数位数为两位或两位以上时，需根据除数的整体来估商，大大增加了估商的难度。为使所估的商准确，一般来讲，当除数的第二位数字为 0、1、2 时，直接用除数的第一位来估商，也就是根据被除数的首位或首次两位与除数的首位进行估商；当除数的第二位数字为 7、8、9 时，用除数的第一位数字加“1”后估商。在实际中，还是需要根据两因数灵活估商，要想提高估商的速度，必须提高心算能力。

(三)补商和退商

在多位数除法当中，由于除数的位数较多，要想做到一次准确估商是不容易的，难免发生偏差。估商偏差有两种形式：一种是估商偏大，就会出现被除数不够减积的情况，这就需要调减商数，也即退商；另一种是估商偏小，当减积以后，余数仍比除数大，此时就需要把商调大，也就是补商。

1. 补商

当所估的商与除数的个位乘减后，商的右边第一档起就有余数或者隔一档起的余数首位大于除数的首位时，说明估商偏小，此时需要进行补商。

补商时，在原估商的档位上加上少商的数。如果在商上补加 1，就从余数中减去一个除数，若在商上补加 2，就从余数中减去两倍的除数。

【例 4 - 29】1 497 144 ÷ 1 749 = 856

①置数：从算盘左边第三档起拨入被除数 1 497 144，默记除数 1 749。

②求首位商：被除数前四位 1 497 小于除数 1 749，不够除，估商为 7，不够除挨位置商，并从商 7 右一档依次减去乘积“七一 07”、“七七 49”、“七四 28”、“七九 63”，余数为 272 844。

③经乘减后，商数 7 右边隔一档余数首位为 2，比除数首位 1 要大，说明估商 7 偏小，要补商 1，然后在商 8 后开始减乘积“01 749”，余数为 97 944。

④求次位商：余数的前四位 9 794 大于除数 1 749，够除，估商为 5，够除隔位置商，并从商 5 右边隔一档依次减去乘积“五一 05”、“五七 35”、“五四 20”、“五九 45”，余数为 10 494。

⑤求第三位商：余数的前四位 1 049 小于除数 1 749，不够除，估商为 6，不够除挨位置商，并从商 6 右一档依次减去乘积“六一 06”、“六七 42”、“六四 24”、“六九 54”，余数为 0，恰好除尽，盘面数 856。

⑥定位：运算完毕，算盘左边第一档有空档，根据盘上公式定位法，用公式 M－N 定位，则商的位数 M－N＝+3 位，所以商为 856。

2. 退商

在多位数除法运算过程中，若某位商数估计偏大，减积过程中会出现不够减的情况，此时需要退商。

退商办法：在所估商的档位上减去多商的数。如在商上减去1，就需在余数中加上已乘减过的各位被除数；若在商上减去2，就在余数中加上已乘减过的各位被除数的两倍数，其余情况以此类推。

【例 4－30】16 284 ÷ 276 = 59

①置数：从算盘左边第三档起拨入被除数 16 284，默记除数 276。

②求首位商：被除数前三位 162 小于除数 276，不够除，估商为 6，不够除挨位置商，并从商 6 右一档依次减去乘积“六二 12”、“六七 42”、“六六 36”，但是发现在减完 42 以后，再减“六六 36”时不够减。

③不够减，说明估商偏大，要退商 1，并从商右一档起加还多乘减过的除数 027，得 2 784。

④将退商后的 5 乘以还未乘减过的最后一位除数 6，并从商右第三档起减“五六 30”，余数为 2 484。

⑤求次位商：余数的前三位 248 小于除数 276，不够除，估商为 8，不够除挨位置商，并从商 8 右一档依次减去乘积“八二 16”、“八七 56”、“八六 48”，余数为 276。

⑥此时商的右边隔一档位数与除数相同，且剩下每位都与除数相同，说明估商偏小，需要补商。够除隔位置商，正好也落在原来估的商 8 那一档上，说明原来估商确实小了，此时补商 1，并从商后右一档开始减乘积“0 276”，余数为 0，刚好除尽，盘面数为 59。

⑦定位：运算完毕，算盘左边第一档有空档，根据盘上公式定位法，用公式 M－N 定位，则商的位数 M－N＝+2 位，所以商为 59。

从上述例子我们可以看出，在除法运算中，估商是最关键也是最困难的一项。不论何时，如果估商过小，可以随时补商，但是，如果估商过大，退商的运算却要麻烦很多，退商后既需将多减的乘积加回，也需将还未乘减的乘积再减去，较易出现错误。所以一般来说，补商容易退商难，因此在实际中如果估商不准，最好还是往小了估。

二、不隔位商除法

不隔位商除法，够除时换位置商，所以也成为换位商除法；不够除时，被除数首位数直接改为商数，所以又叫做改商除法。它和隔位商除法的运算步骤基本相同，只是置数、置商和减积的档次不同而已。

(一)运算步骤

1. 置数：从算盘左边第二档起拨入被除数，默记除数。

2. 估商：与隔位商除法相同。

3. 置商：够除换位置商，不够除本位改商数。

4. 减积：商与除数的首位乘积为两位数时，就从商的本位起减乘积的十位数，个位数在后一档减去；若首位乘积为一位数时，就在商的右一档减去乘积的个位数。

5. 定位：运算完毕，根据盘上公式定位法，当算盘左边第一档空档时，用公式 M－N 定位;若首档有数，用公式 M－N＋1 定位。

这种运算办法将被除数本位改为商数，同时又在本档位减积，容易出现错误，因此在减积过程中，本位改商的同时，减去了商与除数首位的乘积的十位数，若改商前的本位数比应减的该乘积的十位数大“1”，而被减数的第二位又小于该乘积的个位时，只需在商的右一档加上乘积个位的补数即可，即减十加补。下面以例题来讲述此法的具体应用。

（二）一位数不隔位商除法

【例 4－31】5 306÷7＝758

①置数:从算盘左边第二档起拨入被除数 5 306，默记除数 7，如图 4－66 所示。

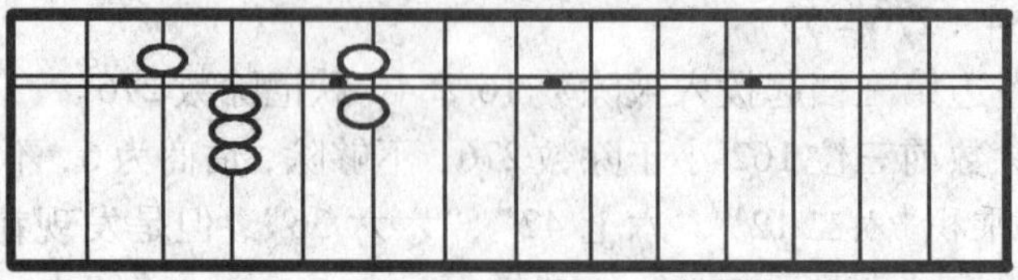

图 4－66

②求首商:被除数首位数字 5 小于除数 7，不够除，估商 7，把被除数本位改为 7，并从商的本位起减乘积“七七 49”。减积时，十位数“4”无需拨减，只需从后一位减个位的“9”即可。商的右一档是 3，不够减，需从商的本位退 1 后减积，而被除数原位上在减除 4 以后还有余数 1，所以只需在后位加补数 1 即可，余数为 406，如图 4－67 所示。

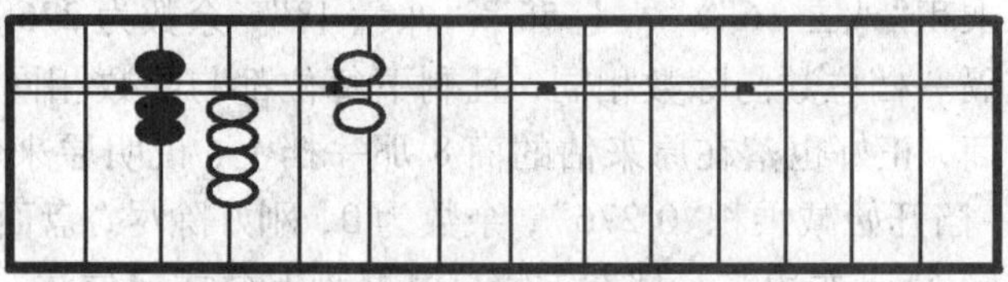

图 4－67

③求次位商:余数的首位数字 4 小于除数 7，不够除，估商 5，余数的首位改为 5，从商本位减去乘积“五七 35”。减积时，十位 3 无需拨减，只需减后一位个位 5 即可，余数为 56，如图 4－68 所示。

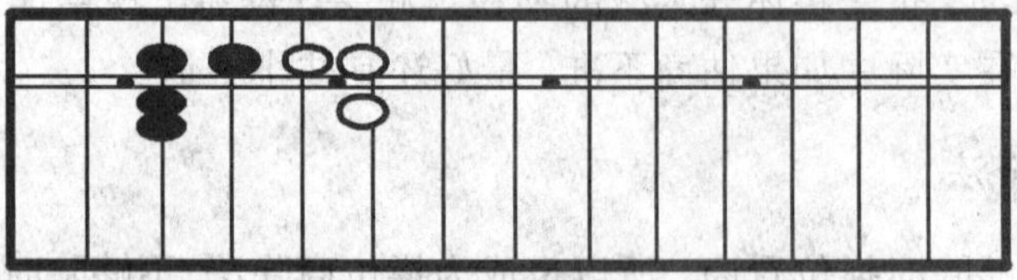

图 4－68

④求第三位商:余数的首位数字 5 小于除数 7，不够减，估商 8，余数的首位改为 8，并从商的本位起减去乘积“七八 56”。减积时，十位 5 无需拨减，只需减后一位个位数 6 即可，余数为 0，恰好除尽，盘面数为 758，如图 4－69 所示。

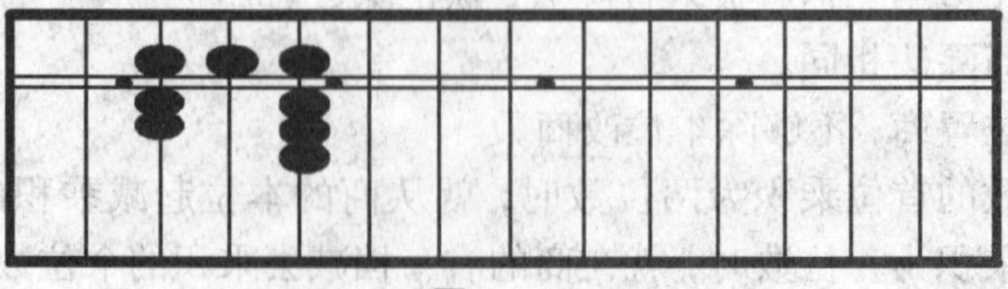

图 4－69

⑤定位:计算完毕，算盘左边第一档空档，运用盘上公式定位法，用公式 M - N 定位，商的位数 = M - N = 4 - 1 = +3 位，所以商为 758。

(三)多位数不隔位商除法

多位数不隔位商除法和一位数不隔位商除法运算方法基本相同，只是除数位数多了，相应增加了估商和减积的难度。

【例 4 - 32】33 228 ÷ 52 = 639

①置数:从算盘左边第二档起拨入被除数 33 228，默记除数 52，如图 4 - 70 所示。

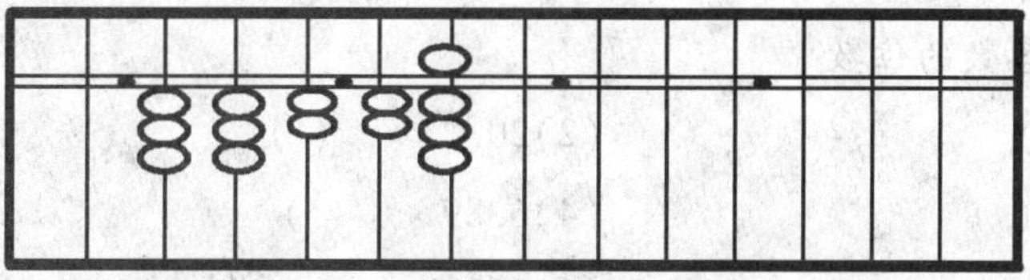

图 4 - 70

②求首商:被除数首位数字 3 小于除数的首位 5，不够除，估商 6，把被除数本位改为 6，并从商的本位起退位迭减乘积“六五 30”、“六二 12”。减积时，从被除数 33 中减除首次乘积 30 时，直接变被除数本位 3 为 6 即可，从其后一档减乘积的个位 0;再继续迭减去乘积“六二 12”，余数为 2 028，如图 4 - 71 所示。

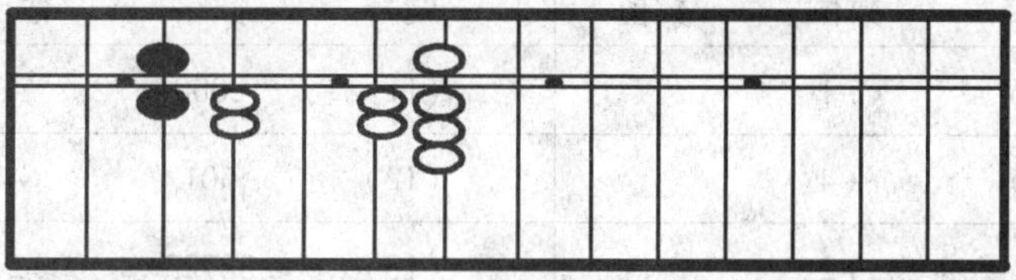

图 4 - 71

③求次位商:余数的首位数字 2 小于除数的首位 5，不够除，估商 3，余数的首位改为 3，从商本位减去乘积“三五 15”。因商本位原有被除数 2，所以只在后位加补数 5 即可;再继续迭减乘积“三二 06”，余数为 468，如图 4 - 72 所示。

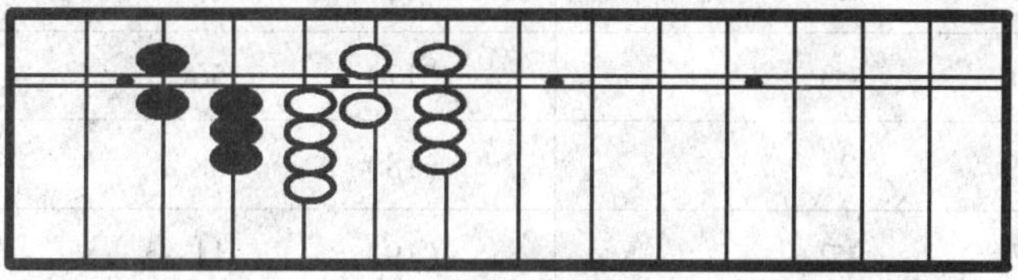

图 4 - 72

④求第三位商:余数的首位数字 4 小于除数的首位 5，不够减，估商 9，余数的首位改为 9，并从商的本位起减去乘积“九五 45”。减积时，只需在后位减乘积的个位 5 即可;然后继续迭减乘积“九二 18”，余数为 0，盘面数为 639，如图 4 - 73 所示。

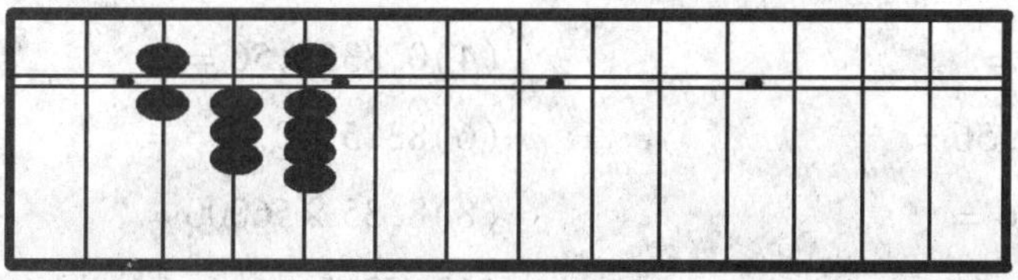

图 4 - 73

⑤定位：计算完毕，算盘左边第一档空档，用公式 M－N 定位，商的位数＝M－N＝5－2＝＋3 位，所以商为 639。

习题四

一、定位练习

（一）指出下列各数的位数

(1)379 （ ）　　(2)20.7 （ ）

(3)35 206 （ ）　　(4)6.89 （ ）

(5)0.39 （ ）　　(6)46100 （ ）

(7)0.00035 （ ）　　(8)0.056 （ ）

(9)100.01 （ ）　　(10)0.3065 （ ）

（二）根据下列数位写出相应的数字

题号	数字	数位	数值	题号	数字	数位	数值
(1)	556	+1		(11)	2000	+3	
(2)	795	+4		(12)	501	-1	
(3)	12	+2		(13)	38723	2	
(4)	7	0		(14)	567	1	
(5)	45	-1		(15)	12	+5	
(6)	192	2		(16)	9	4	
(7)	100	-3		(17)	56	-3	
(8)	5009	2		(18)	88	+3	
(9)	567	-2		(19)	11	+1	
(10)	216	+5		(20)	606	+1	

（三）下列各题相乘的结果，盘面上出现的都是 4676，试用乘法定位公式进行定位

(1)835×56＝　　(2)8.35×560＝

(3)83.5×0.56＝　　(4)0.835×56＝

(5)0.00835×0.56＝　　(6)83.5×0.056＝

(7)8350×0.056＝　　(8)8.35×56000＝

(9)835×0.000056＝　　(10)83.5×5.6＝

二、乘法练习

(一)一位数乘法

1. 整数乘法

(1)6 270 ×5 =

(2)5 524 ×7 =

(3)625 ×400 =

(4)385 ×4 =

(5)7 ×7943 =

(6)4 261 ×7 =

(7)45 716 ×5 =

(8)50 025 ×4 =

(9)6 ×586 =

(10)8 ×2 581 =

(11)6 912 ×7 =

(12)579 175 ×6 =

(13)102 500 ×8 =

(14)545 436 ×5 =

(15)23 450 ×2 =

(16)72 106 ×9 =

(17)4 ×26 718 =

(18)6 832 ×3 =

(19)5 ×93 225 =

(20)6 ×10 259 =

2. 小数乘法

(1)4 650 ×0.7 =

(2)1 624 ×0.3 =

(3)372.5 ×400 =

(4)6.75 ×0.009 =

(5)0.004 ×90 255 =

(6)2 355 ×0.6 =

(7)7 816 ×0.08 =

(8)0.09 ×65 600 =

(9)0.0006 ×5 545 =

(10)625 ×0.006 =

(11)0.7 ×586 =

(12)0.05 ×344 =

(13)0.0002 ×305 =

(14)0.3 ×984 =

(15)13 680 ×0.005

(16)5 106 ×0.07 =

(17)0.0004 ×8 025 =

(18)0.3 ×984 =

(19)3 120 ×0.005

(20)1 235 ×0.08 =

(二)多位数乘法

1. 整数乘法

(1)6 270 ×75 =

(2)1 624 ×29 =

(3)15 ×602 =

(4)978 ×104 =

(5)357 ×43 =

(6)541 ×56 =

(7)7 082 ×28 =

(8)86 ×659 =

(9)691 ×586 =

(10)732 ×403 =

(11)97 ×786 =

(12)391 ×61 =

(13)1 080 ×305 =

(14)4 381 ×984 =

(15)1 680 ×8035

(16)8 106 ×359 =

(17)603 ×38 =

(18)4 256 ×903 =

(19)1 120 ×804 =

(20)6 093 ×26 =

2. 小数乘法

(1)0.856 ×2.07 =

(2)4.262 ×607 =

(3)0.7091 ×95 =

(4)1 075 ×0.89 =

(5)2 865 ×0.0606 =

(6)2 351 ×0.82 =

(7)37 816 ×0.028 =

(8)9.035 ×56 000 =

(9)25 006 ×6.5 =

(10)732 ×8.26 =

(11)0.691 ×586 =

(12)78.05 ×34 =

(13)0.45 ×3058 =

(14)53.21 ×787 =

(15)13 680 ×0.8035

(16)13 106 ×35.97 =

(17)56.492 ×0.0123 =

(18)29.815 ×86.14 =

(19)85.406 ×0.138 =

(20)0.064834 ×26.25 =

三、除法练习

(一)一位数除法

1. 整数除法

(1)2 104 ÷8 =

(2)36 300 ÷5 =

(3)4 328 ÷4 =

(4)3 854 ÷6 =

(5)77 130 ÷90 =

(6)5 076 ÷4 =

(7)36 048 ÷8 =

(8)68 450 ÷50 =

(9)12 345 ÷5 =

(10)15 600 ÷60 =

(11)45 472 ÷7 =

(12)48 420 ÷9 =

(13)72 180 ÷9 =

(14)28 336 ÷8 =

(15)77 499 ÷3 =

(16)246 054 ÷6 =

(17)72 180 ÷9 =

(18)47 512 ÷2 =

(19)77 499 ÷3 =

(20)125 625 ÷5 =

2. 小数除法

(1)50.69 ÷9 =

(2)561.083 ÷9 =

(3)0.7865 ÷0.05 =

(4)183 ÷0.06 =

(5)0.084506 ÷0.7 =

(6)19.422 ÷0.4 =

(7)2.5684 ÷6 =

(8)1.40098 ÷7 =

(9)9.7505 ÷5 =

(10)0.5574 ÷0.0002 =

(11)49.248 ÷0.8 =
(12)0.08796 ÷0.3 =
(13)506.99 ÷9 =
(14)439.15 ÷0.6 =
(15)2.394 ÷0.008 =
(16)1.23456 ÷0.05 =
(17)9.7218 ÷0.9 =
(18)0.7512 ÷6 =
(19)0.67749 ÷3 =
(20)3.45608 ÷4 =

(二)多位数除法

1. 整数除法

(1)2 337 ÷41 =
(2)2 132 ÷26 =
(3)2 407 ÷83 =
(4)17 023 ÷89 =
(5)17 253 ÷639 =
(6)59 422 ÷94 =
(7)7 875 ÷21 =
(8)300 095 ÷47 =
(9)9 750 ÷375 =
(10)342 705 ÷465 =
(11)49 248 ÷608 =
(12)15 170 ÷74 =
(13)576 985 ÷835 =
(14)432 896 ÷712 =
(15)176 088 ÷348 =
(16)126 054 ÷846 =
(17)197 512 ÷7 054 =
(18)263 712 ÷3 216 =
(19)2 083 065 ÷7 309 =
(20)1 581 096 ÷1 749 =

2. 小数除法

(1)2.645 ÷34 =
(2)178.08 ÷46.7 =
(3)20.991 ÷28 =
(4)7.8981 ÷0.923 =
(5)907.67 ÷73.5 =
(6)43.422 ÷68.1 =
(7)72 732 ÷76 =
(8)16 466 ÷509 =
(9)27.4654 ÷8.21 =
(10)78 546 ÷567 =
(11)167.78 ÷60.8 =
(12)311.88 ÷452 =
(13)576.686 ÷81.7 =
(14)84 477 ÷691 =
(15)47.788 ÷7.69 =
(16)100.346 ÷82.1 =
(17)556.482 ÷211.2 =
(18)425.5795 ÷475.6 =
(19)777 746.19 ÷3781 =
(20)2.36842 ÷5.2063 =

四、综合达标练习

珠算技术等级普通级6－4级（一）（正面）

（限时20分钟，乘除算小数要求保留两位，以下四舍五入）

（一）	（二）	（三）	（四）	（五）	（六）
4 387	4 952	413 805	1 250	519 673	570 069
132	104	79 416	273	617	574
61 260	3 560	701	4 807	4 207	－7 108
425	895	2 489	653	－72 846	738 164
7 538	827 348	12 654	428 761	951	423
376	6 237	8 065	1 924	－9 175	－9 243
769 853	570	389	387	47 802	752 863
5 641	3 812	2 758	4 635	3 219	618
960	725	260	25 148	－ 681	－9 023
4 718	64 648	3 814	3 921	926 083	308
253	2 590	502	485	715	－97 253
6 573	264	48 973	75 634	－6 950	－ 925
867	958 017	465	347	354	6 087
308 569	37 968	201 389	283 796	3 541	65 187
47 810	423	627	485	508	596

(7)3 864 ×27 =　　(8)25 ×3 049 =　　(9)8 601 ×73 =

(10)1 492 ×65 =　　(11)24 ×8 652 =　　(12)318 ×207 =

(13)45 588 ÷524 =　　(14)3 179 ÷17 =　　(15)39 933 ÷459 =

(16)31 372 ÷341 =　　(17)4 7748 ÷92 =　　(18)12 684 ÷42 =

珠算技术等级普通级 6－4 级（一）（反面）

（限时 20 分钟，乘除算小数要求保留两位，以下四舍五入）

（十九）	（二十二）	（二十五）	（二十八）
2 637	8 619	81 902	15 746
518	507	869	927
798 015	80 436	－4 659	－3 709
2 436	7 302	402 917	658
43 879	198	802	641 023
652	52 475	－7 346	103
510 912	659	705	9 68
325	218 096	426 957	67 049
8 697	547	738	8 215
4 312	9 623	－4 315	125
759	846	659	408 597
7 046	457 419	3 746	3 524
835	8 301	－57 012	－923
93 412	450	－629	8 076
608	9 302	4 819	413

(20) 68 × 5 904 =

(21) 297 792 ÷ 528 =

(23) 658 × 304 =

(24) 120 978 ÷ 803 =

(26) 128 × 7.365 =

(27) 704.8 × 3.65 =

(29) 372 × 4 816 =

(30) 196 936 ÷ 824 =

珠算技术等级普通级 6－4 级（二）（正面）

（限时 20 分钟，乘除算小数要求保留两位，以下四舍五入）

（一）	（二）	（三）	（四）	（五）	（六）
3 862	406	1 486	29 014	420	916,683
928	5 467	382	695	28 761	－4,175
7 038	49 807	305 901	425 302	－6 950	907
540	8 123	756	976	853	－9,251
809 164	419	2 804	7 201	5 620	860
4 697	62 867	921	3 108	795	2,483
967	2 718	48 950	284	9 835	529,673
1 824	903	7 341	56 389	573 216	304
708	459 108	839	4 785	－309	－42,819
56 173	437	6 514	417	406 257	3,246
3 592	9 625	57 608	480 869	683	－615
325	453	7 356	5 713	－4 794	73,867
963 218	618 203	269	602	416	781
71 250	573	279 047	6 398	7 840	－3,948
945	7 958	213	153	－83,109	506

（7）6 914 × 16 =　　（8）64 × 8 253 =　　（9）2 740 × 93 =

（10）1 058 × 64 =　　（11）28 × 4 716 =　　（12）456 × 702 =

（13）12 528 ÷ 72 =　　（14）13 376 ÷ 704 =　　（15）48 776 ÷ 91 =

（16）14 575 ÷ 25 =　　（17）59 670 ÷ 195 =　　（18）66 150 ÷ 315 =

珠算技术等级普通级 6 - 4 级（二）（反面）

（限时 20 分钟，乘除算小数要求保留两位，以下四舍五入）

（十九）	（二十二）	（二十五）	（二十八）
9 012	3 259	392	89 710
578	902	153 619	956
490 416	-9 310	873	-8 127
8 035	241 685 7 142	-57 452	
48 697	6 437	201 597	168
819	734	3 089	3 094
712 312	7 298	81 671	236
652	826	426	318 920
8 025	61 043	9 548	-1 275
7 346	108	395	432
312	-4 679	2 246	-8 754
4 607	512	650	306
638	658 014	4 084	9 674
93 705	895	706	290 867
459	-73 251	87 350	765

(20)45.6 × 7.21 =　　　　(26)59 × 2 508 =

(21)85.8214 ÷ 8.71 =　　　　(27)238 656 ÷ 452 =

(23)417.5 × 203 =　　　　(29)673 × 5 912 =

(24)28.9411 ÷ 4.79 =　　　　(30)182 372 ÷ 718 =

珠算技术等级普通级 6－4 级（三）（正面）

（限时 20 分钟，乘除算小数要求保留两位，以下四舍五入）

（一）	（二）	（三）	（四）	（五）	（六）
8 571	2 367	7 926	7 135	6 718	972 601
384	18 739	369	803	4 692	－9 274
6 215	4 310	347 021	1 258	71 240	954
492	857	482	715 960	830	－4 160
103 740	716 723	2 806	745	－6 302	803
7 852	792	750	4 609	639 184	9 485
26 510	1 074	75 809	473	－8 759	527 016
729	381	1 543	3 852	301	349
809 467	529 731	357	981	－5 130	－12 875
740	2 406	8 341	5 046	854	3 286
14 609	543	57 438	719	－7 915	－ 601
3 768	8 926	6 204	31 463	837	46 817
923	52 469	9 638	893	927 046	768
8 904	831	309 621	6 980	－6 539	3 162
536	608	504	620 457	287	579

（7）6 029 ×16 =　　（8）83 ×5 702 =　　（9）8 509 ×57 =

（10）8 147 ×81 =　　（11）18 ×3 725 =　　（12）678 ×295 =

（13）26 048 ÷32 =　　（14）35 638 ÷206 =　　（15）6 104 ÷14 =

（16）19 389 ÷69 =　　（17）49 106 ÷571 =　　（18）143 325 ÷975 =

珠算技术等级普通级6－4级（三）（反面）

（限时20分钟，乘除算小数要求保留两位，以下四舍五入）

（十九）	（二十二）	（二十五）	（二十八）
618	138 417	62 458	49 704
9 527	－4 703	－ 751	－ 801
601	367 856	2 386	5 426
3 852	276	803 495	105
387 295	－47 938	617	269 368
6 407	450	－9 415	502
873	－5 089	836	－7 412
69 014	926	402 703	－98 804
701 264	－6 012	501	6 927
912	982	－5 349	156
3 798	1 460	604	482 053
394	204	528	－9 742
42 615	92 475	－38 927	131
530	6 329	816	－8 254
7 493	－ 358	－9 203	617

(20)1 418×0.458＝

(21)201.56÷28.6＝

(23)203.5×7.46＝

(24)13.9367÷26.4＝

(26)37×5 312＝

(27)48 522÷289＝

(29)374×1 827＝

(30)781 878÷863＝

珠算技术等级普通级 6－4 级（四）（正面）

（限时 20 分钟，乘除算小数要求保留两位，以下四舍五入）

（一）	（二）	（三）	（四）	（五）	（六）
1 369	798	25 968	65 104	342 109	351 849
703	7 031	253	892	587	－701
293 819	26 854	5 637	7 563	－90 231	4 102
4 068	4 368	438 051	163	204	485
56 897	254	509	231 954	－8 412	－31 269
243	40 657	7 164	819	4 567	907
164 701	3 769	297	3 547	309	－7 068
654	519	450 214	80 467	－5 067	301
2 068	730 785	279	3 602	86 179	－9 521
1 832	403	7 908	275	－467	274
547	1 864	871	208 639	6 897	586 427
2 609	218	3 071	4 701	361 205	9 865
547	293 501	65 814	179	341	34 952
59 602	213	694	2 408	－9 358	－8 703
834	6 092	2 305	967	852	365

（7）1 723 ×68 =　　（8）86 ×1 829 =　　（9）7 051 ×34 =

（10）9021 ×65 =　　（11）73 ×4 057 =　　（12）578 ×384 =

（13）2 668 ÷58 =　　（14）9 234 ÷162 =　　（15）57 084 ÷71 =

（16）1 634 ÷19 =　　（17）7 380 ÷205 =　　（18）36 448 ÷536 =

珠算技术等级普通级 6－4 级（四）（反面）

（限时 20 分钟，乘除算小数要求保留两位，以下四舍五入）

（十九）	（二十二）	（二十五）	（二十八）
5 209	897	65 124	62 875
389	7 328	－853	－736
870 614	38 254	9 407	8 124
1 468	6 924	803 516	406
28 902	60 213	697	486 023
257	301	－2 918	452
529 124	597 238	437	－7 918
478	405	402 193	－49 301
6 095	6 351	905	5 397
7 103	497	－2 735	501
615	879 265	608	293 758
8 463	5 176	3 619	－9 752
537	815	－39 807	103
7 639	6 274	216	－8 912
403		－1 524	765

（20）546 × 0.637 =

（21）634.39 ÷ 70.4 =

（23）81.02 × 76.1 =

（24）263.54 ÷ 146 =

（26）93 × 1 058 =

（27）21 312 ÷ 296 =

（29）412 × 2 062 =

（30）163 186 ÷ 278 =

珠算技术等级普通级 6－4 级（五）（正面）

（限时 20 分钟，乘除算小数要求保留两位，以下四舍五入）

（一）	（二）	（三）	（四）	（五）	（六）
6 435	968	587	5 426	461 204	467
586	6 417	70 264	582	653	1 027
70 965	129 657	8 296	6 837	－82 037	－945
401	724	763 412	304	541	58 013
9 108	5 019	807	961 435	－7 123	－406
871	494	3 802	2 369	6 908	5 638
702 569	821	586	701	109	761 392
243	6 240	580 192	57 019	－8 745	5 143
4 120	63 958	536	961	59 302	－907
87 394	4 839	8 019	8 240	－678	6 082
378	370 182	364	790 426	7 243	491
2 013	709	5 938	4 195	619 534	－82 370
396 257	3 562	19 402	258	204	258
724	751	104	90 873	－7 958	－369 547
5 619	80 397	6 547	149	321	7 103

(7)4 053 ×75 =　　(8)24 ×6 084 =　　(9)6 290 ×31 =

(10)4 261 ×37 =　　(11)64 ×1 782 =　　(12)608 ×973 =

(13)3 066 ÷21 =　　(14)15 753 ÷267 =　　(15)18 537 ÷37 =1

(16)11 919 ÷87 =　　(17)7 902 ÷439 =　　(18)24 886 ÷541 =

珠算技术等级普通级 6－4 级（五）（反面）

（限时 20 分钟，乘除算小数要求保留两位，以下四舍五入）

（十九）	（二十二）	（二十五）	（二十八）
70 194	9 702	62 947	8 067
832	－618	－850	382
6 582	68 504	1 625	64 894
870	－8 413	627 862	35 179
432 901	209	－3 786	4 208
6 057	－29 107	401	750
186	634	6 018	906 861
5 374	19 586	－973	231
489	748	107	3 597
10 756	－6 012	－475 603	402
512	958	150	346
3 249	362 547	－2 439	7 952
967	3 961	63 201	329 175
910 328	457	1 807	418
3 645	－5 013	516	8 620

（20）768 × 0.482 =　　　　（26）93 × 4 601 =

（21）392.45 ÷ 416 =　　　　（27）10 441 ÷ 197

（23）314.8 × 4.32 =　　　　（29）327 × 1 976 =

（24）7.4089 ÷ 4.58 =　　　　（30）41 623 ÷ 107 =

珠算技术等级普通级6－4级（六）（正面）

（限时20分钟,乘除算小数要求保留两位,以下四舍五入）

（一）	（二）	（三）	（四）	（五）	（六）
6 720	4 039	219 845	52 019	216	730 125
382	57 381	3 406	436	73 839	－964
8 154	2 752	701	9 253	－2 820	6 012
482	824	2 489	467 108	105	987
806 715	519 097	72 065	975	5 691	－53 618
3 219	406	3 654	2 019	753	407
27 563	6 598	765	417	－9 761	－9 543
871	310	8 139	608 393	428 120	296
109 720	721 043	910	895	－409	－7 423
852	8 367	2 387	7 426	506 783	108
18 964	408	873	516	217	573 124
8 927	2 926	19 206	4 302	－3 456	8 069
609	12 574	589	79 036	694	65 023
4 923	936	401 327	481	7 309	－9 574
509	621	465	5 827	－84 342	187

(7)8 047×42＝　　(8)56×2 187＝　　(9)4 208×95＝

(10)1 726×67＝　　(11)73×4 806＝　　(12)536×157＝

(13)10 112÷32＝　　(14)33 603÷487　　(15)34 290÷45＝

(16)11 448÷36＝　　(17)9 175÷367＝　　(18)24 983÷301＝

珠算技术等级普通级 6－4 级（六）（反面）

（限时 20 分钟，乘除算小数要求保留两位，以下四舍五入）

（十九）	（二十二）	（二十五）	（二十八）
759	347 807	47 534	15 628
402 581	－4 253	698	709
5 328	192 859	6 279	－3 957
473	715	827	746
96 245	－36 058	3 180	－401 687
876	981	451	523
237 560	－8 926	409 047	－8 245
4 718	430	9 865	－69 103
689	－1 482	470	7 023
9 150	267	2 630	519
907	6 029	516	643 125
3 419	906	159 051	8 097
680	95 374	36 092	－926
64 032	－5 130	531	－8 014
2 150	－435	1 329	473

(20) 73.9 × 1.57 =

(21) 985.12 ÷ 678 =

(23) 1 608 × 0.239 =

(24) 705.61 ÷ 97.1 =

(26) 57 × 6 803 =

(27) 20 988 ÷ 396 =

(29) 872 × 1 507 =

(30) 58 876 ÷ 164 =

珠算技术等级普通级6－4级（七）（正面）

（限时20分钟，乘除算小数要求保留两位，以下四舍五入）

（一）	（二）	（三）	（四）	（五）	（六）
8 394	8 419	413 845	5 416	387 312	128 789
158	384	9 406	205	783	940
6 482	70 283	701	4 837	－8 059	－9 458
740	952	2 489	721 649	432	163
806 720	5 713	72 065	649	5 168	5 351
3 215	874	3 654	21 768	－ 310	－ 132
27 852	368 521	165	870	2 951	2 978
519	3 046	2 387	6 405	17 312	40 217
108 763	239	910	982	－3 560	－3 560
904	6 049	8 765	3 051	694	694
19 571	960	265	742	240 978	285 796
3 609	1 475	19 406	35 120	－17 342	－17 312
423	836	873	492	807	842
4 536	704 185	201 327	1 869	－5 796	－7 364
609	65 032	589	610 983	674	670

（7）3 217×73＝　　（8）86×7 602＝　　（9）2 309×18＝

（10）6 208×42＝　　（11）34×5 187＝　　（12）318×649＝

（13）2 691÷13＝　　（14）15 732÷342＝　　（15）3 906÷31＝

（16）14 579÷61＝　　（17）45 216÷471＝　　（18）369 240÷408＝

珠算技术等级普通级 6－4 级（七）（反面）

（限时 20 分钟，乘除算小数要求保留两位，以下四舍五入）

（十九）	（二十二）	（二十五）	（二十八）
8 012	9 507	46 531	58 463
859	602	539	958
410 325	58 346	6 092	－9 120
7 346	7 419	630	－31 416
43 879	523	3 416	876
652	80 375	860	8 604
792 436	402	409 185	392
697	418 037	516	513 745
9 607	596	470	236
8 015	9 623	9 051	－7 470
812	547	451	924
4 059	257 198	152 279	8 067
608	2 436	31 827	258
93 412	319	324	390 152
735	8 450	7 698	－701

(20)673 ×0.495 =

(21)138.06 ÷48.2 =

(23)214.8 ×4.89 =

(24)6.9156 ÷8.43 =

(26)74 ×8 205 =

(27)16 008 ÷276 =

(29)487 ×8 916 =

(30)213.368 ÷298 =

珠算技术等级普通级6-4级(八)(正面)

(限时20分钟,乘除算小数要求保留两位,以下四舍五入)

(一)	(二)	(三)	(四)	(五)	(六)
7 514	3 256	4 250	4 273	309	916 073
495	419	940	685	72 309	-4 804
6 821	46 250	1 097	7 036	-3 120	975
605	732	145	159	805	-9 158
345 287	3 912	263 524	207 159	5 783	207
3 809	128	3 609	6 295	761	2 354
482	764 529	837	958	-8 420	529 683
62 091	9 008	1 968	4 281	129 791	460
709 467	549	724	95 061	- 217	-42 806
218	1 760	73 592	4 309	406 183	7 219
1 074	475	6 137	146	709	- 615
392	8 923	21	20 347	-3 845	37 846
83 615	136	907 365	621	694	781
535	305 136	53 510	873 910	7 456	-3 501
7 423	64 708	862	538	84 216	967

(7)7 208×34 =　　(8)25×6 473 =　　(9)6 079×31 =

(10)4 361×75 =　　(11)36×5 473 =　　(12)416×175 =

(13)5 166÷41 =　　(14)22 536÷327 =　　(15)37 882÷47 =

(16)13 973÷89 =　　(17)12 292÷439 =　　(18)79 398÷401 =

珠算技术等级普通级6－4级（八）（反面）

（限时20分钟，乘除算小数要求保留两位，以下四舍五入）

（十九）	（二十二）	（二十五）	（二十八）
2 436	192 859	41 692	48 125
652	－4 253	579	729
419 607	347 807	9 865	－3 609
8 512	715	234	728
43 658	－68 426	3 047	601 245
325	458	170	603
790 879	－6 031	406 827	－9 187
608	982	8 451	－68 523
8 735	－1 006	580	7 023
7 012	920	2 651	519
459	6 489	429	215 026
4 608	274	159 031	3 026
712	37 910	37 098	－ 914
93 697	5 137	316	－8 097
435	－ 365	6 530	473

（20）723×0.469＝

（21）875.94÷628＝

（23）314.8×5.17＝

（24）7.8496÷4.65＝

（26）72×4 906＝

（27）10 578÷123＝

（29）289×1 567＝

（30）20 223÷189＝

珠算技术等级普通级6－4级（九）（正面）

（限时20分钟，乘除算小数要求保留两位，以下四舍五入）

（一）	（二）	（三）	（四）	（五）	（六）
4 874	60 324	35 978	37 804	361 879	67 298
513	586	294	192	204	－683
96 120	8 270	7 031	5 173	－92 109	3 954
471	917	420 817	968	258	306
9 243	5 147	563	208 754	－4 367	－48 219
386	612	8 179	602	8 409	734
702 168	719 462	271	1 809	467	－7 018
539	934	468 059	80 931	－5 812	702
6 257	4 893	201	2 467	40 587	－6 318
87 465	56 178	5 604	547	－397	529
398	391	837	263 419	6 031	693 014
2 619	5 086	2 394	3 169	386 152	4 207
370 924	2 409	53 605	567	301	41 275
701	513	968	4 503	－9 567	－8 135
5 683	708 935	7 214	248	245	659

(7)5416×27＝146 232　　(8)64×2 098＝　　(9)6 487×52＝

(10)1892×51＝96 492　　(11)54×1 907＝　　(12)134×569＝

(13)23 688÷42＝564　　(14)26 854÷463＝　　(15)12 366÷27＝

(16)10 449÷81＝129　　(17)37 914÷426＝　　(18)141 148÷381＝

珠算技术等级普通级 6－4 级（九）（反面）

（限时 20 分钟，乘除算小数要求保留两位，以下四舍五入）

（十九）	（二十二）	（二十五）	（二十八）
10 912	798	31 647	857
149	134 729	－816	37 068
6 028	1 650	5 103	－8 475
957	87 356	802 635	213 906
410 875	901	524	809
6 284	6 054	－2 137	5 426
172	127	917	－423
5 340	532	403 798	592 703
459	408 697	658	113
32 786	240	－2 493	－5 706
594	4 783	945	947
3 567	306	8 924	8 312
582	9 485	－69 507	－46 857
970 386	17 524	805	301
3 657	8 269	－9 216	－5 249

（20）140.6 × 35.7 =

（21）162.75 ÷ 43.8 =

（23）39.64 × 28.5 =

（24）9.0307 ÷ 8.62 =

（26）65 × 7 069 =

（27）100 584 ÷ 381 =

（29）562 × 1 308 =

（30）128 436 ÷ 924 =

珠算技术等级普通级6－4级（十）（正面）

（限时20分钟，乘除算小数要求保留两位，以下四舍五入）

（一）	（二）	（三）	（四）	（五）	（六）
45 072	892	5 048	594	390 587	163 204
615	7 013	716 283	607 519	258	－87 908
8 631	20 758	894	2 738	86 179	623
504	9 718	32 467	48 061	267	－2 041
531 893	697	301	912	－4 309	298
4 318	46 258	9 026	5 302	8 512	6 153
972	3 764	832	276	467	718
9 240	803	1 587	643	－5 831	－8 209
789	294 301	625 970	264 895	61 852	57 302
95 381	415	9 736	510	－304	－645
906	1 569	539	4 839	6 497	9 278
7 842	284	91 401	785	342 109	619 534
610	730 531	708	6 047	341	643
652 027	268	5 214	21 308	－9 067	－7 109
4 328	6 054	645	6 139	205	985

（7）4 087 ×63 =　　（8）29 ×6 517 =3　　（9）3 427 ×67 =

（10）1 647 ×38 =　　（11）64 ×9 308 =　　（12）814 ×402 =

（13）42 177 ÷51 =　　（14）20 746 ÷506 =　　（15）15 042 ÷46 =

（16）15 392 ÷74 =　　（17）119 012 ÷194 =　　（18）53 244 ÷493 =

珠算技术等级普通级6－4级（十）（反面）

（限时20分钟，乘除算小数要求保留两位，以下四舍五入）

（十九）	（二十二）	（二十五）	（二十八）
692	512 608	63 958	69 807
7 523	－980	－973	－824
615	6 713	1 439	5 197
3 805	7 421	627 503	803 657
709 435	312	－8 029	513
6 485	－6 912	716	－2 436
867	508	6 481	918
61 075	20 759	－947	402 735
349 748	206	108	608
467	－438 275	－465 802	－2 193
2 409	964	825	647
321	－4 835	－3 261	8 524
83 690	70 189	72 650	－31 905
514	－654	3 150	416
7 218	3 608	697	－9 207

(20) $5.24 \times 3.68 =$

(21) $632.85 \div 274 = 2$

(23) $16.05 \times 43.2 =$

(24) $97.34 \div 20.9$

(26) $84 \times 3\ 019 =$

(27) $53\ 802 \div 854 =$

(29) $273 \times 1\ 864 =$

(30) $71.424 \div 186 =$

珠算技术等级普通级3-1级（十一）（正面）

（限时20分钟，乘除算小数要求保留两位，以下四舍五入）

（一）	（二）	（三）	（四）	（五）	（六）
497 806	6 321	42 156 073	192.78	17.64	37 582.14
8 526 913	803 416	5 768	5 830.52	502.89	-2 703.48
7 325	51 264 309	-167 385	83 931.52	7 201.63	17.35
48 197	5 809 376	4 267 593	57.93	457 230.48	320 587.61
24 897 213	47 825	-721 405	748 931.42	64 082.51	708.53
320 578	72 314	4 027	30.26	3 508.72	-5 408.29
81 675 429	409 851	-84 931	437.93	41.85	402 971.65
2 165	92 518 694	60 518 237	28 172.99	245 731.52	-540.98
1 459 306	8 104 738	-9 147 260	603 178.42	860.31	38.06
29 054	78 021	21 508	3 927.45	79 025	71 601.89
87 568 019	60 439	71 349 182	696.35	48.27	-8 072.43
1 305	43 267 018	4 851	2 840.74	6 292.03	408.29
529 164	1 067 594	-604 738	35 160.84	560.24	867 093.52
4 973 569	921 638	8 421 356	798 042.15	680 124.67	-64 382.16
62 487	2 061	42 908	23.61	63 915.72	86.35

(7) 6 142 × 7 054 =　　(8) 2 497 × 5 681 =　　(9) 97.02 × 547.3 =

(10) 4 286 × 5 791 =　　(11) 153.16 × 4 093.2 =　　(12) 753.08 × 581.6 =

(13) 1 985 245 ÷ 283 =　　(14) 3 084.62 ÷ 48.3 =　　(15) 9.1802 ÷ 0.564 =

(16) 2 691 808 ÷ 394 =　　(17) 1 983 628 ÷ 527 =　　(18) 1 331 406 ÷ 8 702 =

珠算技术等级普通级 3－1 级（十一）（反面）

（限时 20 分钟，乘除算小数要求保留两位，以下四舍五入）

（十九）	（二十二）	（二十五）	（二十八）
214.05	871 247	29 814.60	548 612
649 205.48	8 549	－873.46	79 824
84.57	－301 657	89.37	5 036
735 018.62	64 309	789 310.59	25 702 189
4 801.59	4 807 236	－2 306.18	5 703 413
7 350.18	－827 960	502.76	86 302 974
58 412.97	8 327	894 706.12	7 539
14.26	－69 501	－4 154.68	7 306 852
423.18	97 410 531	43.06	21,753
354 783.87	－8 452 083	64 189.53	567 201
7 831.94	10 235	－9 875.60	1 802
27 146.90	19 574 862	679.43	201 647
581.64	4 169	489 312.56	8 510 783
123 870.53	－508 716	－405 716.92	50 971
48.73	2 574 081	57.24	25 736 920

(20)64.57×4 062.8＝

(26)508.2×34.91＝

(21)4 137×8 962＝

(27)17 205×5 134＝

(23)43 011.85÷24 706＝

(29)24 947.8÷136＝

(24)324 995.1÷85 607＝

(30)18 754 176÷672＝

第五章　点钞和验钞技能

由国家统一发行过的纸币，统称为钞。宋代开始发行纸币，称交子、钱引及会子。钞则为凭证文券的名称。金初使用辽、宋旧钱，贞元二年开始发行纸币，称交钞，与钱并行流通。元中统元年十月，发行中统元宝交钞，简称中统宝钞或中统钞，不限年月通用，与银并行流转。正式的钞是中国元朝时期由元政府发行并且广泛流通的纸币。

点钞，是点纸币的一种俗称。是指按照一定的方法查清票币的数额，即整理、清点票币，使进出钞票的数量和质量得到保证，是手、脑、眼三合一清点现钞的操作技巧。我国有运用纸币进行商品交易的传统习惯，是世界上纸币最大的流通国之一，因而纸币的清点速度对我国各行业的发展都具有重要意义，对于为社会经济提供信用中介、支付中介以及银行来说尤其重要。纸币清点是一项经常的、大量的、技术性很强的工作，掌握正确的点钞方法与技巧是从事财会、金融、商品经营等工作的人员必须具备的基本技能，也是正确、快速完成本职工作的基础。

第一节　点钞技术

一、点钞技术的产生和发展

点钞技术是随着纸币的产生而产生的。纸币发行后，点钞技术开始在银行兴起。点钞技术随着纸币的产生和金融事业的发展而发展。银行现金业务的与日俱增，为点钞技术的发展开辟了广阔的天地，各种点钞方法随之相继出现。到20世纪80年代，已逐步形成具有银行特点的点钞方法。

二、点钞技术的分类

点钞方法是相当多的，概括而言，可以划分为手工点钞和机器点钞两大类。对于手工点钞，根据持票姿势不同，又可划分为手按式点钞方法和手持按式点钞方法。手按式点钞方法，是将钞票放在台面上操作；手持式点钞方法是在手按式点钞方法的基础上发展而来的，其速度远比手按式点钞方法快，因此，手持式点钞方法在全国各地应用比较普遍。手持式点钞方法，根据指法不同主要可分为：单指单张、单指多张、多指多张、扇面式点钞等4种，其中单指单张法是手工点钞中最常用的一种方法。

三、手工点钞的基本要领和步骤

（一）手工点钞的基本要领

现金管理人员在办理现金的收付与整点时，要做到准、快、好。“准”就是钞券清点不错不乱，准确无误；“快”，是指在准的前提下，加快点钞速度，提高工作效率；“好”，就是清点的钞券要符合“五好”钱捆的要求，即点准、挑净、墩齐、捆紧、盖章清楚。“准”是做好现金收复和整点工作的基础和前提，“快”和“好”是银行加速货币流通、提高服务质量的必要条件。

学习点钞，首先要掌握基本要领，大致可概括为以下几点：

1. 操作定型，用品定位：点钞时使用的印泥、图章、水盒、腰条等要按使用顺序固定位置放好，以便点钞时使用顺手。

2. 坐姿端正，肌肉放松：点钞的坐姿会直接影响点钞技术的发挥和提高。正确的坐姿应该是直腰挺胸（不要紧靠桌沿），身体自然，肌肉放松，两腿分开与肩膀相近，双肘自然放在桌上，持票的左手腕部接触桌面，右手腕部稍抬起。点钞时，两手各部位肌肉要放松，否则会使手指僵硬，动作不准确，既影响点钞速度，又消耗体力。

3. 钞票墩齐：需清点的钞券必须清理整齐、平直。这是点准钞券的前提，钞券不齐不易点准。对折角、弯折、揉搓过的钞券要将其弄直、抹平，明显破裂、质软的票子要先挑出来。清理好后，将钞券在桌面上墩齐。

4. 开扇均匀：使用各种点钞方法时，都应将钞券打开成微扇形或坡形，便于捻动并可防止夹张，能提高点钞的速度和准确性。

5. 手指触面要小：手工点钞时，捻钞的手指与钞券的接触面要小。如果手指接触面大，手指往返动作的幅度随之增大，从而使手指频率减慢，影响点钞速度。

6. 点数准确：点钞技术关键是一个“准”字，清点和记数的准确是点钞的基本要求。点钞准确一要精神集中，二要定型操作，三要手点、脑记，手、眼、脑紧密配合。

7. 扎把捆紧，盖章清晰：钞票点好后必须墩齐才能扎把。扎小把，以提起把中第一张票币不被抽出为准。按“#”字形捆扎的大捆，以用力推不变形，抽不出票把为准。腰条上的名章，是分清责任的标志，每个人整点后都要盖章，图章要清晰可辨。

8. 动作连贯：点钞时各个动作之间相互连贯是加快点钞速度的必要条件之一。动作要连贯包括两方面的要求：一是指点钞过程的各个环节（拆把、清点、墩齐、扎把、盖章）必须密切配合，环环扣紧；二是指清点时的各个动作要连贯，即第一组动作和第二组动作之间，要尽量动作迅速，不留空隙时间，当第一组的最后一个动作即将完毕时，第二组动作要迅速跟上。这就要求在清点时双手动作要协调，清点动作要均匀，切忌忽快忽慢、忽多忽少。另外在清点中尽量减少不必要的小动作、假动作，以免影响动作的连贯性和点钞速度。

（二）手工点钞的基本步骤

点钞是一个从拆把开始到扎把盖章为止这样一个连续、完整的过程。一般包括拆把、点数、扎把、盖章等环节。要加速点钞速度，提高点钞水平，就必须把各个环节的工作都做好。

1. 拆把持钞

把待点的成把钞票的腰条拆掉，同时做好点数的准备。拆把时可将腰条纸脱去，保持其原状，也可将腰条纸用手指勾断。持钞速度的快慢、姿势是否正确，也会影响点钞速度。一般左手持钞，持钞的姿势因点钞方法的不同而不同。

2. 点数

点数是点钞的关键环节。手中点钞，脑中记数，点准 100 张钞票。点钞时的指法因点钞方法的不同而不同。

在清点过程中，需将损伤券按规定标准剔出，以保持流通中票面的整洁。如该把钞券中夹杂着其它版面的钞券，应将其挑出。

在点钞过程中如发现差错，应将差错情况记录在原腰条纸上，并把原腰条纸放在钞券上面一起扎把，不得将其扔掉，以便事后查明原因，另作处理。

3. 记数

即记录已清点完毕的钞票数。在清点准确的基础上，必须做到记数准确。

4. 墩齐

扎把前把点准的100张的钞票墩齐，要求四条边水平，不露头且不呈梯形错开，卷角应拉平。墩齐时，双手松拢，先将钞券竖起来，双手将钞券捏成瓦形在桌面上墩齐，然后将钞券横立并将其捏成瓦形在桌面上墩齐。

5. 扎把

把点准的钞券墩齐后，要扎好腰条。腰条纸要求扎在钞券的二分之一处，左右偏差不得超过二公分，同时要求扎紧，以提起第一张钞券不被人抽出为准。

6. 盖章

在腰条上加盖经办人名章，以明确责任。盖章要先轻后重，字迹清晰。

四、手工点钞方法

（一）手持式点钞法

手持式点钞法是将钞券拿在手上进行清点的点钞方法。手持式点钞方法一般有手持式单指单张点钞法、手持式单指多张点钞法、手持式多指多张点钞法等多种方法。

1. 手持式单指单张点钞法

用一个手指一次点一张的方法叫单指单张点钞法，这是点钞中最常用的一种方法。这种点钞法使用范围较广，频率较高，可用于收款、付款和整点各种新旧、大小钞票。它的操作方法如下：

（1）拆把持钞

拆把的方法有两种。第一种方法是：左手横执钞券，正面朝向身体，左手拇指在钞券正面的左端中央，约占全票的四分之一处，食指和中指在钞券背面与拇指同时捏住钞券，无名指和小指自然弯曲；捏起钞券后，无名指和小指伸向钞券正面压住左下方，与中指夹紧钞券；食指伸直，拇指向上移动，按住钞券的侧面将钞券压成瓦形，并使左手手心向下，然后用右手脱去钞券上的腰条。同时左手将钞券从桌面上轻轻擦过，钞券翻转，拇指借用桌面的擦力将钞券向上翻成微开的扇形，并斜对自己面前。右手的拇指、食指、中指沾水做点钞准备。从上面可以看出，这种拆把方法不撕断腰条，便于保留原腰条查看图章。这种拆把方法通常用于初点现金。

第二种拆把方法是：右手在钞券右端横执钞券，背面朝着身体，用左手的中指和无名指夹住钞券的左端中间，钞券上的中指和券下的无名指、小指自然弯曲，食指伸直。拇指扶在钞券的左下边沿约三分之一处，并将钞券翻起成瓦形，此时用食指勾住腰条将其划破，抬起食指使腰条自然落在桌面上，食指伸直。此时将钞券置于身前桌上，再用左手拇指按住钞券边沿向外推成微开的扇形，食指在扇形钞券后面伸直支撑钞券，右手拇指、食指、中指沾水作点钞准备。这种拆把方法通常适用于复点现金。

（2）清点

拆把后用右手拇指放在钞券正面的右上角，逐张向下捻动钞券，食指在钞券背面托住右上角，配合拇指捻动钞券。捻动时，用右手拇指的指尖捻动钞券，拇指不要抬得过高，动作不要太大，捻的幅度要小要轻。此时左手拇指也要配合动作，不要捏的太紧，配合右手起自然助推的作用。捻下来的钞券用无名指往怀里方向弹，注意轻点快弹。右手中指翘起沾水备用，在清点中拇指水用完可向中指沾水一下，即可点完一百张钞券。清点过程中要注意不得随意晃动身体，要注意姿势，身体挺直，眼睛和钞券保持一定距离，两手肘部放在桌面上。

（3）记数

在点钞的同时要记数。单指单张每次只捻一张钞券，记数也是一张一张的记，即从 1 到 100，这样往往会影响点钞的速度，因此还可以采用另一种方法——分组记数法。把 10 当做 1 记，即 1、2、3、4、5、6、7、8、9、1（即 10），1、2、3、4、5、6、7、8、9、2（即 20），以此类推，直到 1、2、3、4、5、6、7、8、9、10（即 100），分十组来记，既简单又快捷。在点钞记数时，切忌不要念出声，要用心记。做到脑、眼、手密切配合。

（4）挑残破票

清点过程中发现残破票，为了不影响点钞速度，点钞时不要急于抽出残破票，只要用右手中指、无名指夹住残破票将其折向外边，待点完后再将残破票补上完整票。如图 5－1 所示。

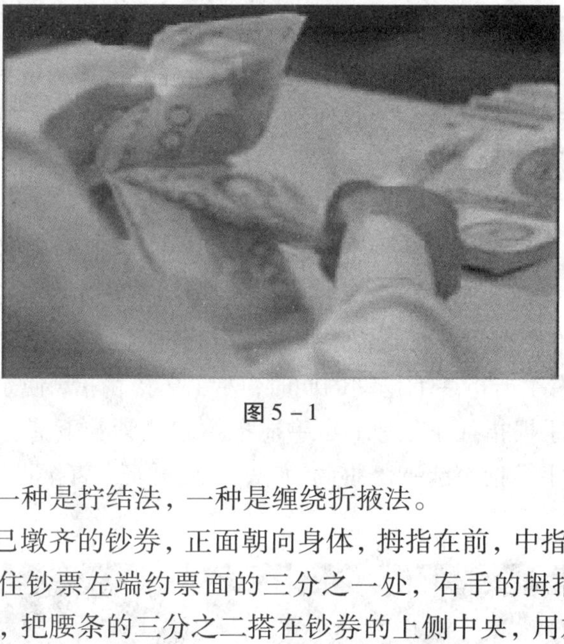

图 5－1

（5）扎把

扎把有两种方法，一种是拧结法，一种是缠绕折掖法。

拧结法，左手横执已墩齐的钞券，正面朝向身体，拇指在前，中指、无名指、小指在后，食指在钞票上侧伸直。捏住钞票左端约票面的三分之一处，右手的拇指与食指、中指取腰条，拿住腰条的三分之一处，把腰条的三分之二搭在钞券的上侧中央，用左手食指压住腰条，使腰条较短一端在钞券的背面，较长一端在钞券的前面，用拇指和中指捏住腰条长的一端往下绕半圈，用食指去勾住短的那段腰条，使腰条的两端在钞券的后面中间合拢捏紧，然后用左手稍用力握住钞券的正面（中指、无名指、小指在外侧，拇指在里侧，食指伸直扶在钞券上半部），捏成斜瓦形，左手腕向外转动，右手捏住腰条向内转动，随后双腕还原的同时将右手中的腰条拧成半径，用食指将腰条掖在斜瓦里，使腰条卡在下部，这种方法又快又紧但建议使用韧性较好的腰条。

缠绕折掖法，将墩齐的钞券横执，左手拇指在票前，中指、无名指在票后，捏住钞券三分之一处，食指在钞券上侧，把钞券中间分开一条缝，右手将腰条一端插入缝内，然后由内向外缠绕两圈，将腰条一端留在票面上部，用右手食指和拇指捏住腰条向右折掖在钞券正面上侧。

(6)盖章

每点完一把钞票，扎把后都要盖上图章，图章盖在钞票的上侧腰条上。如图5－2所示。

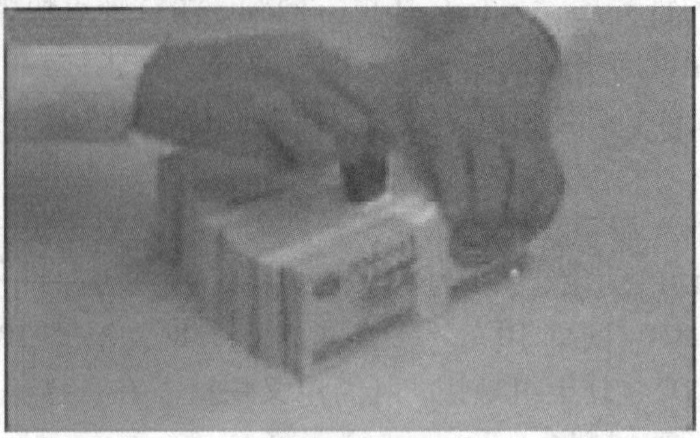

图5－2

这种点钞方法的优点是，由于持票面积小，清点钞券时能看到票面的四分之三，逐张捻动手感强，容易发现假票和残破票。缺点是点一张记一个数，比较费力。

2. 手持式单指多张法

手持式单指多张法是在手持式单指单张点钞法的基础上发展为单指可点两张或两张以上的点钞法，目前有人做到了一指可点7张。它适用于收款、付款和各种券别的整点工作。

这种点钞方法，除了清点、记数外，其他均与手持式单指单张点钞法相同，只是持钞时钞券的倾斜度稍大点。

(1)清点

清点时，右手拇指肚放在钞券的右上角，指尖略超出票面，食指放在钞券背面的右上角，用拇指肚先捻钞。点双张时，拇指肚捻第一张，拇指尖往下捻第二张；点三张及以上时，拇指用力要均衡，捻的幅度不要太大，食指、中指在票后配合拇指捻动，无名指将捻下的钞券向怀里弹，弹的速度要快。在右手拇指往下捻动的同时，左手拇指稍抬，使票面拱起，从侧边分层错开，以便看清张数，左手拇指往下拨钞，右手拇指抬起让钞券下落，左手拇指在拨钞的同时按下其余钞票，左右两手拇指一起一落协调动作，如此循环，直至点完。如图5－3、图5－4、图5－5所示。

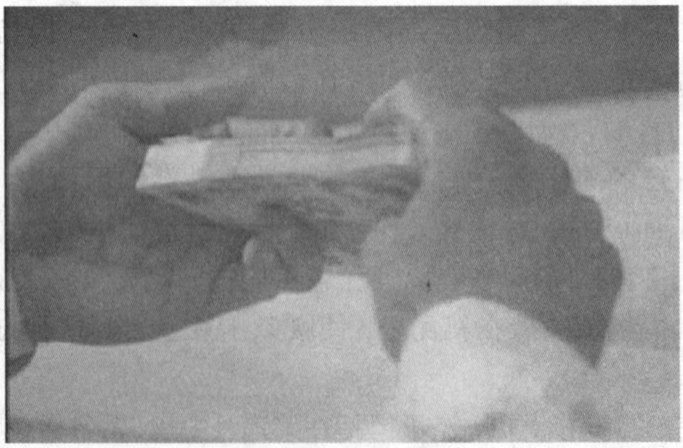

图5－3

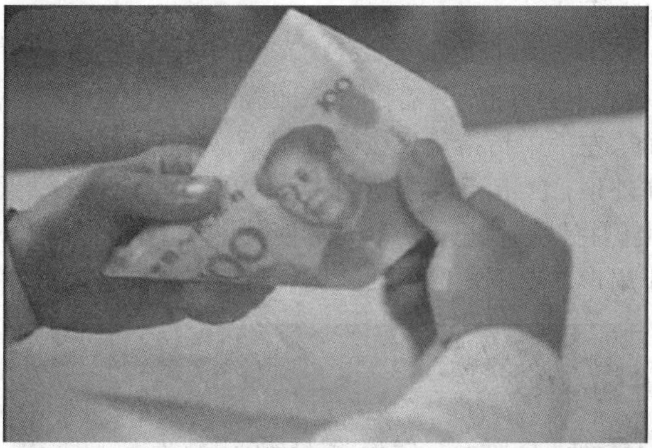

图5-4

图5-5

(2)记数

采用分组记数法，以每次点的张数为组记数。如:点双数，两张为一组记一个数，50组就是100张;点三张，即三张为一组记一个数，点33次余1张,即是100张。如点四张至七张以上者均以此方法计算。

这种点钞方法的优点是效率高，记数简单省力。但是也有缺点，就是由于一指一次捻下几张钞券，不能看到中间几张的全部票面，因此不易发现假钞和残破钞。

3. 手持式多指多张法

多指多张点钞法是通过两个以上手指，按照一定的方法顺次捻动票币，对钞券进行点数的方法。手持式多指多张点钞法，具有效率高、速度快、记数省力等优点，操作时主要用手指关节活动,动作范围小,因此还可以减轻劳动强度。适用于收、付款和整点工作，特别是清点整把钞票及复点和竞赛。主要有四指四张法和五指五张法等。其中四指四张点钞法是一种应用广泛、点钞轻松、记数方便、速度快捷，而又非常适合柜面收付业务的点钞方法。

但由于多指点钞法手持票币的特点，使得在点钞时，看到票币的面积小，不利于在点数时进行挑残，因此不适宜整点残破票较多的钞券。

(1)手持式四指四张法

①拆把持钞

采用此法，清点前可先不必拆把，只需将腰条纸挪到钞票左方四分之一处就可以开始清点。

将钞票横立于桌面，左手中指指背顶住钞票正面，食指、无名指、小指带住钞票背面，将钞票夹紧，并用中指往外顶，食指、无名指及小指将钞票往里压，将钞票压成U型。此时要注意食指和拇指要从右上侧将钞票往里下方轻压，使其呈现微开的扇形。然后左手带钞向左外方翻开，右手拇指放于扇形钞票下角的下面，其余四指在上准备清点。如图5－6所示。

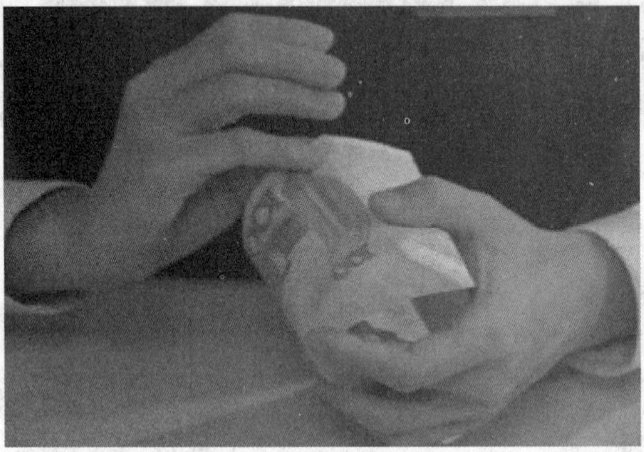

图5－6

②清点

右手腕稍抬，拇指放在钞票下面，其余四指在票上方同时并拢弯曲，从小指开始顺次向右滑动与拇指摩擦并捻动钞票，每指捻动一张钞票，每一轮捻下四张钞票，循环操作，直至点完100张。如图5－7所示。

图5－7

③记数

采用分组记数法。每四张为一组，记一个数。记满25组为100张。

采用此法点钞时应注意以下几个问题：

①拨票时,要充分使手指关节活动,尽量减少腕力动作，减轻劳动强度；

②左手拇指和三指夹住钞票两侧时,必须松紧适当,以免票币脱落或不易拨下；

③拨票时注意力应集中在钞票的右上角,这样可以看到票面的1/2,便于看出残破券、双张和拨空等。

(2)手持式五指五张法

①持钞

将钞票横立于桌面，左手无名指、小指夹住钞票左下方，用拇指和中指夹住钞票上下边沿，食指抵住钞票，翻转钞票并使其右端向上，右手五指沾水准备点钞。

②清点

从拇指开始依次用右手五指从右上角将钞票逐张向怀里方向拨动，直至小指收尾为止。每指拨一张，一次为五张。

③记数

采用分组记数法。每五张为一组，记一个数。记满20组为100张。

4. 扇面点钞法

此法是指将钞票捻成扇面状进行清点。这种点钞方法速度快，是手工点钞中效率最高的一种，但是由于开扇的特殊性，该法只适合清点新票币。而且清点票币时往往只看到票边，可见的票面面积小，因而不便于不利于在点数时进行挑残和鉴别假币。操作步骤如下：

①持钞

钞票竖拿，左手拇指放在钞票下方四分之一处的中心，使钞票左下角与掌心保持一定距离，食指、中指在票后与拇指一起捏住钞票，无名指、小指弯曲靠向手心。右手拇指在左手拇指的上端其余四指置于钞票背面，握住钞票，做好开扇准备。如图5－8所示。

图5－8

②开扇

开扇是扇面点钞最关键的环节，也称打扇面。扇面开的要均匀，否则将直接影响点钞的准确性。开扇的方法:以左手拇指为轴，在持票的原位置上将钞票向外推，右手食指将钞票向左下方压(向身体方向)，将压弯的钞票向左上方推起;食指、中指向左捻动，此时左手拇指必须配合右手动作;这样反复操作，右手拇指逐次由中部向下移动,移至右下角时即可将钞票推成扇面形,然后用两手捧住钞票将不均匀的地方抖开(钞票左半部向左方抖,右半部向右方抖)。打扇面时,应注意两手一定要配合协调，不要将钞票捏得过紧。如图5－9所示。

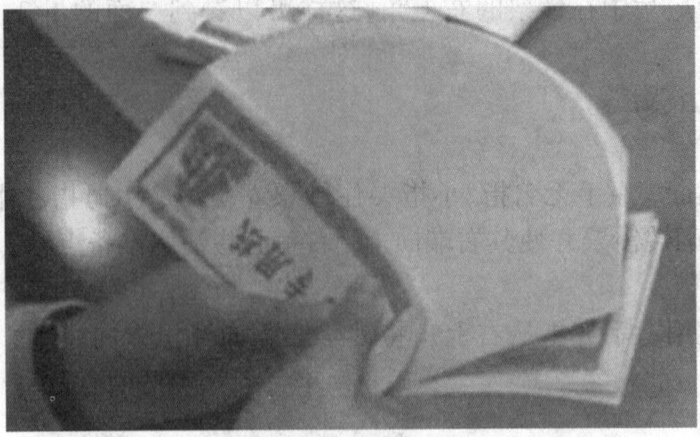

图 5 – 9

③点数

左手持扇面，右手中指、无名指、小指托住钞票背面，用拇指一次向下按 5 张或者 10 张，按下后用食指压住，拇指继续向前按第二次，以此类推。同时左手应随着点数的速度，以腕为轴微转扇面，适应右手点数位置。需注意的是按时不要用力过大，按的部位是在钞票的右上端，离右上角一厘米左右。如图 5 – 10 所示。

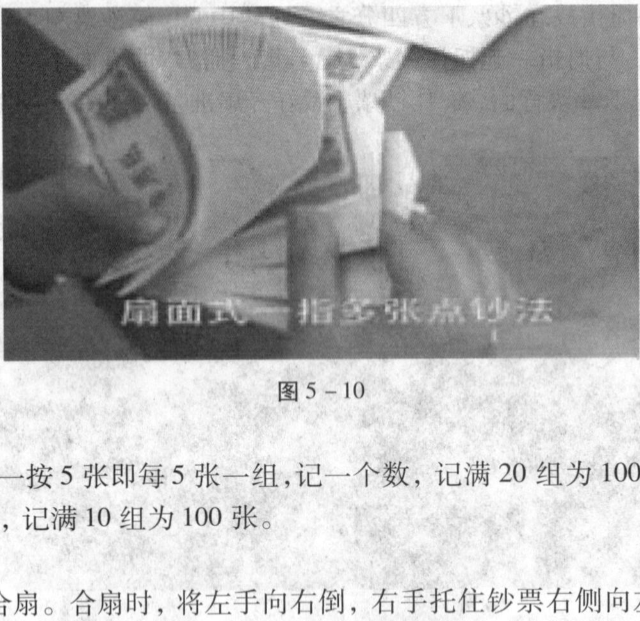

图 5 – 10

④记数

用分组记数法，一按 5 张即每 5 张一组，记一个数，记满 20 组为 100 张；一按 10 张即 10 张为一组，记一个数，记满 10 组为 100 张。

⑤合扇

清点完毕即可合扇。合扇时，将左手向右倒，右手托住钞票右侧向左合拢，左右手一起往中间稍用力，使钞票竖立在桌面，两手松拢轻墩，墩齐后即可扎把。

(二) 手按式点钞法

手按式点钞法是将钞票平放在桌面上进行清点的方法。一般可分为单指点钞、双张点钞、多指多张捻动点钞、三指拨动点钞、多指推动点钞等。

1. 手按式单指单张点钞法

手按式单指单张点钞法是一种传统的点钞方法，适用于收、付款和整点各种钞票。此法的优点是看到的票面较大，便于挑剔残破票和发现假票；缺点是在速度上比手持式单张点钞法慢些，劳动强度相对来说也大些。

(1)拆把置钞

钞票横置于桌面，正对自己。左手无名指、小指微弯按住钞票左上角，约占票面三分之一处，食指伸向腰条纸并将其勾断，拇指、食指和中指微弯做好点钞准备。

(2)清点

左手无名指、小指按住钞票左上角，右手拇指托起右下角部分钞票。用右手食指捻动钞票，其余手指自然弯曲。每捻起一张，左手拇指即往上推动送到食指、中指之间夹住，即完成了一次点钞动作，以后依次连续操作。

用此法清点时，应注意右手拇指托起的钞票不要太多，否则会使食指捻动困难，也不宜太少，太少会增加拇指活动次数，以至影响清点速度。一般一次以20张左右为宜。

(3)记数

记数方法与手持式单指单张基本相同。

2. 手按式多指多张法

此法的优缺点于单指单张大致相同，只是它的点钞速度比单指单张要快。

具体操作方法:钞票平放于桌面，使钞票边沿与桌面边沿保持45度，左手无名指、小指压住钞票左方四分之一处，由右手食指、中指、无名指捻动钞票并往上提，并随即由左手的拇指送到食指和中指之间将点过的钞票夹住，边点边记数。记数时可采用分组记数法。如图5－11、图5－12、图5－13所示。

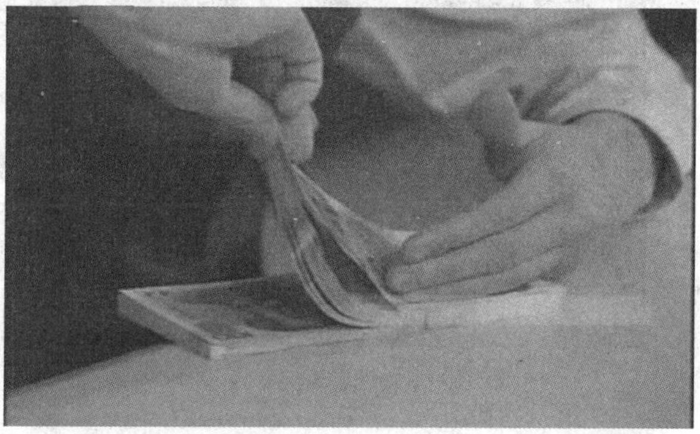

图5－11

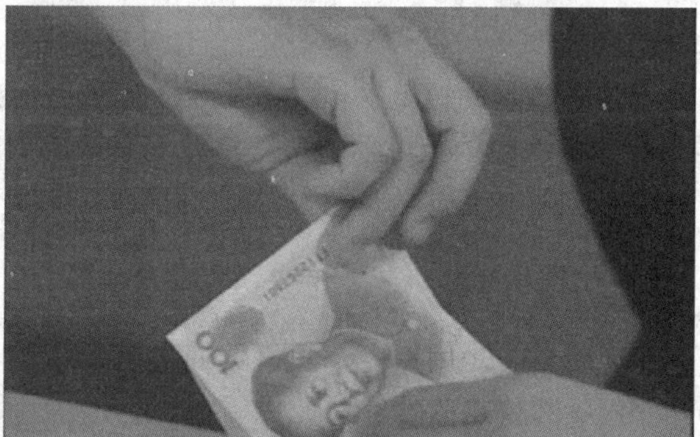

图5－12

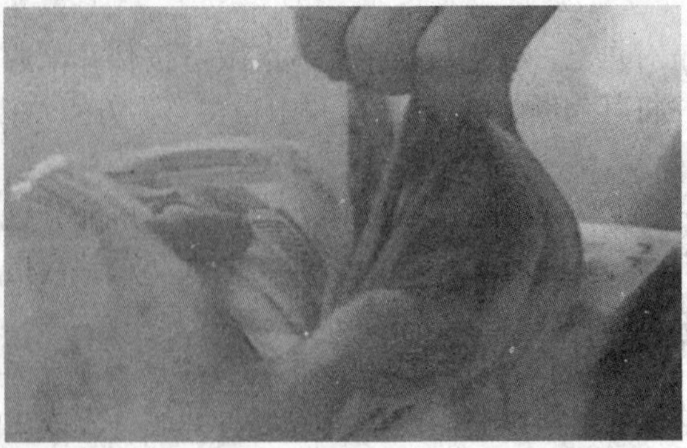

图 5 - 13

3. 手按式翻点法

将钞票平放于桌面，左手置于钞票左端压住钞票，右手置于钞票右边沿。右手拇指在上，食指、中指、无名指、小指在钞票下面自然弯曲并托起部分钞券。右手拇指和食指将托起的那部分钞券轻捏并向左翻，中指配合向左推，同时拇指将捏住的钞券向右拧。左手拇指对翻起的钞票进行切数后送到食指与中指之间，同时右手拇指和食指放开已被切数的钞券，边切边记数，采取分组记数法。清点完成后将钞券墩齐。如图 5 - 14 所示。

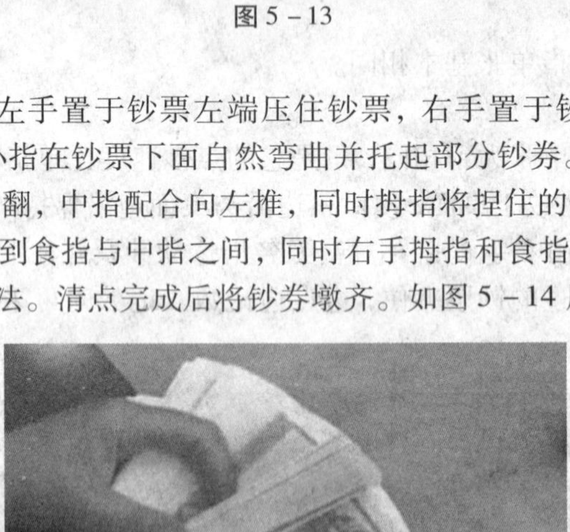

图 5 - 14

五、机器点钞方法

(一) 点钞机基础知识

点钞机是一种自动清点钞票数目的机电一体化装置，一般带有伪钞识别功能，集计数和辨伪钞票为一体的机器。点钞机由中国人发明，它是伴随着假钞的出现而产生的，是市场和民间打击假钞的产物，而且由于现金流通规模庞大，银行出纳柜台现金处理工作繁重，点钞机即成为不可缺少的设备。

(二) 机器点钞的基础知识

机器点钞法亦称点钞机点钞法，是用点钞专用机器通过电子记数器反映张数，进行整点钞票。当记数器反映 100 张时，即将点落的钞票捆成一把。

机器点钞用机械操作代替手工劳动，减轻了出纳人员的劳动强度，把出纳人员从繁重的手工点钞劳动中解脱出来，大大提高了工作效率，每小时可点 5 万张左右。适用于现金收入较多又较频繁的单位，既可用于清点整齐的大票，也有用于清点硬币的机器。但由于点钞机有时会出现“吃钞”、计数误差等方面的差错，目前情况下，机器点钞还不能完全取代手工点钞，只有两者相互配合，交替使用，才能达到既快又准的点钞效果。

(三)机器点钞法的具体操作要领

目前，使用的点钞机器都是国产统一型号的捻轮式点钞机。其操作要领如下：

1. 准备工作

(1)点钞机置于点钞人员的正前方，使用时首先打开电源开关，进行调试，检查各机件是否完好，工作是否正常，下钞是否流畅，计数是否正确。调试一般要求达到不松、不紧、不吃、不塞；

(2)票币放在右侧，按大面额票券在前，小面额票券在后的顺序排列；

(3)各种用具放置于适当位置。

2. 操作方法

(1)持钞

右手一指在钞票正面，其余四指在钞票背面，捏住钞票的右上角。

(2)拆把

左手将腰条纸撕下，放在桌上，顺势将钞票捻成前低后高的坡形，便于分张和下钞流畅。

(3)清点

①将钞票轻轻放入下钞斗内。勿用力过大，造成塞钞，要使其自然下滑，通过捻钞轮进入机器内。

②目光迅速转向输钞带。注意检查是否夹杂券、破损券、假钞或其他异物。如发现立即剔出。

③钞票全部下到积钞台后，看清数码管显示数字是否与腰条所标金额相符。

④金额无误将钞票取出墩齐、扎把。

⑤在清查过程中要根据票面大小，随时调整积钞台大小档次，以适应大小不同票币，使其打拍整齐。

⑥在整点整把钞票时，如果发现数码管反映不是00(即不是100张)时，必须经过复点。在复点前必须首先将数码管显示数字还原为0后再复点，并注意保管好原腰条，不能混淆，以便分清责任。

(四)机器点钞的注意事项

1. 在机器点钞过程中，如下钞正常，目光要集中在输钞带上，直至下钞完毕，目光再移到数码上，看余额是否准确。

2. 在取出刚点完的钞票时、特别要注意取净，防止落下，造成混把。

3. 点完一个单位的钞票后，要清理一次机器底下是否有遗张，特别是在发现少款的情况时，要仔细检查输钞带、捻钞轮底下是否有“吃钞”情况。

为了便于掌握机器点钞的要领，可熟记下列口诀进行操作：

认真操作争分秒，左右连贯用技巧；
右手投下欲点票，左手拿出捻毕钞；
两眼查看票面跑，余光扫过记数表；
顺序操作莫慌乱，环节动作要减少；
原钞腰条必须换，快速扎把应做到；
维修保养经常搞，正常运转功效高。

第二节　验钞技术

一、人民币概述

人民币是指中国人民银行成立后于1948年12月1日首次发行的货币，建国后为中华人民共和国法定货币，至1999年10月1日启用新版为止共发行五套，形成了包括纸币与金属币、普通纪念币与贵金属纪念币等多品种、多系列的货币体系。人民币按照材料的自然属性划分，有金属币（亦称硬币）、纸币（亦称钞票）。目前，除1、2、5分三种硬币外，第一套、第二套和第三套人民币已经退出流通，目前流通的人民币，是第四套人民币和第五套人民币，以第五套为主，两套人民币同时等值流通；流通的纸币有：1、2、5角，1、2、5、10、20、50、100元；硬币有1角，5角和1元。我们主要讲述第五套人民币的相关知识。

二、第五套人民币的类型和特点

为适应经济发展和市场货币流通的要求，1999年10月1日，在中华人民共和国建国50周年之际，中国人民银行陆续发行第五套人民币（1999年版）。它是从1995年开始设计，1999年开始陆续发行的。与前四套人民币相比，1999年版第五套人民币在设计、生产、发行以及防伪技术等方面都有明显改进。发行后，受到社会各界的欢迎和认可，也受到国际印钞造币行业专家的好评。从总体上说，1999年版第五套人民币是成功的。但是，受当时的经济发展、印制条件限制，第五套人民币也存在纸币的防伪技术应用缺乏系列化，硬币的防伪技术含量不高等不足。近年来，反假人民币斗争的形势也要求提高人民币的质量和防伪技术。同时，随着世界印钞造币领域科学技术的不断发展变化，人民银行研制和掌握了一批新的成熟的印制生产工艺和防伪措施，为改进和提高1999年版第五套人民币印制生产工艺、防伪措施奠定了良好的基础。

经报国务院批准，人民银行从2003年开始，组织实施第五套人民币100、50、20、10、5元纸币和1角硬币的印制生产工艺、技术改进和提高工作。2005年8月31日发行了第五套人民币的6个券别，保持了1999年版第五套人民币主图案、主色调、规格不变，从构成货币的基本要素来说，不是发行一套新的人民币。但由于在印制生产工艺、防伪措施方面进行了改进和提高，并将年版号改为“2005年”，所以，把改进印制生产工艺、技术后的第五套人民币称为“2005年版第五套人民币”。也就是说，2005年版第五套人民币，既属于第五套人民币的范畴，是对现行流通的1999年版第五套人民币的继承，又是对1999年版第五套人民币的创新和提高。

第五套人民币的主要特点有：第一，第五套人民币采用大肖像、大水印、大数字，充分显示手工雕刻人像防伪和货币使用功能；第二，打破了前四套人民币明显边框的设计形式，整个票面呈开放式设计结构，给防伪措施的应用留出了更多的空间；第三，纸币的背面图纹花边设计既保留了货币的传统风格和特点，又具有防伪功能；第四，票面简洁，线条清晰，色彩亮丽；第五，增加人民币的机读能力，便于现代化机具清分处理。第五套人民币硬币，与前几套人民币硬币相比，采用了大面额数字，方便流通。1元硬币增加了滚字技术，增加了硬币的防伪功能;5 角硬币的材质首次采用钢芯镀铜合金，具有色泽光亮，不宜锈蚀等特性。如图 5－15 所示。

图 5－15

2005 年版第五套人民币在此基础上进行了相应的改进和提高。一是通过改进印制生产工艺、技术，整体提高了人民币印制质量。2005 年版第五套人民币纸币改进了制版、油墨、纸张及印刷工艺，在国徽、行名、人像面部和衣纹等部分，采用最新制版工艺，改变版纹底部网纹结构，在线纹交叉部位进行技术处理，提高了凹印手感，解决了 1999 年版第五套人民币生产过程中凹印滋墨问题;调整各面额纸币隐形图案内直线排布角度，使隐形面额数字观察更加方便，效果更加明显。

二是通过防伪措施整合，实现防伪技术应用系统化，提高了人民币整体防伪水平。在 20、50、100 元纸币上增加白水印，使之与 5、10 元纸币配套;20 元纸币背面主景“桂林山水”由胶印改成凹印，延长了流通寿命;50、100 元纸币正面磁性缩微文字安全线改为全息磁性开窗安全线，在背面开窗，安全线由 1.5mm 加宽至 2mm；50、100 元纸币横竖双号码改为双色异形横号码；各券别正面主景图案右侧增加凹印手感线，突出了凹印效果。取消了 1999 年版第五套人民币纸币纸张中的红蓝彩色纤维，增加了部分专业防伪和专家防伪的措施内容，提高了 2005 年版第五套人民币纸币的防伪科技含量和技术水平。

三是 2005 年版第五套人民币各券别背面主景图案下方的面额数字后面，增加人民币单位元的汉语拼音“YUAN”，以适应人民币国际化需求。

四是第五套人民币 1 角硬币，在正背面图案、规格、外形与现行流通的第五套人民币 1 角硬币相同的基础上，材质由铝合金改为不锈钢，以适应防伪、机读需要。

第五套人民币的其主要防伪特征有：

1. 水印。第五套人民币 50 元、100 元为毛泽东人头像固定水印；1 元、5 元、10 元、20 元为花卉固定水印。

2. 红、蓝彩色纤维（2005 版取消）。在第五套人民币各面额纸币票面上，可看到纸张中水印处随机分布有红色和蓝色纤维，

3. 安全线。第五套人民币 99 版 100 元、50 元为磁性微文字安全线；20 元为阴暗相间的磁性安全线。05 版 100 元、50 元、20 元、10 元、5 元为全息磁性开窗安全线。99 版 10 元、5 元为全息磁性开窗安全线。

4. 手工雕刻头像。第五版人民币正面主景毛泽东头像，均采用手工雕刻凹版印刷工艺，形象逼真、传神，凹凸感强。

5. 隐形面额数字。第五套人民币正面右上方有一装饰图案，将票面置于与眼睛接近平行的位置，面对光源作平面旋转 45 度或 90 度角，可看到面额数字字样。

6. 白水印。第五套人民币 99 版 5 元、10 元，05 版 100 元、50 元、20 元、10 元、5 元位于正面横号码下方，迎光透视，可以看到透光性很强的面额水印字样。

7. 光变面额数字。第五套人民币 100 元纸币正面左下方用新型油墨印刷了面额数字，当与票面垂直观察其为绿色，而倾斜一定角度则变为蓝色（50 元纸币的面额数字由金色变绿色）。

8. 阴阳互补对印图案。第五套人民币 100 元、50 元、20 元、10 元纸币正面左下角和背面右下方各有一圆形局部图案，透光观察，正背图案组成一个完整的古钱币图案。

9. 雕刻凹版印刷。第五套人民币中国人民银行行名、面额数字、盲文面额标记、凹印手感线等均采用雕刻凹版印刷，用手指触摸有明显凹、凸感。

10. 号码（凸印）。第五套人民币 100 元为横竖双号码（1999 版），横号为黑色，竖号为蓝色；20 元、10 元、5 元为双色横号码（左半部分为红色，右半部分为黑色）。

11. 胶印缩微文字。第五套人民币纸币多处印有胶印缩微文字“ RMB100 ”、“ RMB50 ”等字样。

12. 专用纸张。第五套人民币纸币采用特种原材料由专用抄造设备抄制的印钞专用纸张印制，在紫外光下无荧光反应。

13. 变色荧光纤维。第五套人民币纸币在特定波长的紫外光下可以看到纸张中随机分布有黄色和蓝色荧光纤维。

14. 无色荧光图。第五套人民币纸币在正面行名下方胶印底纹处，在特定波长的紫外光下可以看到面额字样，该图案采用无色荧光油墨印刷，可供机读。

15. 有色荧光图案。第五套人民币 100 元背面主景上方椭圆形图案中的红色纹线，在特

定波长的紫外光下显现明亮的桔黄色;20 元券背面的中间在特定波长的紫外光下显现绿色荧光图案。

16. 胶印接线印刷。第五套人民币 100 元正面左侧的中国传统图案是用胶印接线技术印刷的，每根线均由两种以上的颜色组成。

17. 凹印接线印刷。第五套人民币 100 元背面面额数字“100”、20 元正面左侧面额数字“20”是采用凹印接线技术印刷的，两种墨色对接自然完整。

18. 凹印缩微文字。第五套人民币纸币在正面右上方装饰图案中印有凹印缩微文字，在放大镜下，可看到“RMB100”、“RMB20”等字样。

19. 磁性标记。用特定的检测仪检测，100 元、50 元的黑色横号码;20 元、10 元、5 元的双色横号码的黑色部分、以及各面额人民币的安全线有磁性，可供机读。

20. 防复印图案(2005 版增加)。2005 版第五套人民币各面额纸币(包括 1999 版 1 元纸币)的水印周围，有一些特殊排列的圆圈，其作用是防止纸币被复印或打印。很多彩色复印机、扫描仪、打印机和图像处理软件(如 Photoshop)均有识别此特殊图案的功能，发现带此图案的原稿就会拒绝复印或打印。

21. 凹印手感线(2005 版增加)。2005 版第五套人民币各面额纸币(包括 1999 版 1 元纸币)的右侧，自上而下、有规律地排列着一列线条。用手触摸时，凹凸感明显。2005 年版人民币 100 元纸币的票样,如图 5 – 16 所示。

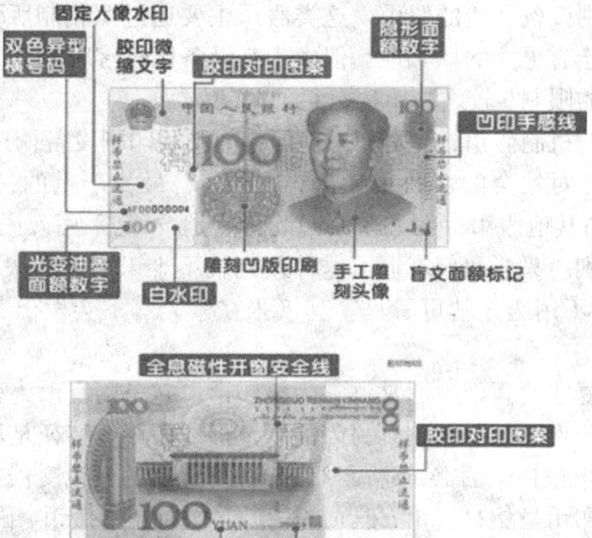

图 5 – 16

三、假币的类型与鉴别办法

假币又称假票和伪钞。假币是指利用各种犯罪工具伪照真钞伪造、拼凑、描画、印刷、影印、加工、变造的假票币。20 世纪 80 年代中期以来，我国发现的假币多采用现代的伪造方法，制作效率高、质量好、危害性大。假币主要包括伪造币和变造币。

（一）伪造币

是指仿造真币原样，利用各种手段非法重新仿制的各类假币。市面常见伪造币种类主要以第五套人民币 50 元和 100 元面额假币为主。按其伪造手段和方法有以下几种类型：

1. 手工描绘或手工刻版印刷的假币。这是一种手段落后，质量低劣的假币，是用手工临摹仿绘的或者雕刻塑料、木头制版进行印刷，造出来的假币质量非常低劣。它的特点是伪造手段落后，制版材料低劣，纸张是市场上常见的书写纸和普通的胶版纸，颜料是市场出售的绘画颜料，因而造出来的假币质量很差，比较容易识别。受危害的一般为文化程度较低的农民、小商贩或老人和小孩。

2. 利用一般办公工具伪造的假币。这类假币最常见的就是利用黑白复印机、彩色复印机复印的，其主要特征是线条一般不光洁整齐，用眼睛特别是用放大镜观察会发现有毛边，而且空白的位置有少量的墨粉。一些高质量的复印机，复印出来的伪品上了颜色后与真品比较相似，具有一定的欺骗性。但是只要仔细进行鉴定还是容易发现的。这类假币总的说来还是粗糙的，与真币的主要特征比较区别是明显的。复印机所用的墨粉与印钞厂所运用的印刷机的油墨是完全不同的，因而所复制出来的产品的差别也是明显的。其次，由于复印机采用固体粉墨通过烘烤融化形成的线条不很光洁整齐，而印刷出来的线条很光洁整齐，颜色很均匀。即使复印的质量较高，肉眼看到线条比较清楚，但在空白处也能观察出有少量的墨粉。掌握这些特点后就能比较准确地识别复印的假币。

3. 使用小型的印刷设备制造的假币。这类假币主要通过照相制版，采用凸印办法，其质量较高。较之手工描绘有更大的欺骗性。但由于其设备比较落后，印刷制版的条件和所采用的原材料都受到一定的限制，较之真币还是很低劣的。

4. 机制假币。所谓机制假币，就是利用现代化的制版印刷设备伪造的货币。近几年连续发现了较大的假币案，对社会的威胁很大，是社会公害最为严重的一种。此类假币比较逼真，版别也较多，但同其他假币存在一个共同的特点是：不是采用人民币的制作材料和工艺，这就是它与真币的差别。只要我们掌握了这种差别就不难识别这类假币。如这类假币的“水印”大多是印上去的，不用透光就可看见。其纸张在紫光灯下会发出荧光，其线条多为网点结构。

5. 利用化学药品复印的假币。通常称它为拓印币。它是以真币为基础，用某种化学药品使真币上的图纹油墨脱离一部分拓印到另外的纸上形成假钞。特征是墨色较浅，画面形态显得单薄清秀。另外真币被拓印后必定遭受到一定损坏，有的颜色变浅或者图纹模糊不清，又叫做被拓印币。被拓印币虽然是真币，但它的背后必定有拓印假币，因此更值得注意。

它们的主要特点是：

第一，采用的是普通胶版纸。在紫光灯下有明显的荧光，票面上的水印是采用浅色油墨在背面印上的，这和真票的区别较为明显。特别是在紫光灯下观察时，就会发现这种浅油墨印上去的水印发暗，和纸张本身的荧光相对比就显得发黑。而且手感光滑表面无凹凸感。

第二，重号率特别高，常见于 2005 年版左下角的双色异形冠字号码，真币的双色异形冠字号码是中间大两头小，号码数字绝不相同，但假币字体则有可能大小一致，或冠字号码完全相同。

第三，真币水印是制作在纸张里面，迎光透视立体感很强，呈透明或半透明状，假水印则是浮在币面上，不用迎光透视也能看出来，没有透明感；真币正面左下角的 100 元、50 元数字由光变油墨印刷，垂直观察、变动票面倾斜角度，100 元的数字会由绿色变蓝色，50 元的数字会由金色变绿色，伪造币数字不会变色，或者只是色度光暗变化。

（二）变造币

变造币是指在真币基础上或以真币为基本材料，通过挖补、剪接、涂改、揭层等办法加工处理，使原币改变数量、形态，以此实现升值的假货币。变造币是“伪造币”与真币的混合体，由于是手工制作，形式更加多样化，所以更加难以鉴别。

主要的变造方法有四种：将一张真币一分为二，同时，通过粘补将一半真的和一半假的拼凑在一起；将多张真币进行裁剪，从中抽条，再重新拼接；将真币上的变色荧光数字挖剪，再粘补在假币同一位置上，以期蒙混过关；将一张真币正反面撕开，与一张假币的正反面分别组合，制造出两张半真半假的“变造币”等。

它的鉴别方法一般有三种：第一，通过验钞器检验；第二，看有无接口。一般的“变造币”接驳处会有明显的整齐折痕，在透光时，可看见裁切部分与其他部分略有不同；第三，摸“变造币”两部分手感不同。一般真钞较粗糙，假钞则比较光滑；在用验钞机验钞时，要对人民币的两头和中间都进行辨认。

（三）真伪人民币的鉴别方法

无论采用何种方式伪造的票币，与真币总有一定的差别。鉴定票币的真伪，必须在熟悉真币的特征和主要防伪技术的前提下进行。纸币真伪的识别通常采用人工识别和仪器检测相结合的办法，最有效的办法就是人工识别，即一看、二摸、三听、四测、五拓；仪器检测只是做为辅助鉴别的手段，可使用点钞机或者验钞机识别。

一看。首先看水印，把人民币迎光照看，假币水印一般为浅色油墨印盖在纸币正面或背面；还有一种假币水印是将币纸揭层后，在夹层中涂上白色糊状物，再在上面压盖上水银印模。真币水印生动传神，立体感强。假币水印缺乏立体感，多为线条组成，或过于清晰，或过于模糊。二是看安全线，假币的“安全线”或是用浅色油墨印成，模糊不清，或是手工夹入一条银色塑料线，容易在纸币边缘发现未经剪齐的银白色线头。第五套人民币的安全线有微缩文字，假币仿造的文字不清晰，线条活动易抽出。三是看钞面图案色彩是否鲜明、线条是否清晰、对接线是否对接完好，无留白或空隙。

二摸。由于人民币采取凹版印刷，线条形成凸出纸面的油墨道，特别在盲文点、“中国人民银行”字样、第五套人民币人像部位等，用手指抚摸这些地方，有较明显的凹凸感。而目前假币一般手感平滑、无凹凸手感。

三听。人民币纸张是特制纸张，质地坚韧，挺度好，耐折。新钞票用力抖动或者用手指弹动会发出清脆声响。假币纸张发软，偏薄，声音发闷，不耐揉折。

四测。用简单仪器进行简单检测。如用紫光灯检测纸张有无荧光反映，人民币纸张未经荧光漂白，在荧光灯下无荧光反映，纸张发暗。假币纸张多经过漂白，在荧光灯下有明显荧光反映，纸张发白发亮；用磁性检测仪检测黑色横号码的磁性；用放大镜检测图案印刷的接线技术及底线条纹等。

五拓。将要检测的人民币放于光滑的玻璃板上，文字、盲文等处轻拓，如是真币，则上述图案、文字均会呈现在纸上，假币则呈现不清。

在此需要说明的是，在验钞过程中，不能仅凭一点或几点可疑就草率判别真伪，还需考虑到钞票流通中受到的诸多因素影响，进行综合分析来辨别真伪。

四、硬币假币的鉴别

假硬币比真硬币薄而轻，有的假硬币比真硬币薄约四分之一；真硬币的外形都很规整，币的边部光滑平整，而假硬币往往不怎么规整，厚度不均匀，特别是币的边部有些有毛刺或者起线不圆滑，有些有锉刀直条纹路；真硬币图案花纹文字清晰、细腻、挺拔、层次丰富、立体感强，而假硬币图纹模糊，细条纹分辨不清，国徽中五角星立体感差，五角星的角尖长短不一，顶部圆滑，背面牡丹花叶瓣上叶脉模糊，牡丹花蕊模糊不清；真硬币有柔和的金属光泽，而假硬币的金属色泽发白发闷，有的虽然也有光泽，但其光泽发散，有的像翻砂出来的，币面有砂眼，用放大镜观察就一目了然。

五、发现假币的处理

根据《中华人民共和国中国人民银行法》规定，禁止运输、持有、使用伪造、变造的人民币。购买伪造、变造的人民币或者明知是伪造、变造的人民币而持有、使用，构成犯罪的，依法追究刑事责任；情节轻微的，由公安机关处 15 日以下拘留、5000 元以下罚款。《中华人民共和国人民币管理条例》规定，单位和个人持有伪造、变造的人民币的，应及时上缴中国人民银行、公安机关或办理人民币存取款业务的金融机构；发现他人持有伪造、变造的人民币，应当立即向公安机关报告。

习题五

一、手持式单指单张的练习

考核标准：优秀：5 分钟，单指单张 600 张，单指多张 800 张
良好：5 分钟，单指单张 400 张，单指多张 600 张
及格：5 分钟，单指单张 300 张，单指多张 500 张

二、扎把练习

要求：3 – 5 秒钟完成扎把过程；扎把要紧，票面平整。

第六章　数字小键盘的操作技能

第一节　数字小键盘概述

数字小键盘是电脑键盘的一部分，它位于电脑键盘的右下方，又称数字/光标移动键盘。在数字小键盘中，各键分布紧凑、合理，便于单手操作，在录入纯数字和符号等内容文件时，使用数字小键盘比使用主键盘更快捷方便，更有利于提高速度。一般财会人员和银行人员经常使用小键盘。

数字小键盘由以下17个键位组成：Num Lock键、小数点键、"/"键、"＊"键、"－"键、"＋"键、"del"键、数字键"0"、数字键"1"、数字键"2"、数字键"3"、数字键"4"、数字键"5"、数字键"6"、数字键"7"、数字键"8"、数字键"9"、enter。数字小键盘左中区集中排放了0－9十个数字键，有利于能够快速的输入大量数据。如图6－1所示。

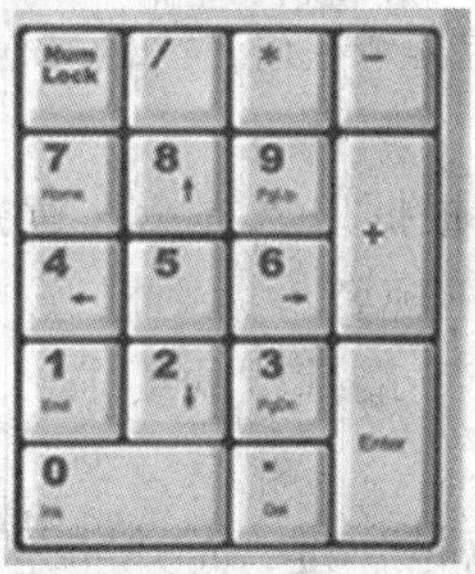

图6－1

在小键盘区上按一下Num Lock键，指示灯亮的同时，数字小键盘就启动了，就可以输入数字等其它操作了。如果当您再按一下Num Lock键，指示灯灭时，数字小键盘就关闭了，但是其它操作可正常进行。还有通过"Num Lock"键，可以在光标功能和数字功能之间进行切换。

学习数字小键盘的操作是为了提高手指的协调性、灵活性，达到输入金额时能准确高效、快速自如的盲打，从而提高工作效率，适应相关工作岗位的技能要求。

第二节　数字小键盘的操作方法

一、操作数字小键盘的姿势

在做键盘练习的时候，坐姿是非常重要的，它是打字的基本功，也是一种良好的习惯。打字的时候手指轻轻的放在基本键上，身体其它部位不要靠在键盘边框或桌子边上，正确的坐姿是准确、迅速输入的前提条件。具体操作姿势如下：

1. 操作者在计算机前要坐正，腰背挺直，身体略微向前倾斜，双脚自然平放在地上。桌椅高度要适当，以小手臂与键盘盘面相平为宜，因为座位过低手臂易疲劳，过高不好操作。

2. 人体与计算机键盘的适宜距离为15－30cm（两拳左右）最合适。手臂、肘、腕、两肩都要放松，肘与腰部距离为5－10cm左右。小臂与手腕要向上倾斜，但是手腕不能拱起，手腕与键盘下边框保持一定的距离（约1cm左右）。不能弯腰低头，也不能把手腕、手臂依托在键盘之上，这样不但影响美观，更加会影响速度。

3. 手掌要以腕为轴略向上抬起，手指自然垂下，略微弯曲，腕略微向上倾斜，从手腕到指尖形成一个弧形，手指的第一关节要同键盘垂直，轻轻按在与各手指相关的基本键位上。进行键盘练习时，必须掌握好手形，因为一个正确的手形也有利于录入速度的迅速提高。

4. 眼睛要略高于显示器15°，眼睛与显示器的距离以15－35厘米为宜。

5. 把所需录入的数据资料平放在数字小键盘的左侧，眼睛注视在数据资料上，左手手指指向具体输入的数据，右手手指击打相应的数字或符号键，录入过程严禁看小键盘。

要掌握动作的准确性、击键力度及节奏，在进行键盘操作时，主要的用力部分是指关节，而不是手腕，这是对初学者的基本要求。待练习到比较熟练后，随着手指敏感度加强，再扩展到与手腕相结合。使用指尖垂直向键盘冲力，要在一瞬间发力，并立即反弹。切不可用手指整体去压键，以免影响击键速度，而且压键会造成输入多个相同字符。手指必须严格遵守指法的规定，分工明确、各守岗位。任何一项不按指法要点操作的行为，都会造成指法混乱，严重影响输入的速度及正确率。这也是学习打字的关键问题，需要多花点时间去慢慢的体会、掌握。

对于以下最常见的问题，可分别根据以下提示注意并改进：

1. 习惯上用一根手指按键，认为正规姿势太别扭，这是非常错误的。正确的姿势一般只要坚持两三天就可以适应，也是学习打字最基本的要求。但是有人觉得正规姿势太别扭，习惯只用一根手指按键，这绝对是错误的。

2. 在整个练习过程中一定要注意是弹键，而并非是按键。如果不是击键，而是按键，手指一压到底，并且没有弹性；手腕硬，不能与手指的跳动配合，这样即影响手形，也不能做到击键迅速、干脆、准确。由于计算机键盘都有一个重复率的设置，所以如果在规定时间内按键之后弹出计算机认为是一个键，如果没有弹起，计算机会认为用户需要连续的输入该字符，在相关软件的输入界面上就会出现两个或多个同样的字符，如果这样，会影响输入的质量和速度。

3. 击键时手指形态变形、手指翘起或往里勾，会造成击键不到位。应该悬腕打字，不要将手腕搁在桌子上或靠在键盘边框上打，悬腕打字对于快速输入非常有利，部分初学者往往能悬腕但双肩不放松，坚持一会儿就会觉得肩酸背痛，对此，只要按正确的姿势调整一下即可。

二、数字小键盘的盘曲指法

数字小键盘是除了计算机主键盘外使用最频繁的键区，和主键盘一样，数字小键盘同样有基准键位和原点键。数字小键盘的基准键位是数字键4、5、6、三个键。数字小键盘的原点键就是在小键盘基准键位中间的数字键“5”上有一个凸起的小圆点（有的为短横条），这个键也称为盲打定位键，可用右手手指触摸相应的圆点标记使右手各手指进行归位。

(一)数字小键盘的指法

数字小键盘的键位是有统一的排列标准的，配合上一套科学性的指法，进而将有效的提高打字的速度及准确率。操作数字小键盘键的正确指法是:用右手操作小键盘，食指要放在4键上，中指要放在“5”键上，无名指要放在“6”键上，小拇指要放在回车上，食指要负责左边一列，中指要负责中间一列，无名则指负责右边的一列,拇指负责“0”键。小键盘手指分工如图6－2所示。

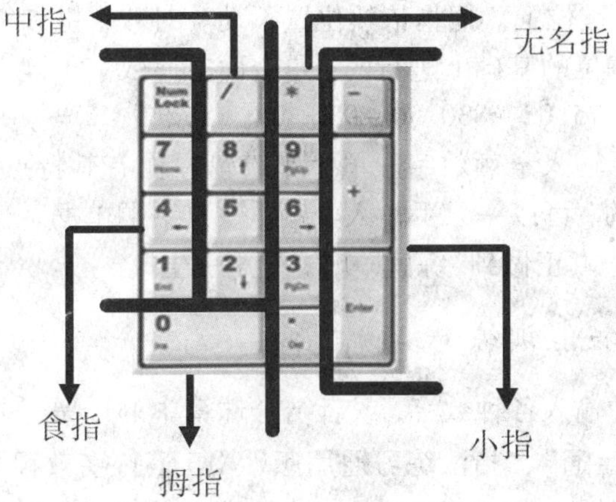

图6－2

即:右手拇指:0

食指:1 ，4 ，7

中指:2 ，5 ，8 ，/

无名指:.(小数点)，3 ，6 ，9 ，*

小指:Enter ， + ， -

其中5键为盲打定位键，中指停在5键上。

整个数字小键盘通过有效的划分，各个手指分工明确，在击打任何键时，只要把手指从基准键位移到相应的键上，输入正确的数据后再返回到基准键位即可。

(二)数字小键盘具体操作

小键盘具体操作指法为，将右手拇指、食指、中指、无名指、小拇指以此放置在键0、4、5、6、+上，右手拇指自然向掌心弯曲，手掌与键面趋于平行。录入数据时，右手各手指从基准键位出发迅速移到目标键位，在目标键位上方1厘米左右时，迅速用指尖击打键盘，切不可用指甲击打。击打完目标键后，相应手指立刻回到基准键位。

1. 对基准键4、5、6、和原点键的输入

右手食指、中指、无名指轻放在数字键4、5、6、上，屈指用指尖击打各自对应的键。(练习456　564　645　546　465　654)

2. 对数字键7、8、9的输入

右手食指、中指、无名指轻放在数字键4、5、6、上，右手各手指从基准键位出发向上迅速移到数字键7、8、9上，轻轻击打后，再迅速返回到基准键位上。

(练习789　798　879　987　897　978)

3. 对数字键 0、1、2、3 的输入

右手食指、中指、无名指轻放在数字键 4、5、6、上，右手拇指放在数字键“0”，右手食指、中指、无名指从基准键位出发向下迅速移到数字键 1、2、3 上，轻轻击打，同时拇指击打“0”，击打完毕后食指、中指、无名指再迅速返回到基准键位上，拇指保持不动。

（练习 0123　321　2310　2130　2031　3210　3012　1302　1203　0231　3201）

4. 对数字键和符号键的共同输入

右手各手指轻放在基准键位上，各手指从基准键位出发向上迅速移到目标各键，轻轻击打后，再迅速返回到基准键位上。拇指依然位置不动。对数字键和符号键的共同输入是在熟练掌握小键盘各个数字键位的基础上进行的，是全面掌握数字小键盘的技能要求。

（练习 864 + 24 613 + 75.02 - 830.50 - 936 * 26 * 17/69/42 = ）

使用小键盘练习单手输入金额数字。单手小键盘操作有其特点和优势，例如:部分汉字输入就是仅靠单手完成的，可以一只手输入金额，一只手翻单据。这样就能节省出更多的时间，创造出更多的效益 。真正做到“练就一时，受用一生”。

三、数字小键盘的技能训练

可以大量的在表格中输入各种数字，或者结合珠算中的传票，也可以借助训练软件来进行强化练习，如“金山打字通”、“指法练习通用版”、“五笔打字教程”等。自己来设定各种各样的单据样式、计时方式等，经过电脑的随机出题后，根据模拟的各种单据，如:收款凭证、付款凭证、现金收入日记账、现金支出日记账、出库单、入库单等进行输入，可以允许同一组题目进行多次练习，这样对比找出经常出错的地方，并设立个人积分榜、练习成绩排行榜，以及设立同一组题目进行多次练习后的成绩对比表。这样可以及时发现薄弱环节，在短时间内快速突破单手输入关。

习题六

一、对于基准键位和原点键位的数字进行输入

1.456

2.546　654

3.564　456　546

4.645　456　546　564

5.456　545　654　465　656

6.645　546　555　654　456　465

7.456　645　546　564　654　556　456

8.654　466　554　654　456　465　564　465

9.654　546　455　654　646　564　555　566　654

10.564　566　655　654　456　654　544　546　454　656

二、对于所有数字键位的数字输入

1. 123

2. 789

3. 0123

4. 456　123

5. 123　456　789

6. 864　642　056　329

7. 831　073　568　210　532

8. 589　601　631　860　420　458

9. 521　683　081　742　693　410　329

10. 839　631　742　753　981　731　903　628

三、对于数字键和符号键的输入

1. 217 +753 =

2. 732 -527 =

3. 268 * 620 =

4. 741/874 =

5. 782 631 +56 782 =

6. 491 562 -231 639 =

7. 239 591 +180 562 -742 680 -67 812 =

8. 390 239 * 741 328 * 63.63/594/798.18 =

9. 981 632 320 +45 671 +37 -721 852 -8 973 * 127 =

10. 12 876 430 +730 153.16 -286 383.96 -2 793 * 4 218 * 630.36/579 282/4 681.78 =

第七章　计算器操作技能

第一节　计算器的构成和功能

随着现代科学技术日新月异，高速发展，随之而来的是现代化的教学技术和手段层出不穷，因此计算机、计算器这些新时代的高科技产品进入课堂是历史的必然。电子计算器的基本特点是体积小、重量轻、携带方便、运算迅速准确、操作简便、价格低廉。计算器的先进性和专业性，使其成为各行业不可或缺的计算工具。

计算器是指能进行数学运算的手持机器，拥有集成电路芯片，与计算机相比结构简单，功能较弱。计算器一般指的就是电子计算器。常见的计算器有以下三种：

①算术型计算器。可进行加、减、乘、除、开方和简单的统计运算等。

②科学型计算器。可进行乘方、开方、指数、对数、三角函数、统计等方面的运算，又称为函数计算器。

③程序计算器。可以编程序，把较复杂的运算步骤存储起来，以便进行多次重复的运算。

计算器外型和构成一般如图 7－1 所示 。

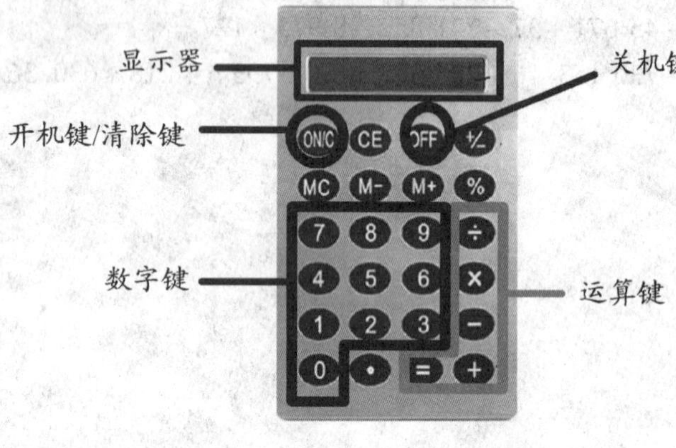

图 7－1

一、显示器

显示器在计算器的上方，为计算器的输出设备，一般为液晶显示，用于显示录入的数据、计算公式、标记符号和运算结果，它说明计算器目前的工作状态和性质。由于各种功能融为一体，在显示屏上除了显示各种数据和各种运算结果外，还显示有关各种符号所表示的状态记号。

二、开机键/关机键

使用计算器时先要按一下开机键，以接通计算器的电源。在运算过程中，若需要全部清除前边输入的所有数据，则需要先按 OFF 键关机，再按 ON/C 键开机后重新输入数据。

三、数字键

0、1、2、3、4、5、6、7、8、9，每按一下数字键，显示器右端就会出现这个键上标出的数字，同时把前面输入的数字向左移动一位。这些键可分别完成加减乘除运算并得出计算结果。

四、运算键

运算功能键是进行加、减、乘、除四则运算的按键，这些键可分别完成加减乘除运算并得出计算结果。

1. 加法键“ + ”，是进行基本加法和连加的运算。
2. 减法键“ - ”，是进行基本减法和连减的运算。
3. 乘法键“ × ”，是进行基本乘法和连乘的运算。
4. 除法键“ ÷ ”，是进行基本除法和连除的运算。

注意:加、减、乘、除键在计算时都可能代替等号键。

五、存储键

读记忆储存 MR:是把存储信息映射到正在运算的显示屏上。

清除记忆储存 MC:就是清除存储信息。有的计算器没有这两个键，只有一个 MRC，其实是这两个键的结合，按一次是 MR，再按一次是 MC。

记忆储存增加 M + :就是在原有存储信息的基础上进行加法运算。

记忆储存减少 M - :就是在原有存储信息的基础上进行减法运算。

六、清除键

在运算过程中，清除错误。

1. 总清除键“C、CA、AC”，作用是将显示屏显示的数字全部清除。
2. 部分清除键“CE、C”，其功能是清除当前输入的数字，而不清除以前输入的数字。如果刚输入的数字有误，立即按此键，可清除刚才输入的数字，待输入正确的数字之后，原运算可继续进行。但需注意，在输入数字之后，按“ + ”、“ - ”、“ × ”、“ ÷ ”键的，则数字不能清除。

此外，还有小数点键“. ”，用来输入小数;符号键“ +/- ”，用来输入数字的符号，使输入的数字改变正负，输入负数时，先输入数字的绝对值，再按符号键即可。

第二节　电子计算器的基本操作方法

一、使用电子计算器前的准备工作

在使用计算器之前，首先要清楚所使用的计算器的类型，对于不熟悉的计算器，要仔细阅读使用说明书，掌握其功能、符号及操作方法。要将计算器平稳的放在桌面上，按键动作要稳、准、轻，不要太快或用力过猛，一次只按一个键，不要久按一个键不放，以防止按键损坏和数据丢失。

一般情况下计算器遵循的按键顺序是：先括号内→再乘除→最后加减的顺序。复杂的算式，计算前先要进行分析，按照算术运算规则，应考虑将先要得出结果的部分先输入，得出结果后再参加下一部分运算；有时也可以依据代数原理去括号后再按键；也可以分段运算。在运算中要充分利用计算器的存储功能进行操作。

二、使用计算器四则运算步骤

1. 先按键输入第一个参与计算的数据，从高位按起，例如 369 要按 3－6－9 的顺序；
2. 按运算符号键，＋、－、×或÷；
3. 输入第二组参与计算的数据，亦从高位按起；
4. 按等号键，出现结果；
5. 两步运算的，如果第一步结果可直接参与第二步运算，则接着按运算符号键进入下一步计算；如果第二步运算不能再接着参与运算，则可先记录第一步运算的结果，然后重新按以上程序进行计算；
6. 计算完毕，按关机键“OFF”关闭计算器。

【例 7－1】用计算器计算 369＋450

输入3，6，9，显示 369。

按+，显示 369。

输入4，5，0，显示 450。

按=，显示最后结果 819。

【例 7－2】用计算器计算 78＋6×25

输入6，显示 6。

按键×，显示 6。

输入2，5，显示 25。

按键+，显示 150。

输入7，8，显示 78。

按键=，显示最后结果 228。

【例 7－3】计算 324 ÷（82 －64）

输入8，2，显示 82。

按键－，显示 82。

输入6，4，显示 64。

按键=，显示 18。

按键CE，

再输入3，2，4，显示 324。

按键÷，显示 324。

输入1，8，显示 18。

按键=，显示 18。

【例 7－4】计算 12 ×6 +18 ×2 +13 +17 ×3

输入1，2，显示 12。

按键×，显示 12。

输入6，显示 6。

按键=，显示 72。

按键M +，显示 M　72。

输入1，8，显示 M　18。

按键×，显示 M　18。

输入2，显示 M　2。

按键=，显示 M　36。

按键M +，显示 M　36。

输入13，显示 M　13。

按键M +，显示 M　13。

输入17，显示 M　17。

按键×，显示 M　17。

输入3，显示 M　3。

按键=，显示 M　51。

按键M +，显示 M　51。

按键M +，按键MR，显示最终结果 172。

即每个单项算完了就 M＋ 最后 MR 看总和。

三、电子计算器翻打传票的方法

翻打传票是会计人员应该掌握的基本技能之一，也是熟练操作各项业务的基础，它的计算方法表面看起来比较简单,练习起来也比较枯燥,但需要一定的技巧。在用计算器进行传票计算时,要进行传票整理、翻页、找页、记页等连贯运算。因此,要学好传票的运算,首先掌握传票算的基本功,有关传票算的方法详见本教材第三章第四节传票算,这里要强调的是保持良好的姿势,正确摆放计算器和传票位置,通过科学的训练方法,做到传票的“翻页”和“按键”动作连贯,边看边打,高效运算。

1. 姿势

用电子计算器翻打传票,通常简称为“电打传票”。计算时,姿势同打算盘相似:

(1)坐姿要求。身体坐正略向前倾、两脚平放、两臂放松、双手微微抬起。

(2)传票摆放要求。传票放在桌子的左边、计算器放在右边,答案纸放在传票的下方,笔放在计算器的下方,以右手能方便拿到的地方。

(3)计算器调整。将键位钮调至“GT”键处,启用计算器的累计功能;将键位钮调至“A”键处,不启用连加连减功能;将键位钮调至“5/4”键处,启用四舍五入处;将键位钮调至“2”键处,启用保留两位有效数字的功能;在实际工作有时要启用“AC”键,方便统计输入的笔数。按“C”键使屏幕归零。

2. 传票的翻打方法

翻页是计算器传票运算速度快慢的关键。传票翻页是靠左手完成的,首先左手的小指、无名指放在传票封面的左下方,中指、食指、拇指放在每题的起始页,然后用拇指翻动传票,即拇指将传票一页一页翻起,食指挡在翻过传票页背面,并用中指夹住已运算过的那部分传票,拇指翻一页,食指立即挡住一页,这样反复地翻、接、夹。注意不能用右手帮忙翻页或找页,否则会影响计算速度。左手翻页和右手按键要同时进行,每翻动一页,大脑要迅速将页数记住,右手同步按键。计算时,应做到还没打完当页传票数字时,左手就应翻到下一页,保持动作流畅,即左手刚翻完第 1 页数据,眼睛把数看准,右手就将数迅速拨入计算器,计算到最后两位数字时,左手又翻下第 2 页数据,右手还没输完数时,又转眼边看一下一张边打数。尽量在计算过程中没有停顿,找页、翻页迅速,看数清楚,拨数准确,达到既快又准的水平。传票翻完,结果显示在计算器上,将答案抄写到答题纸上,答案应三位一节书写,书写时应标准规范、清晰工整。传票翻打如图 7 – 2 所示。

图 7 – 2

习题七

一、基本操作练习

(1)630 + 1270　　(2)12 375 − 2046 =

(3)23 × 86 =　　(4)1548 ÷ 36 =

(5)786 + 57 × 36 =　　(6)28 + 272 ÷ 16 =

(7)55 × (200 − 125) =　　(8)1800 ÷ (268 − 208) =

(9)249 + 236 × 2 =　　(10)13 × 2 + 34 × 5 + 15 × 26 + 16 × 27 =

(11)12390 − 629 + 8392 =　　(12)1176 × 83 − 3268 =

(13)5625 ÷ 75 − 134 =　　(14)9960 − 173 × 52 =

(15)(286 + 534) ÷ 40 =　　(16)3108 ÷ 42 × 29 =

(17)389 × 127 + 1369 =　　(18)8004 ÷ 87 + 3293 =

(19)3815 ÷ 25 − 27 =　　(20)63 × 21 + 26 × 3 + 15 × 52 =

二、传票算和账表算

要求：用珠算和计算器分别计算以下各题。

1. 传票算练习

传票算练习(一)							
题号	起止页数	行次	答案	题号	起止页数	行次	答案
一	33 ~ 52	(五)		十一	29 ~ 48	(五)	
二	40 ~ 59	(一)		十二	24 ~ 43	(二)	
三	49 ~ 68	(三)		十三	19 ~ 39	(二)	
四	51 ~ 70	(四)		十四	26 ~ 45	(四)	
五	53 ~ 72	(五)		十五	12 ~ 31	(二)	
六	56 ~ 75	(二)		十六	73 ~ 92	(四)	
七	59 ~ 78	(一)		十七	41 ~ 60	(五)	
八	60 ~ 79	(三)		十八	35 ~ 54	(一)	
九	26 ~ 25	(一)		十九	28 ~ 47	(三)	
十	71 ~ 90	(三)		二十	30 ~ 49	(二)	

传票算练习(二)							
题号	起止页数	行次	答案	题号	起止页数	行次	答案
一	72 ~ 91	(五)		十一	8 ~ 27	(四)	
二	65 ~ 84	(二)		十二	13 ~ 32	(五)	
三	52 ~ 71	(一)		十三	17 ~ 36	(二)	
四	51 ~ 70	(三)		十四	22 ~ 41	(四)	
五	2 ~ 21	(一)		十五	72 ~ 91	(一)	
六	31 ~ 50	(四)		十六	65 ~ 84	(三)	
七	3 ~ 22	(五)		十七	52 ~ 71	(五)	
八	5 ~ 24	(一)		十八	41 ~ 60	(一)	
九	52 ~ 71	(三)		十九	2 ~ 21	(四)	
十	62 ~ 81	(四)		二十	31 ~ 50	(二)	

传票算练习(三)

题号	起止页数	行次	答案	题号	起止页数	行次	答案
一	12～41	(四)		十一	15～44	(五)	
二	23～42	(一)		十二	13～32	(四)	
三	19～38	(三)		十三	17～36	(二)	
四	51～70	(五)		十四	32～51	(三)	
五	52～71	(一)		十五	70～89	(四)	
六	72～91	(四)		十六	65～84	(三)	
七	65～84	(二)		十七	42～61	(五)	
八	52～71	(四)		十八	61～80	(一)	
九	3～22	(五)		十九	22～41	(四)	
十	80～99	(二)		二十	31～50	(五)	

传票算练习(四)

题号	起止页数	行次	答案	题号	起止页数	行次	答案
一	12～41	(五)		十一	15～44	(二)	
二	23～42	(四)		十二	13～32	(四)	
三	19～38	(三)		十三	17～36	(二)	
四	51～70	(五)		十四	32～51	(五)	
五	52～71	(一)		十五	70～89	(四)	
六	72～91	(四)		十六	65～84	(三)	
七	65～84	(二)		十七	42～61	(五)	
八	52～71	(四)		十八	61～80	(一)	
九	3～22	(五)		十九	22～41	(四)	
十	80～99	(二)		二十	31～50	(三)	

传票算练习(五)

题号	起止页数	行次	答案	题号	起止页数	行次	答案
一	33～52	(二)		十一	22～41	(五)	
二	3～22	(五)		十二	17～36	(四)	
三	19～38	(二)		十三	56～75	(三)	
四	51～70	(一)		十四	66～85	(五)	
五	67～86	(四)		十五	10～29	(一)	
六	72～91	(三)		十六	65～84	(四)	
七	25～44	(二)		十七	42～61	(五)	
八	78～97	(四)		十八	61～80	(二)	
九	8～27	(五)		十九	22～41	(三)	
十	50～79	(二)		二十	32～51	(五)	

2. 账表算练习

账表算(一)

纵题＼横题	一	二	三	四	五	合计
一	65 347	6 835	93 560 124	732843	5 523 296	
二	265 384	10 974	6 629 721	42 196 053	3 586	
三	14 265 039	653 824	8 334	8904 217	40 719	
四	9 801 724	21 453 096	31 708	5 368	456 283	
五	8 635	8 902 471	158 265	－90 147	21 439 065	
六	27 483 650	458 649	4 693	37 102	9 307 124	
七	307 216	6 289 580	685 941	195 864	－9 658	
八	30 217	3 902 417	9 856	74 258 360	71 203	
九	3 856 247	7 869	186 495	3904 271	23 701	
十	4217 039	54 307	65 368 921	5 986	164 958	
十一	50 891	3 942 109	842 736	13 950 274	4 672	
十二	827 364	7 624	39 140 572	5 619 308	10 985	
十三	13 950 274	60 518	6 581 903	－7 642	336 427	
十四	6581 903	321 642	2 674	80 153	632 678	
十五	4 267	56 140 572	71 320 475	864 271	8593 801	
十六	968 042	97 025	45 724 136	6 130	3 108 579	
十七	54 546	982 064	1 109758	52 073	3 641	
十八	3 108 574	57 813 462	9 340	946 025	－29 057	
十九	6 413	1 305 987	23 092	62 936 243	968 042	
二十	4 057	4 163	814 086	1 307 891	57 832 614	
合计						

账表算(二)

纵题 \ 横题	一	二	三	四	五	合计
一	54 735 189	213 558	8 105	4 735 281	15 043	
二	82 754	58 350 721	93 512	3 526	75 049 126	
三	4 526 197	5 693	7 456 135	508 413	-896 543	
四	3 605	48 167	5 843 172	476 825	18 406 532	
五	735 421	86 405 732	8 124	23 176	5 682 143	
六	82 175 063	5 614 378	408 675	-1 463	64 398	
七	45 371	9 436	94 768 601	14 602 735	1 473	
八	5 487 162	548 703	23 784	-5 861 274	358 417	
九	54 387	465 847	5 697 428	54 736 821	8 925	
十	63 498 126	6 304	173 824	53 268	5 023 147	
十一	347 256	4 081 276	48 316	1 924	68 541 239	
十二	1 547	45 861	50 867 239	5 968 403	876 143	
十三	2 598 603	26 537 014	5 091	456 371	14 267	
十四	3 168 694	32 495 108	7 243	208 561	59 416	
十五	41 602	1 402 375	13 564 239	6 847	425 893	
十六	3 824	593 846	47 248	1 249 736	74 056 128	
十七	605 361	36 521	3 865 174	36 184 952	7 064	
十八	53 826 174	5 109	405 682	62 805	8 763 529	
十九	963 845	6 137 248	60 598 145	84 796	-5 103	
二十	5 483	84 197	762 431	32 481 957	1 974 682	
合计						

账表算(三)

纵题＼横题	一	二	三	四	五	合计
一	35 170 984	3 017 452	67 952	640 813	2 698	
二	68 512	6 947	2 130 498	38 591 076	347 025	
三	934 207	85 306	40 675 813	2 519	7 928 641	
四	4 793 065	251 698	1 420	34 872	50 613 798	
五	2 186	73 984 201	368 957	7 209 546	45 031	
六	1 256 794	2 630	76 583	45 013 879	128 904	
七	46 532 187	53 974	869 027	8 013	6 015 429	
八	5 039	719 583	2 146 790	62 840	12 536 784	
九	876 420	92 640 158	5 431	−7 315 926	80 973	
十	90 183	6 012 487	40 931 582	524 679	7 536	
十一	7 409	546 820	53 821	9 160 753	24 913 867	
十二	24 397	8 051 967	632 085	13 472 680	9 451	
十三	318 526	36 892 514	9 067 421	4 079	−53 807	
十四	1 526 830	4 713	10 548 679	−92 458	970 236	
十五	50 984 761	20 379	7 934	835 126	4 286 105	
十六	3 450	4 693 851	935 721	68 270	89 107 624	
十七	7 542 869	18 527	3 640	13 457 809	613 290	
十八	95 631	42 683 079	7 912 805	246 031	−4 875	
十九	62 083 719	160 724	83 546	9 572	8 149 053	
二十	804 127	9 035	62 904 871	5 493 186	35 672	
合计						

账表算(四)

纵题＼横题	一	二	三	四	五	合计
一	587 394	41 212	5 231	35 121 914	4 171 935	
二	894 231	30 754	3 215	14 094 136	4 094 127	
三	2 675	23 834 663	18 235	3 575 781	636 083	
四	5 321	78 634	198 530	24 726 823	-1 454 322	
五	814 616	16 977 512	47 313	1 197 717	8 233	
六	25 810 623	1 436	6 784 439	342 156	59 848	
七	78 540	9 863	832 216	7 578 808	66 807 332	
八	5 647 312	46 339 790	13 656	8 742	151 597	
九	56 924	5 960 524	78 572 988	-7 216	640 423	
十	6 782	67 482	2 987 888	610 424	81 983 688	
十一	12 248 756	327 067	4 616	56 530	43 312	
十二	10 266	7 346 748	50 294 131	8 713	421 239	
十三	443 483	10 278 939	5 979	-4 254 439	-97 484	
十四	90 323 598	28 153	7 091	654 392	8 425 116	
十五	1 624 479	400 419	81 357	8 643	22 307 482	
十六	754 395	3 217 015	25 647	26 522 489	1 826	
十七	7 284 431	1 913	67 893 912	538 456	14 315	
十八	97 093	1 428 035	4 766	59 651 284	843 395	
十九	462 481	7 362	30 907	7 284 796	81 138 297	
二十	4 512 326	58 741 703	6 152	68 297	527 365	
合计						

账表算(五)

纵题＼横题	一	二	三	四	五	合计
一	29 716	2 579	47 923 801	670517	9 907 042	
二	329 751	83 461	2 204 608	10 842 397	7 952	
三	81 029 374	297 501	5 771	5431 086	13 684	
四	4 538 601	48 197 342	78 635	9 725	192 057	
五	5 279	5 430 168	895 029	-43 816	38 174 329	
六	36 157 293	195 214	1 247	76 830	4 736 801	
七	736 082	2 054 953	259 418	849 521	-4 295	
八	73 086	7 430 186	4 592	61 095 723	68 037	
九	7 592 016	6 524	852 149	7431 068	37 638	
十	1086 374	91 736	29 725 408	9 452	821 495	
十一	93 548	7 410 834	510 672	87 493 061	1 260	
十二	506 721	6 201	74 813 960	9 284 735	83 459	
十三	87 493 061	23 985	2 958 437	-6 210	772 106	
十四	2958 437	708 210	0 261	53 897	270 265	
十五	1 026	92 813 960	68 703 169	521 068	5947 538	
十六	425 310	46 309	19 601 872	2 873	7 835 964	
十七	91 912	450 321	8 834695	90 367	7 218	
十八	7 835 961	96 587 120	4 713	412 309	-34 396	
十九	2 187	8 739 456	47 340	20 472 017	425 310	
二十	1 396	1 827	581 352	8 736 548	96 570 281	
合计						

账表算(六)

纵题 \ 横题	一	二	三	四	五	合计
一	91 679 854	387 995	5 839	1 679 058	89 317	
二	50 691	95 793 608	47 980	7 902	69 314 802	
三	1 902 846	9 247	6 192 879	935 187	-542 917	
四	7 239	15 826	9 517 860	162 509	85 132 970	
五	679 108	52 139 670	5 801	37 862	9 250 817	
六	50 869 327	9 281 765	135 269	-8 127	21 745	
七	19 768	4 172	41 625 238	81 230 679	8 167	
八	9 156 820	915 637	47 651	-9 528 061	795 186	
九	91 756	129 516	9 246 105	91 672 508	5 409	
十	27 145 802	2 731	867 501	97 025	9 307 816	
十一	716 092	1 358 062	15 782	8 401	25 918 074	
十二	8 916	19 528	93 526 074	9 425 137	562 817	
十三	3 945 237	42 976 381	9 348	192 768	81 026	
十四	7 825 241	70 149 835	6 017	435 928	94 182	
十五	18 230	8 130 769	87 921 074	2 516	109 547	
十六	7 501	947 512	16 015	8 014 672	61 392 805	
十七	239 728	72 908	7 529 861	72 851 490	6 321	
十八	97 502 861	9 834	139 250	20 539	5 627 904	
十九	427 519	2 876 015	23 945 819	51 642	-9 837	
二十	9 157	51 846	620 178	70 158 496	8 461 250	
合计						

账表算(七)

纵题＼横题	一	二	三	四	五	合计
一	79 863 451	7 386 190	26 490	213 587	3245	
二	25 980	2 416	3 873 145	75 948 362	716 309	
三	471 036	59 732	13 269 587	3 984	6 405 218	
四	1 647 329	398 245	8 103	71 560	93 287 645	
五	3 852	67 451 038	725 496	6 034 912	19 378	
六	8 092 641	3 273	62 957	19 387 564	805 431	
七	12 970 856	97 461	524 306	5 387	2 389 104	
八	9 374	684 957	3 812 643	20 513	80 972 651	
九	562 103	40 213 895	9 178	-6 789 402	53 467	
十	43 857	2 380 156	13 478 950	901 264	6 972	
十一	6 134	912 503	97 508	4 823 697	41 487 526	
十二	31 746	5 398 426	270 359	87 160 253	4 198	
十三	785 902	72 540 981	4 326 108	1 364	-97 536	
十四	8 902 573	1 687	83 915 264	-40 195	463 072	
十五	93 451 628	33 764	6 471	579 802	1 052 839	
十六	7 193	1 247 598	479 608	25 063	54 836 201	
十七	6 910 524	85 906	7 213	87 196 534	287 043	
十八	49 278	10 257 364	6 480 539	412 378	-1 569	
十九	20 357 684	823 601	57 912	4 960	5 814 397	
二十	531 806	4 379	20 431 568	9 147 852	79 260	
合计						

账表算(八)

纵题 \ 横题	一	二	三	四	五	合计
一	956 741	18 080	9 078	79 808 481	1 868 479	
二	541 078	73 691	7 089	81 341 872	1 341 806	
三	3 269	47 571 227	85 079	7 969 658	272 357	
四	9 708	65 271	845 973	31 602 507	-8 191 700	
五	581 282	82 466 980	16 787	8 846 686	5 077	
六	39 583 207	8 172	2 651 174	710 892	94 515	
七	65 913	4 527	570 082	6 965 535	22 536 770	
八	9 216 780	12 774 643	87 292	5 610	898 946	
九	92 401	9 423 901	65 960 455	-6 082	213 107	
十	2 650	26 150	3 456 555	283 101	58 457 255	
十一	80 015 692	706 326	1 282	92 973	17 780	
十二	83 022	6 712 615	93 041 878	5 687	108 074	
十三	117 157	83 065 474	9 464	-1 091 174	-46 151	
十四	43 707 945	05 897	6 348	291 740	5 109 882	
十五	8 201 164	133 184	58 796	5 217	43736 150	
十六	691 749	7 086 389	39 216	32 900 154	8 502	
十七	6 051 178	8 487	26 547 480	975 192	81 789	
十八	46 347	8 105 379	1 622	94 298 051	517 749	
十九	752 601	7 982	46 907	5 184 796	56 138 297	
二十	8 506 329	98 641 703	8 652	28 407	918 365	
合计						

第八章　会计档案整理与保管技能

第一节　会计档案的整理技能

一、会计档案的概念和种类

会计档案是指会计凭证、会计账簿和财务报告等会计核算专业材料，是记录和反映单位经济业务的重要史料和证据。根据1998年8月财政部、国家档案局联合发布的《会计档案管理办法》，各单位每年形成的会计档案，都应有财务会计部门按照归档的要求，负责整理立卷或装订成册。当年形成的档案，在会计年度终了，可暂由本单位财务会计部门保管一年。期满后，原则上应有财务会计编造清册，移交本单位档案部门保管；未设立档案部门的，应在财务会计部门内部指定专人保管。

会计档案的基本内容如图8－1所示，具体包括以下四大类：

1. 会计凭证。包括原始凭证，记账凭证，汇总凭证，其他会计凭证。

2. 会计账簿。包括总账、明细账、日记账、固定资产卡片、辅助账簿、其他会计账簿。

3. 财务报告。包括月度、季度、年度财务报告，包括财务报表、附表、附注及文字说明，其他财务报告。

4. 其他会计资料。包括银行存款余额调节表，银行对账单，其他应当保存的会计核算专业资料，会计档案移交清册，会计档案保管清册，会计档案销毁清册。实行会计电算化的单位存贮在磁性介质上的会计数据、程序文件及其他会计核算资料均应视同会计档案一并管理。

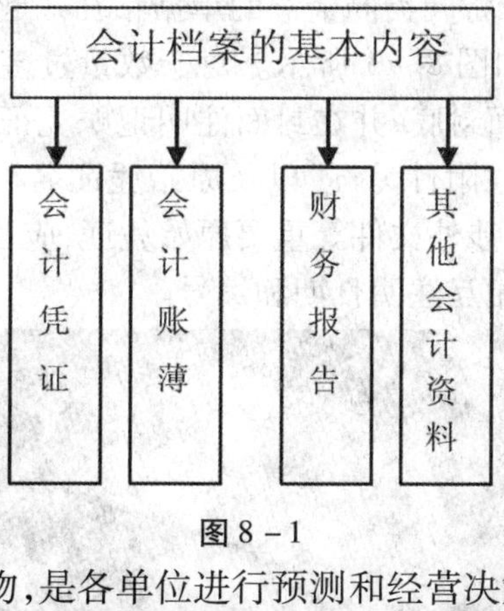

图8－1

会计档案是会计活动的产物，是各单位进行预测和经营决策重要参考资料，也是检查各单位是否遵纪守法的客观依据，同时也为解决经济纠纷，处理经济案件提供依据。所以加强会计档案的整理和保管具有重要作用。

二、会计档案的整理与装订

会计档案的整理和装订主要包括会计凭证、会计账簿、会计报表及其他文字资料的整理和装订。会计年度终了后,应对会计资料进行整理立卷。会计档案的整理一般采用“三统一”的办法,即:分类标准统一、档案形成统一、管理要求统一,同时要分门别类按各卷顺序编号。

1. 分类标准统一。一般将财务会计资料分成一类账簿、二类凭证、三类报表、四类文字资料及其他。

2. 档案形成统一。案册封面、档案卡夹、存放柜和存放序列统一。

3. 管理要求统一。建立财务会计资料档案簿、会计资料档案目录、会计凭证装订成册,报表和文字资料分类立卷,其他零星资料按年度排序汇编装订成册。一般采用年度—名称—保管期限的方式分类立卷,即将单位的会计档案先按年度分开,然后再按名称分类,最后在同类名称中按保管期限排序,序号可按一年或多个年份排列。

(一)会计凭证的整理与装订

会计凭证是记录经济业务明确经济责任,具有法律效力的证明文件,又是登记账簿的依据,因此,它是重要的经济档案和历史资料。在审核和填制会计凭证并登记账簿之后,必须按归档要求加以整理和保管。这样,一方面可以防止凭证的散失,保证其安全完整,另一方面也便于日后查阅。

1. 会计凭证的整理

会计凭证登记完毕后,应将记账凭证连同所附的原始凭证或者原始凭证汇总表,按照分类和编号顺序折叠整齐,准备装订,不得散乱丢失。会计凭证装订前的整理工作如下:

(1)原始凭证分类整理,按顺序排列。分类整理时应根据记账凭证纸张大小,将原始凭证进行折叠或粘贴。对于纸张面积过大的原始凭证,应按照记账凭证的面积尺寸,将原始凭证先自右向左,再自下向上两次折叠。折叠时应注意将凭证的左上角或左侧面空出,以便装订后展开查阅,如图 8 - 2 所示;对于纸张面积过小的原始凭证,一般不能直接装订,则采用粘贴的方法,即按一定次序和类别将原始凭证粘贴在一张与记账凭证大小相同的原始凭证粘帖单上(也可用白纸代替),粘贴时尽量将同类同金额的单据粘在一起,粘贴完成后,应在粘帖单注明原始凭证的张数和合计金额,如图 8 - 3 所示。对于数量过多的原始凭证,如收料单、领料单等,可以单独装订成册,加上封面封底,并在封面注明记账凭证日期、编号,存放在其他类会计档案中,同时在记账凭证上注明“附件另订”以及原始凭证名称和编号,以备查阅。此外,各种经济合同、存出保证金收据以及涉外文件等重要原始凭证,应当另编目录,单独登记保管,并在有关的记账凭证和原始凭证上相互注明日期和编号。

图 8 - 2

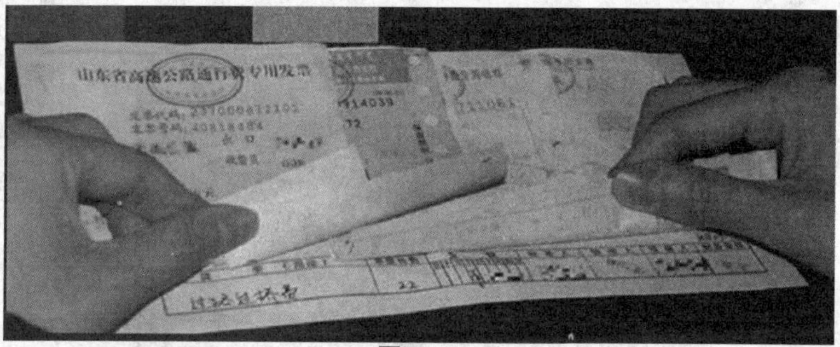

图 8－3

（2）按凭证汇总日期归集（如按上、中、下旬汇总归集），确定装订成册的本数。

（3）抽出凭证内的金属物（如订书钉、大头针、回形针）。

（4）整理检查凭证顺序号是否齐全，如有颠倒要重新排列，发现缺号要查明原因，同时再检查附件有否漏缺，领料单、入库单、工资发放单是否随附齐全。

（5）检查记账凭证上有关人员（如财务主管、复核、记账、制单、出纳等）的印章是否齐全。

（6）填写会计凭证封面。会计凭证封面应写明单位名称，年度、月份，本月共几册、本册是第几册，记账凭证的起讫编号、张数，并由会计主管、装订人分别签名或盖章。凭证封面如图 8－4 所示。

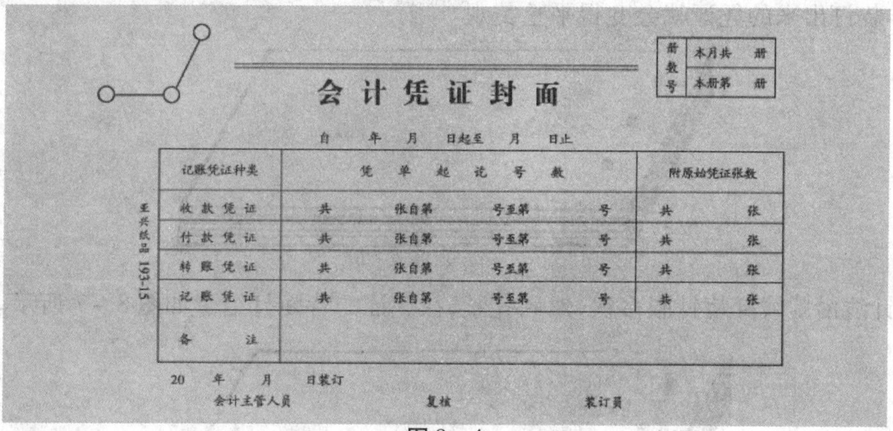

册数号：本月共 册；本册第 册

会计凭证封面

自 年 月 日起至 月 日止

记账凭证种类	凭单起讫号数	附原始凭证张数
收款凭证	共 张自第 号至第 号	共 张
付款凭证	共 张自第 号至第 号	共 张
转账凭证	共 张自第 号至第 号	共 张
记账凭证	共 张自第 号至第 号	共 张
备注		

20 年 月 日装订

会计主管人员 复核 装订员

图 8－4

2. 会计凭证的装订

会计凭证装订是指将定期整理完毕的零散的会计凭证按照编号顺序，加上封面和封底，装订成册，从而方便保管和利用。科目汇总表的工作底稿也可以装订在内，放在记账凭证的最后面，作为科目汇总表的附件。使用计算机的企业，还应将转账凭证清单等装订在内。会计凭证不得跨月装订，每月凭证应装订成一册或多册。凭证装订前，应根据当月凭证的多少决定将要装订成几册。每册的厚薄应基本保持一致，不能把几张应属一份记账凭证附件的原始凭证拆开装订在两册之中，要做到既美观又便于翻阅。装订好的会计凭证厚度通常以 1.5－2.0 厘米为宜，太厚不利于翻阅核查，太薄不利于竖立放置。装订成册的会计凭证必须加盖封面，封面上应注明单位名称、年度、月份和起讫日期、凭证种类、起讫号码，由装订人在装订线封签外签名或者盖章。装订多册的凭证，应在凭证封面上注明本月总计册数和本册数。

装订前，应准备好装订凭证的一些用具，包括：整理好的凭证、凭证封皮、装订机或电钻、针或铁锥、线、胶水、夹子、包角纸、尺子、剪子等,如图 8－5 所示。记账凭证的装订有手工装订和机器装订。这里我们只介绍手工装订的程序和方法。手工装订有两种方法:侧订法和角订法。

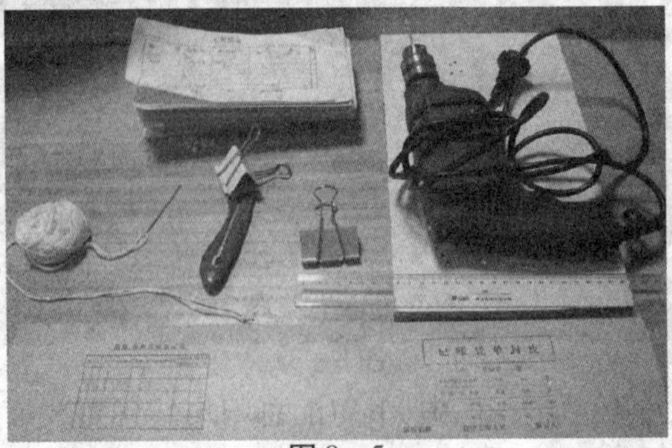

图 8－5

(1)侧订法(即三针引线法)

①用夹子夹紧已整理好的凭证,在凭证左前位置均匀地打三个眼,打眼不能太靠近左侧,太近了装订后原始凭证容易脱落;也不能距离左侧太远,太远了装订后容易把原始凭证的内容订进去,给查阅带来困难。如图 8－6 所示。

需要说明的是由于原始凭证往往大于记账凭证,原始凭证折叠过多,使得订出的一本凭证就显得中间厚,装订线的位置薄,形状不美观。这时可以折叠一些纸条,均匀地垫在装订线的位置,这样装订出来的凭证就会变得平整美观。

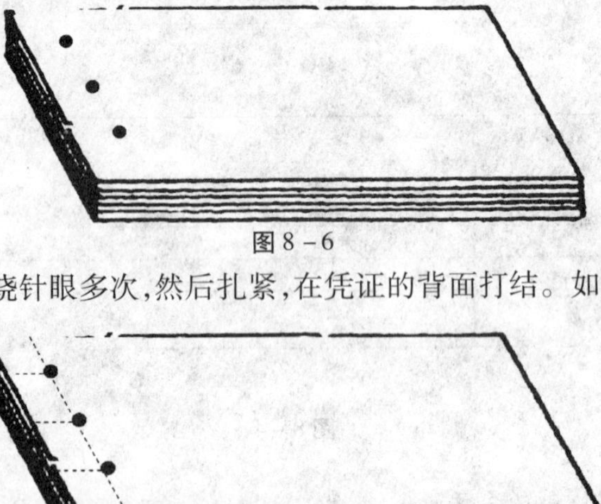

图 8－6

②用针线沿虚线穿绕针眼多次,然后扎紧,在凭证的背面打结。如图 8－7 所示。

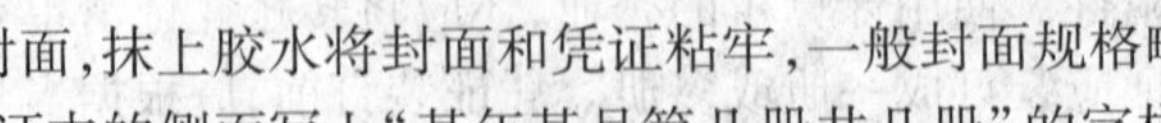

图 8－7

③在凭证外面加封面,抹上胶水将封面和凭证粘牢,一般封面规格略大于所附记账凭证。

④待晾干后,在凭证本的侧面写上"某年某月第几册共几册"的字样。装订人在装订线封签处签名或者盖章。

(2)角订法

①将凭证封皮和封底附在凭证前面和后面,再拿一张质地结实、耐磨的牛皮纸做护角纸,放在封皮上角并用夹子夹紧。

②在凭证的左上角画一边长为 5 厘米的等边三角形,用装订机在底线上分布均匀地打两

个眼儿。打眼不能太靠近左上角的顶端，太近了装订后难以做到平整；也不能太靠下了，太靠下了容易把原始凭证的内容订进去，不便事后查阅。如图8－8所示。

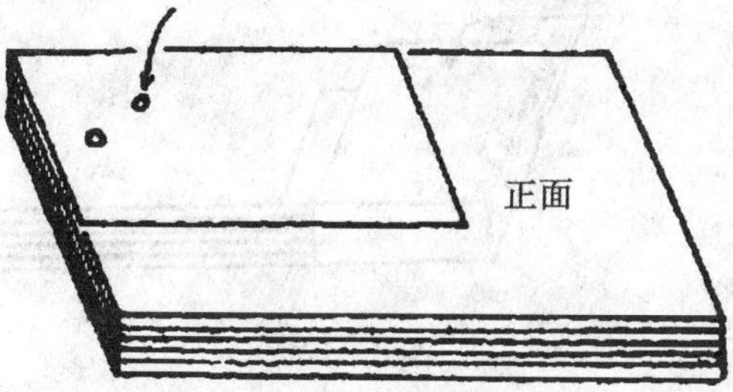

图8－8

③沿虚线引针穿绕多次，然后扎紧，在凭证的背面打结。线绳最好把凭证两端也系上。如图8－9所示。

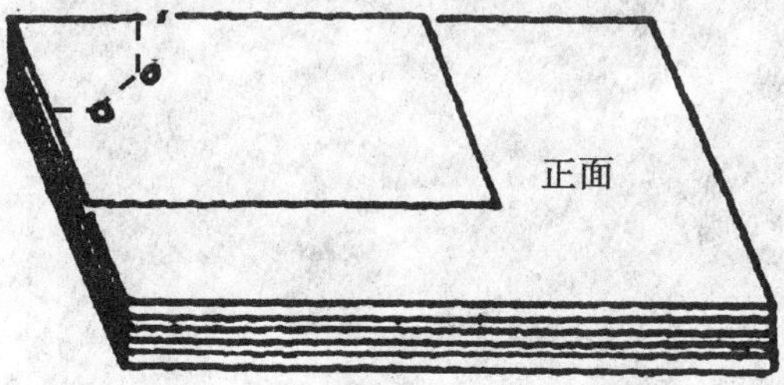

图8－9

④从正面将护角向左上侧面折，沿虚线将一侧剪开，如图8－10所示。

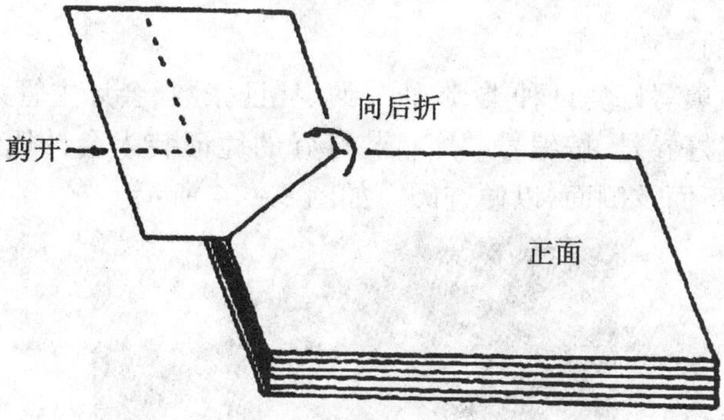

图8－10

⑤抹上胶水，向下折叠，如图8－11所示。

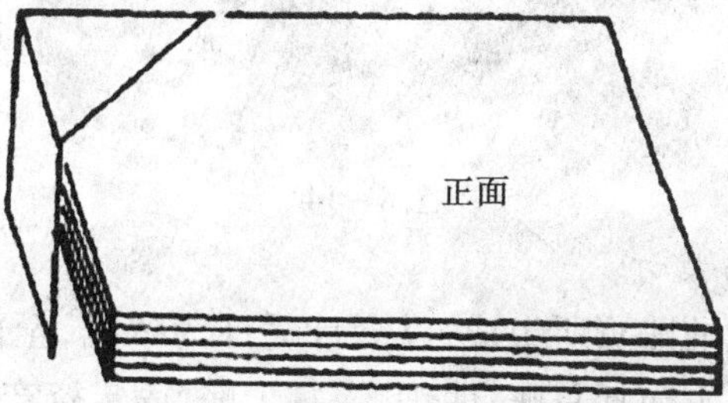

图8－11

⑥把凭证翻过来，将侧面和背面的护角纸重叠、粘牢。如图 8 – 12 所示。

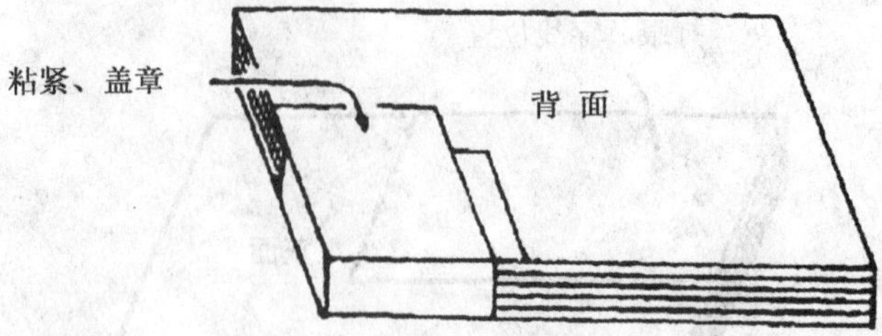

图 8 – 12

⑦待晾干后，在凭证本的侧面写上“某年某月第几册共几册”的字样。装订人在装订线封签处签名或者盖章。如图 8 – 13 所示。

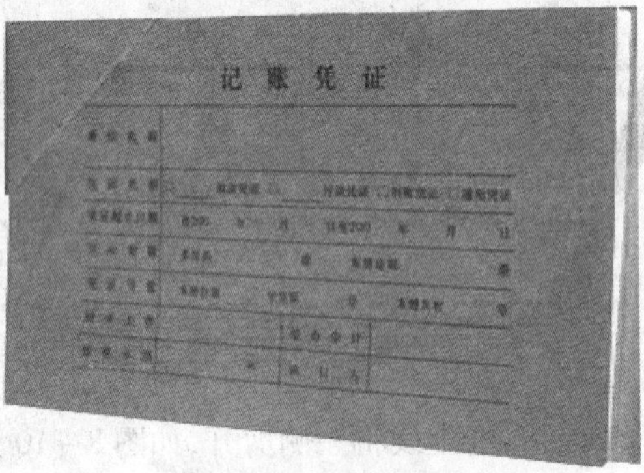

图 8 – 13

会计凭证装订后的注意事项：

第一，每本封面上填写好凭证种类、起止号码、凭证张数、会计主管人员和装订人员签章；

第二，在封面上编好卷号，按编号顺序将装订好的凭证装入会计凭证专用盒中入柜保管。填写会计凭证专用盒正面及侧面，以便查阅。如图 8 – 14 所示。

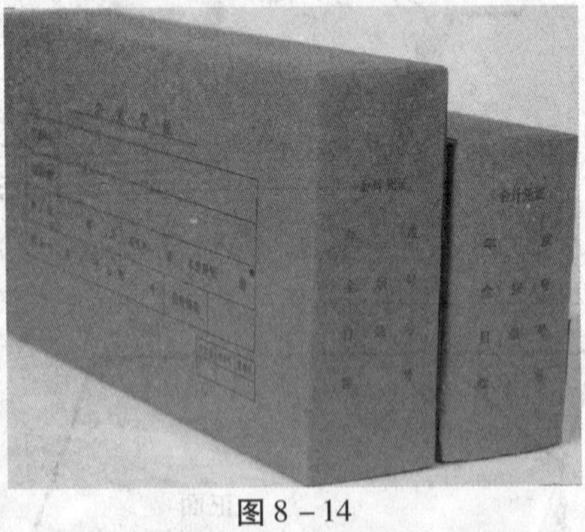

图 8 – 14

（二）会计账簿的整理与装订

会计账簿是由一定格式的账页所组成，以会计凭证为依据，全面、系统、序时、分类地记录各项经济业务的会计簿籍。它包括总账、明细账、日记账、固定资产卡片、辅助账簿和其他会计账簿。账簿同会计凭证一样，都是重要的会计档案，必须按照《会计档案管理办法》规定的保存年限妥善保管，不得丢失和任意销毁。

为了清晰地反映各个会计年度财务收支状况及其结果，各种会计账簿年度结账后，除跨年使用的账簿外，其他账簿应按时整理立卷。在新的会计年度开始时，要对会计账簿进行更换。日记账、总账和大多数明细账应每年更换一次。对于变动较少的小部分明细账则可以继续使用，不必每年更换，如备查账簿、固定资产明细账或固定资产卡片等。

1. 账簿装订前的整理

首先按账簿启用表的使用页数核对各个账户是否相符，账页数是否齐全，序号排列是否连续；然后按会计账簿封面、账簿启用表、账户目录、按页数顺序排列的账页、会计账簿封底的顺序装订，如图 8－15 所示。

现金日记账、银行存款日记账、总账为订本式账簿，不需要进行账簿装订。

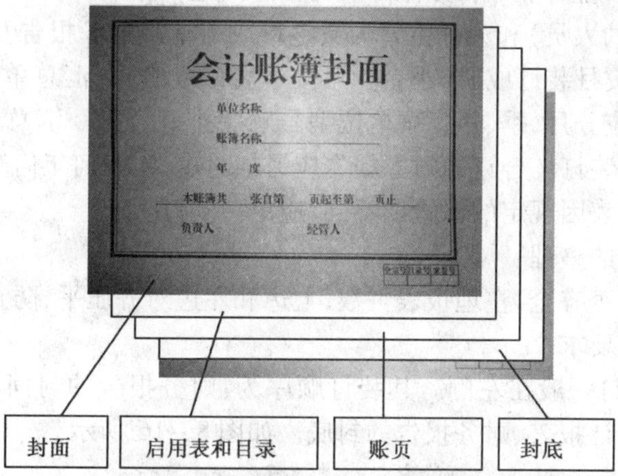

图 8－15

2. 活页账簿装订要求

（1）账簿在次年后，应将活页账簿编好科目目录，保留已使用过的账页，将账页数填写齐全，去除空白页和撤掉账夹，然后用线绳系牢（也可用活页摇夹）装订成册。

（2）将封皮粘贴在装订好的账簿上，在封皮上写明账簿的名称、单位、所属年份、编号、会计主管人员和装订人（经办人）签章。并在账簿的脊背上写明账簿种类、时间。

（3）多栏式活页账、三栏式活页账、数量金额式活页账等不得混装，应按同类业务、同类账页装订在一起。

3. 账簿装订后的其他要求

（1）会计账簿应牢固、平整，不得有折角、缺角，错页、掉页、加空白纸的现象。

（2）会计账簿的封口要严密，封口处要加盖有关印章。

（3）封面应填写完整，注明账簿编号，编号为一年一编，编号顺序为总账、现金日记账、银行存款日记账、明细账。

会计业务量小的公司，账簿可以不贴口取纸；业务量大的公司，账簿上应贴口取纸，可以按一级科目或材料大类，按账页顺序由前往后，自上而下地粘贴，当合起账簿时，全部口取纸应该整齐，均匀，并能够显露出科目名称，不要在账簿上下两侧贴口取纸，而应在右侧粘贴，这样可以竖立放置，保证存档时整齐，以便抽取。

（三）会计报表的整理与装订

财务报告是指企业对外提供的反映企业某一特定日期财务状况和某一会计期间经营成果、现金流量等会计信息的文件。它包括会计报表、会计报表附表和财务情况说明书。其中，会计报表是财务报告的主要组成部分，它是对企业财务状况、经营成果和现金流量的结构性表述。企业对外提供的财务报表一般包括资产负债表、利润表、现金流量表和所有者权益（或股东权益）变动表。这些财务报表的各个组成部分是相互联系的，他们从不同的角度说明企业的财务状况、经营成果和现金流量情况。

财务报告分为年度、半年度、季度和月度财务报告。年度、半年度财务报告由会计报表、会计报表附注和财务状情况说明书三部分组成。月度和季度财务报告通常仅指会计报表。

对外报出的会计报告应依次编定页数，加具封面，装订成册，加盖公章。报表的封面上应注明：企业名称、地址、开业年份、报表所属年度、月份、送出日期等，并由企业领导、总会计师（或代行总会计师职权的人员）和会计主管人员签章或盖章。财务报告及时报送后，为防止丢失，留存的财务报告应按月装订成册（小企业可按季装订成册）。汇总单位收到所属单位报来的会计报表，经汇总后应分月、季、年度按单位编号顺序排好合订。汇总单位本身的会计报表也应分月、季、年度单独装订。合订的财务报告应另加封皮，注明何年何时期至何时期，并由装订人签章。年度决算报表因规定的保管期不同，应单独装订。

1. 财务报告装订前的整理

按编报目录核对是否齐全，整理报表页数，上边和左边对齐压平，防止折角。

2. 财务报告的装订要求

（1）财务报告的装订一般在左侧。其装订顺序为：财务报告的封面、财务情况说明书、按编号顺序排列的各种会计报表、财务报告的封底。如图 8－16 所示。

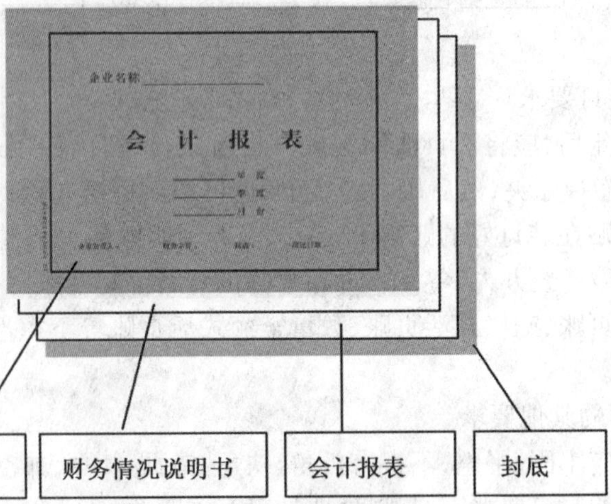

图 8－16　财务报告的装订顺序

（2）会计报表页数如果不多，可用订书机装订。合订的会计报表和年度决算报表，应用线绳装订。用线绳装订时，应将其中所有的金属订书钉、大头针摘除干净，以防日久生锈。

（3）会计报告对外报送时加盖单位公章（不是财会部门的专用章），加盖单位公章体现了单位以法人资格拥有的管理权限和承担的经济责任，而财会专用章主要用于财务收支及由单位授权处理的某些具体经济事项。同时会计报表中，有关签章应齐全。单位领导人（法人代表)、财会部门负责人、审核人员和制表人员签章,各负其责,这些保障了会计报表各项数字的真实、完整、准确、合法。

总之,会计资料应规范的收集整理,会计档案按照标准装订,封面、会计档案盒的内容要按统一的项目填写,封面、专用盒要按统一的尺寸、规格制作,以便会计资料查阅方便。

第二节　会计档案的保管技能

《会计法》第二十三条规定,各单位对会计凭证、会计账簿、财务会计报告和其他会计资料应当建立档案,妥善保管。

一、会计档案的归档和保管

(一)会计档案的归档和保管要求

根据《会计档案管理办法》的规定,各单位对会计档案的归档和保管应做到:

1. 各单位每年形成的会计档案,应当自会计机构按照归档的要求,负责整理立卷,装订成册,编制会计档案保管清册。

2. 当年形成的会计档案,在会计年度终了后,可暂由会计机构保管一年,期满之后原则上应当由会计机构编制移交清册,移交本单位档案机构统一保管。未设立档案机构的,应当在会计机构内部指定专人保管,出纳人员不得兼管会计档案。

3. 移交本单位档案机构保管的会计档案,原则上应当保持原卷册的封装。个别需要拆封重新整理的,档案机构应当会同会计机构和经办人员共同拆封整理,以分清责任。

4. 采用会计电算化进行会计核算的单位,应当保存打印出的纸质会计档案。会计电算化档案是会计档案的重要组成部分,包括存储在计算机中的会计数据(以磁性介质或光盘存储的会计数据)和计算机打印出来的书面形式的会计数据。企业要做好对电算化会计档案的防磁、防火、防潮和防尘等安全工作。对重要的会计档案应准备双份,存放在两个不同的地点。采用磁性介质保存的会计档案,要定期进行检查、复制,防止会计档案丢失。

5. 对会计档案应当科学管理,建立会计档案的立卷、归档、保管、查阅和销毁等管理制度,保证会计档案妥善保管、存放有序、查阅方便,同时严格执行安全和保密制度,不得随意堆放,严防毁损、散失和泄密。

6. 单位变更以后的会计档案应视不同情况进行归档保管:

(1)单位终止:单位因撤销、解散、破产或者其他原因而终止的,在终止和办理注销登记手续之前形成的会计档案,应当由终止单位的业务 主管部门或财产所有者代管或移交有关档案馆代管。

(2)单位分立:单位分立后原单位存续的,其会计档案应当由分立后的存续方统一保管,其他方可查阅、复制与其业务相关的会计档案;单位分立后原单位解散的,其会计档案应当经各方协商后由其中一方代管或移交有关档案馆代管,各方可查阅、复制与其业务相关的会计档案。单位分立中未结清的会计事项所涉及的原始凭证,应当单独抽出由业务相关方保存,并按规定办理交接手续。单位因业务移交其他单位办理所涉及的会计档案,应当由原单位保管,承接业务单位可查阅、复制与其业务相关的会计档案,对其中未结清的会计事项所涉及的原始凭证,应当单独抽出由业务承接单位保存,并按规定办理交接手续。

(3)单位合并:单位合并后原各单位解散或一方存续其他方解散的,原各单位的会计档案应当由合并后的单位统一保管;单位合并后原各单位仍存续的,其会计档案仍由原各单位保管。

(4)单位项目建设期间:建设单位在项目建设期间形成的会计档案,应当在办理竣工决算后移交给建设项目的接受单位,并按规定办理交接手续。

(二)会计档案的保管期限

根据会计档案的特点,其保管期限可分为永久和定期两类。凡是在立档单位会计核算中形成的,记述和反映会计核算的,对工作总结、查考和研究经济活动具有长远利用价值的会计档案,应永久保存。定期保管期限分为3年、5年、10年、15年、25年五类。会计档案的保管期限,从会计年度终了后的第一天算起。如:2010年度终了日为12月31日,保管期限按2011年1月1日开始计算。《会计档案管理办法》规定了我国企业和其他组织、预算单位等会计档案的保管期限,如表8-1、表8-2所示。会计档案保管期限,原则上按以下表中规定的期限执行。

表8-1

企业和其他组织会计档案保管期限

序号	档案名称	保管期限	备注
一	会计凭证类		
1	原始凭证	15年	
2	记账凭证	15年	
3	汇总凭证	15年	
二	会计账簿类		
4	总账	15年	包括日记总账
5	明细账	15年	
6	日记账	15年	现金和银行日记账保管25年
7	固定资产卡片		固定资产报废清理后保管5年
8	辅助账簿		
三	财务报告类		包括各级主管部门汇总财务报告
9	月、季度财务报告	3年	包括文字分析
10	年度财务报告(决算)	永久	包括文字分析
四	其他类		
11	会计移交清册	15年	
12	会计档案保管清册	永久	
13	会计档案销毁清册	永久	
14	银行余额调节表	5年	
15	银行对账单	5年	

表8－2

财政总预算、行政单位、事业单位和税收会计档案保管期限表					
序号	档案名称	财政总预算	行政事业单位	税收会计	备注
一	会计凭证类				
1	国家金库编送的各种报表及缴库退库凭证	10年		10年	
2	各收入机关编送的报表	10年			
3	行政单位和事业单位的各种会计凭证		15年		包括：原始凭证、记账凭证和传票汇总表
4	各种完税凭证和缴、退库凭证			15年	缴款书存根联在销号后保管2年
5	财政总预算拨款凭证及其他会计凭证	15年			包括：拨款凭证和其他会计凭证
6	农牧业税结算凭证			15年	
二	会计账簿类				
7	日记账		15年	15年	
8	总账	15年	15年	15年	
9	税收日记账（总账）和税收票证分类出纳账		25年		
10	明细分类、分户账或登记簿	15年	15年	15年	
11	现金出纳账、银行存款账		25年	25年	
12	行政单位和事业单位固定资产明细账（卡片）				固定资产报废清理后保管5年
三	财务报告类				
13	财政总预算	永久			
14	行政单位和事业单位决算	10年	永久		
15	税收年报（决算）	10年		永久	
16	国家金库年报（决算）	10年			
17	基本建设拨、贷款年报（决算）	10年			
18	财政总预算会计旬报	3年			所属单位报送保管2年

续表

19	财政总预算会计月、季度报表	5年			所属单位报送的保管2年
20	行政单位和事业单位会计月、季度报表		5年		所属单位报送的保管2年
21	税收会计报表（包括票证报表）			10年	电报保管1年,所属税务机关报送的保管3年
四	其他类				
22	会计移交清册	15年	15年	15年	
23	会计档案保管清册	永久	永久	永久	
24	会计档案销毁清册	永久	永久	永久	

二、会计档案查阅

在实际工作中会计档案经常被查阅利用,会计档案查阅是会计档案保管的一个重要环节。各单位应建立健全会计档案的查阅和复制登记制度。会计档案利用时应做到:

1. 会计档案为本单位提供利用,原则上不得借出,有特殊需要须经上级主管单位或单位领导、会计主管人员批准。

2. 外部查阅会计档案时,应持有单位正式介绍信,经会计主管人员或单位领导人批准后,方可办理查阅手续;单位内部人员查阅会计档案时,应经会计主管人员或单位领导人批准后,办理查阅手续。

3. 办理查阅手续时,查阅人应认真填写档案查阅登记簿,将查阅人姓名、单位、日期、数量、内容、归期等情况登记清楚。

4. 查阅会计档案人员不得在会计档案上乱画、标记、拆散原卷册,也不得抽换、携带外出或复制原件(如有特殊情况,须经领导批准后方能携带外出或复制原件)。

5. 借出的会计档案,会计档案管理人员要按期如数收回,并办理注销查阅手续。

为了全面反映会计档案情况,立档部门应设置“会计档案备查表”及时记载会计档案的保存数、借阅数和归档数,做到心中有数、不出差错。

三、会计档案的交接

(一)单位之间交接会计档案

单位之间交接会计档案的,交接双方需办理会计档案交接手续。交接基本程序如下:

1. 移交会计档案的单位,应当编制会计档案移交清册,列明应当移交的会计档案名称、卷号、册数、起止年度和档案编号、应保管期限、已保管期限等内容,会计档案移交清册格式如表8－3所示。

表 8－3

单位：

序号	类别	档案名称	起止卷号	应保管期限	已保管期限	保管地点	备注

移交单位：　　　　　　移交人：　　　　　　接受单位：　　　　　　接受人：

2. 交接会计档案时，交接双方应当按照会计档案移交清册所列内容逐项交接，并由交接双方的单位负责人负责监交。

3. 交接完毕后，交接双方经办人和监交人应当在会计档案移交清册上签名或者盖章。

（二）个人交接会计档案

个人交接会计档案即会计人员工作交接，是指会计人员工作调动或者因故离职时，与接替人员办理交接手续的一种工作程序。《会计法》第四十一条规定："会计人员工作调动或者离职，必须与接管人员办清交接手续。"会计人员工作交接是会计工作的一项重要内容，是会计人员应尽的职责，也是做好会计工作的要求。

办理会计工作交接的基本程序具体如下：

1. 做好办理移交手续前的准备工作

根据规定，会计人员在办理移交手续前，必须及时办理完毕未了的会计事项，具体包括：

（1）对已经受理的经济业务尚未填制会计凭证的，应当填制完毕。

（2）尚未登记的账目应当登记完毕，结出余额，并在最后一笔余额后加盖经办人员印章。

（3）整理好应该移交的各项资料，对未了事项和遗留问题要写出书面说明材料。

（4）编制移交清册，列明应当移交的会计凭证、会计账簿、财务会计报告、公章、现金、有价证券、支票簿、发票、文件以及其他会计资料和物品等内容。实行会计电算化的单位，从事该项工作的移交人员应在移交清册上列明会计软件及密码、会计软件数据盘、磁带等内容，会计档案移交清册格式如表 8－4 所示。

表 8－4

单位：

序号	类别	档案名称及内容	起止日期	数量（本）	备注

会计主管：　　　　　　移交人：　　　　　　保管人：

（5）会计机构负责人（会计主管人员）移交时，应将全部财务会计工作、重大财务收支问题和会计人员的情况等,向接替人员介绍清楚。

2. 按照移交清册逐项移交

接替人员应认真按照移交清册列明的内容,进行逐项交接。具体要求是:

(1)现金要根据会计账簿记录余额进行当面点交,不得短缺。如有不一致或"白条抵库"现象,移交人员应在规定期限内负责查清处理。

(2)有价证券的数量要与会计账簿记录一致。由于一些有价证券如债券、国库券等面额与发行价格可能会不一致,因此,在对这些有价证券的实际发行价格、利(股)息等按照会计账簿余额进行交接的同时,对上述有价证券的数量(如张数等)也应当按照有关会计账簿记录点交清楚。

(3)所有会计资料必须完整无缺。如有短缺,必须查明原因,并在移交清册中加以说明,由移交人负责。

(4)银行存款账户余额要与银行对账单核对相符。如有未达账项,应编制银行存款余额调节表调节相符;各种财产物资和债权债务的明细账户余额,要与总账有关账户的余额核对相符;对重要实物要实地盘点,对余额较大的往来账户要与往来单位、个人核对。

(5)移交人员经管的票据、印章及其他会计用品等,也必须交接清楚。

(6)实行会计电算化的单位,交接双方应将有关电子数据在计算机上进行实际操作,确认有关数据正确无误后,方可交接。

3. 专人负责监交

为了明确责任,会计人员在办理工作交接手续时,必须有专人负责监交。通过监交,保证交接双方的权利和承担义务,对监交的具体要求是:

(1)一般会计人员办理交接手续,由单位的会计机构负责人(会计主管人员)负责监交。

(2)会计机构负责人(会计主管人员)办理交接手续,由单位负责人负责监交,必要时上级主管部门可以派人会同监交。所谓必要时上级主管部门可以派人会同监交,是指有些交接工作需要主管部门监交或者主管部门认为需要参与监交。通常有三种情况:

①所属单位负责人不能监交,需要由主管部门派人代表主管部门监交。如因单位撤并而办理交接手续等。

②所属单位负责人不能及时监交,需要由主管部门派人督促监交。如主管部门责成所属单位撤换不合格的会计机构负责人(会计主管人员),所属单位负责人却以种种借口拖延不办理交接手续时,主管部门就应派人督促会同监交等。

③不宜由所属单位负责人单独监交,而需要主管部门会同监交。如所属单位负责人与办理交接手续的会计机构负责人(会计主管人员)有矛盾的,为防止可能发生的单位负责人借机刁难等情况,主管部门应当派人会同监交。

此外,主管部门认为交接中存在某种问题需要派人监交时,也可派人会同监交。

4. 交接后的有关事项

(1)会计工作交接完毕后,交接双方和监交人在移交清册上签名或盖章,并应在移交清册上注明:单位名称,交接日期,交接双方和监交人的职务、姓名,移交清册页数以及需要说明的问题和意见等。

(2)接替人员应继续使用移交前的账簿,不得擅自另立账簿,以保证会计记录前后衔接,内容完整。

(3)移交清册一般应填制一式三份,交接双方各执一份,存档一份。

交接工作完成后,移交人员所移交的会计凭证、会计账簿、财务会计报告和其他会计资料是在其经办会计工作期间内发生的,应当对这些会计资料的合法性、真实性承担法律责任;即使接替人员在交接时因疏忽没有发现所接会计资料在合法性、真实性方面的问题,如事后发现仍由原移交人员负责,原移交人员不能以会计资料已经移交为理由而推脱责任。

四、会计档案的销毁

保管期满但未结清的债权债务原始凭证和涉及其他未了事项的原始凭证,不得销毁,应当单独抽出立卷,保管到未了事项完结时为止。单独抽出立卷的会计档案,应当在会计档案销毁清册和会计档案保管清册中列明。正在项目建设期间的建设单位的会计档案,不论是否已满保管期限,一律不得销毁。

除上述情况外,保管期满的会计档案可以按照以下程序销毁:

1. 由本单位档案机构会同会计机构提出销毁意见,编制会计档案销毁清册,列明销毁会计档案的名称、卷号、册数、起止年度和档案编号、应保管期限、已保管期限、销毁时间等内容。会计档案销毁清册和会计档案销毁清册审批表如表8－5、表8－6、表8－7所示。

表8－5

(单 位 名 称)

会 计 档 案 销 毁 清 册

批准人:　　　　销毁类别:

单位公章、时间:　　　　销毁册数:

销毁人:　　　　起止卷号:

监销人:　　　　起止年度:

销毁时间:

全宗号:　　　　保管期限:

目录号:　　　　案卷号:

表8－6

单位名称:

序号	类别	题　名	起止年月日	目录号	实卷号	原期限	已保管期限	页数	备注

财务负责人签字:　　　　档案负责人签字:　　　　年　月　日

表8－7

销毁单位盖章　　　　　　　　　　　　　　　　　　　　　年　月　日

<table>
<tr><td>销毁会计档案总计(卷)</td><td>会计凭证(卷)</td><td>起止年度</td><td>会计账薄(卷)</td><td>起止年度</td><td>财务报告(卷)</td><td>起止年度</td><td>其它核算材料(卷)</td><td>起止年度</td><td>备注</td></tr>
<tr><td></td><td></td><td></td><td></td><td></td><td></td><td></td><td></td><td></td><td></td></tr>
<tr><td>销毁原因</td><td colspan="9"></td></tr>
<tr><td colspan="3">主管领导意见：
签字：
年　月　日</td><td colspan="2">档案部门意见：
签字：
年　月　日</td><td colspan="2">财务部门意见：
签字：
年　月　日</td><td colspan="3">监销人：
签字：
年　月　日</td></tr>
<tr><td colspan="10">财政部门意见</td></tr>
<tr><td colspan="3">审核人意见：
签字：
年　月　日</td><td colspan="4">业务股意见：
签字：
年　月　日</td><td colspan="3">主管局长意见：
签字：
年　月　日</td></tr>
</table>

备注：本表一式两份，一份销毁单档案室保存，一份财政局留存。

2. 单位负责人在会计档案销毁清册上签署意见。

3. 在销毁会计档案前，应当按照会计档案销毁清册所列内容逐一清点核对，检查会计档案是否已保管期满、内容和卷号是否相符、编号是否连续。

4. 销毁会计档案时，应当由档案机构会同会计机构共同派监销人员。国家机关销毁会计档案时，应当由同级财政部门、审计部门派员参加监销。财政部门销毁会计档案时，应当由同级审计部门派员参加监销。

5. 销毁后，监销人和经办人应当在会计档案销毁清册上签名盖章，注明“已销毁”字样和销毁日期，以示负责，并及时将销毁情况报告本单位负责人。

6. 会计档案销毁清册，应由单位档案部门永久保存。

会计档案的销毁是一项严肃的工作，必须严格按照《会计档案管理办法》的规定进行。故意销毁应保存的会计档案的行为，以及授意、指使、强令他人故意销毁应保存的会计档案的行为，都是违法行为，如果构成犯罪法追究刑事责任；尚不构成犯罪的，也要承担行政责任，违法单位和责任人员会受到经济处罚和行政处分。

附 录:

附录 1

全国珠算技术等级鉴定标准(试行)实施办法

一、鉴定宗旨。为了全面开展珠算技术等级鉴定工作,促进我国珠算技术水平的迅速提高,培养大量精于计算的人才,加强企业管理,提高经济效益,更好地为“四化”建设服务,特制定本实施办法。

二、鉴定范围。凡全国各机关、团体、企业、事业、部队有关人员及在校学生和城乡个人,均可向各地珠算协会缴纳鉴定费,报名参加珠算技术鉴定。考核合格者发给合格证。

三、鉴定权限。珠算技术等级鉴定按照分级管理、共同负责的原则进行。中国珠算协会鉴定比赛委员会(以下简称“委员会”)具体负责能手一、二级的鉴定和签证工作。审批合格的能手一、二级名单则委员会汇总报中国珠协备案。应试者的考核工作委托各省、市、自治区珠协用委员会所印发的试题统一进行。对于已达到能手一、二级水平的应试人员,应由所在地的珠算协会和主检人员负责审核盖章,并将合格名单和试卷一并函寄委员会审核签证。其各分级的鉴定和签证工作由各省、市、自治区珠协根据当地的实际情况,拟定细则负责办理。对于能手级三至六级合格者,要登记、造册函寄委员会备案。

四、级别晋升。珠算技术鉴定,一般采取由低级到高级逐级晋升的方法进行。应试人员第一次报名参加鉴定时,可按本人申请的级别参加鉴定,对复试继续晋升的人员允许适当跨级参加鉴定考试。

五、鉴定人员。为保证鉴定工作严格按照标准规定进行,各省、市、自治区珠协可聘请或指派三至五名对珠算技术鉴定具有专业能力的同志为鉴定员,鉴定人员在各省珠协的领导下,接受委员会委托,代办本省能手一、二级应试人员的鉴定。组织鉴定时须认真负责,严格掌握限制时间、评分标准,并严格执行考场纪律。

六、鉴定试卷。能手级的鉴定试卷,由委员会统-编拟印制,以省、市、自 治区珠协为单位统一订购,每年印发两次,自行印制能手级试卷者考核无效。必须严格注意鉴定试卷的保密工作,如有泄露,要追究有关人员的责任。每次鉴定只发一份试卷,鉴定完毕后试卷要全部收回(包括来不及运算、未写答案的空白试卷),妥善保管,定期销毁。普通级鉴定试卷,各省珠协可按照委员会所拟定的统一标准,自行编拟、印制,练习用模拟题由各省自行安排。

七、考场规则。应试人员必须遵守考场纪律,服从鉴定人员的统一指挥。鉴定人员必须持公正、严肃、认真的态度履行职责,对违反考场规则者,可视其情节轻重,给予警告或批评,情节严重者可取消本次鉴定资格。

八、评分细则。评卷人员要严格掌握评分标准,认真负责,大公无私地做好 评分工作。试卷评定后要经过复核审定。

珠算鉴定的具体评分细则,可参照《全国珠算技术比赛办法》第5条第3项“错题与扣分评定”。

九、合格证。能手级合格证由委员会统一印制、发售。普通级合格证可由各省、市、自治区按委员会所设计的统一样式自行印制。

十、其他。为照顾地区、行业的特点,各级的鉴定也可分项进行,每单项合格可发给“合格卡”,等加减、乘、除各单项全部合格,再换发合格证。

本办法解释权属于中国珠算协会鉴定比赛委员会。

中国珠算协会鉴定比赛委

1984 年3月7日

附录2

全国珠算技术等级鉴定工作规程

为了进一步加强珠算技术等级鉴定工作，使鉴定工作进一步规范化、科学化。特制定《全国珠算技术等级鉴定工作规程》。

一、鉴定标准适用范围

中国珠算协会1984年4月公布执行的《全国珠算技术等级坚定标准》(试行)，是我国考核珠算技术水平的唯一标准。该标准以实际运算能力考取相应等级，其不同级的鉴定结果，可作为会计等系列专业技术职称评定的技能条件之一(财政在(85)财会字第60号文件规定，会计员达到该标准普通五级的，即为珠算技能合格)：

可作为某种职业、职务或岗位的技能要求之一；可作为在校学生珠算课学习成绩的考核、毕业、分配的标准之一；可作为评比、奖励集体或个人的条件等。凡机关、团体、企业、事业、部队、学校的干部、职工、军队、学生、农民及城乡个人，均可向当地珠算协会报名，参加珠算技术等级鉴定考试。

二、鉴定权限

珠算技术等级鉴定工作，按照分级管理的原则进行。各省、自治区、直辖市、有关系统和计划单列市珠算协会，根据各自情况，制定具体办法，划分鉴定范围，积极完成鉴定工作任务。

除铁路和解放军以系统为主开展鉴定工作外，其他系统珠算协会开展鉴定工作，应征得省、自治区、直辖市和计划单列市珠算协会的同意，按照块块为主，条块结合的原则，共同完成鉴定任务。

三、鉴定员管理

珠算技术等级工作须设鉴定员，对鉴定员的基本要求：

必须坚持四项基本原则，努力钻研和熟练掌握珠算技术等级鉴定工作业务知识，认真执行《全国珠算技术等级鉴定标准》(试行)和《全国珠算技术等级鉴定 规程》，在鉴定工作中，要坚持原则、公正无私、认真负责、一丝不苟，积极完成任务。

鉴定员设一、二两级。鉴定员的职责：一级鉴定员负责对鉴定标准规定的所有级别进行评定工作，并要求能够独立编拟鉴定试题。二级鉴定员负责对鉴定标准规定的普通级所有等级进行评定工作。

鉴定员必须经过培训，取得合格证书。其培训工作，由省、自治区、直辖市、有关系统和计划单列市珠算协会负责。

鉴定员证书，由中国珠算协会统一制定，鉴定员专用章由中国珠算协会统一规定模式及尺寸，均由省、自治区、直辖市、有关系统和计划单列市珠算协会负责刻制、颁发。

印章统一规格为：13mm × 13mm 四框内中间有一横线，横线上刻“×级鉴定员”，横线下刻姓名。

四、鉴定工作财务管理

鉴定工作实行有偿服务、合理收费。其收费标准，须报请财政、物价主管部门批准。

收费项目一般可包括：报名费、鉴定费、证书工本费、升级签证费等几项。支出项目一般包括：各种证件、表格、试卷印刷（购置）费、场租费、专兼职工作人员劳务费、监考、评卷入员酬金、差旅费、上缴管理费以及其他必要的费用等。

各级珠算协会必须遵守财经纪律，制定财务管理办法，实行民主管理。

五、鉴定试卷及珠算技术等级证书管理

鉴定试卷必须符合《全国珠算技术等级鉴定标准》的要求，由中国珠算协会和省、自治区、直辖市、有关系统和计划单列市珠算协会按统一格式编拟印制。

试卷题库应保持多品种，并注意不断更新。试卷要严格保密、专人负责、手续完备、严防泄密。

《珠算技术等级证书》的管理，应严格执行中珠（1990）第1号《关于珠算技术等级证书的管理办法》。经中国珠算协会批准自行印制证书外皮的，其内页一律由中国珠算协会统一印制。

自行印制证书外皮的，按实印数量上缴管理费及内页工本费。

六、鉴定程序

珠算技术等级鉴定工作可参照下列程序进行。

1. 报名：报考人员必须填写报名单，缴纳费用及照片，领取准考证。

2. 考核安排：报名时由工作人员编排好考核日期、时间、场次、场地、座号等各项。

3. 鉴定考核顺序：

（1）每场鉴定至少要有两名鉴定员现场主考。

（2）鉴定考核一般只考一卷，不同场次要更换试卷。

（3）考生入场后，鉴定员应宣布考场纪律，将沿虚线折好的试卷正面向下发给考生，统一发令填写姓名等项，由鉴定员检验有关证件，与试卷填写核对无误后，方可发令“开始”，翻卷答题。

（4）鉴定考试时间，综合卷每场20分钟。由主考人兼记时员、发令员。主考人发令“停止”后，考生应立即停止计算，工作人员即刻收卷，清点数量无误后，送交评分员判卷。

4. 评卷分初评、复评，最后由鉴定员核定等级。试卷只判对、错、不打分。下列情况作错题论：

（1）字迹过于潦草，确实无法辨认的；

（2）一题有两个答数的；

（3）未用划线更正，任意涂改数字的；

（4）小数点漏点或点错位置的；

(5)按规定保留小数该入不入，该舍不舍的。

5. 填发合格证:对考试合格的考生，应及时填发等级证书。证书填写要清晰，印章要齐全，手续要完备，并要存档。

七、考场纪律及违纪处理

珠算技术等级鉴定的考场纪律，各地可参照“全国珠算技术比赛规程”有关内容，结合本地具体情况和惯例自行制定。

在考试进行中遇有违纪行为，应立即制止与纠正。对严重违纪行为，各地应制定相应的处罚办法。

八、鉴定工作人员纪律及违纪处理

鉴定工作人员都要维护鉴定工作的统一性、严肃性和权威性，认真把好鉴定质量关，要严格执行鉴定标准和鉴定工作规程，不饲私舞弊、不泄露鉴定试题、不弄虚作假、不发“人情证”。

对工作人员发生的违纪问题，必须严肃处理，直至取消其参与鉴定工作资格，是鉴定员的，要吊销其鉴定员资格证书。

九、报表制度

各级珠算协会，都要填报“鉴定工作统计表”，省、自治区、直辖市、有关系统和计划单列市珠算协会应在年终汇总，于下年初报送中国珠算协会。

十、本规程业经1992年5月8日中国珠算协会三届十三次常务理事会通过公布执行。凡过去有关鉴定工作的规定与本规程有抵触的，以本规程为准。其解释权、修改权属于中国珠算协会。

中国珠算协会
1992年5月9日

附录 3

珠算技术等级鉴定普通级 6 - 4 级模拟题（正面）

（限时 20 分钟，乘除算小数要求保留两位）

（一）	（二）	（三）	（四）	（五）	（六）
45 072	892	5 048	594	390 587	163 204
615	7 013	716 283	607 519	258	-87 908
8 631	20 758	894	2 738	86 179	623
504	9 718	32 467	48 061	267	-2 041
531 893	697	301	912	-4 309	298
4 318	46 258	9 026	5 302	8 512	6 153
972	3 764	832	276	467	718
9 240	803	1 587	643	-5 831	-8 209
789	294 301	625 970	264 895	61 852	57 302
95 381	415	9 736	510	-304	-645
906	1 569	539	4 839	6 497	9 278
7 842	284	91 401	785	342 109	619 534
610	730 531	708	6 047	341	643
652 027	268	5 214	21 308	-9 067	-7 109
4 328	6 054	645	6 139	205	985

(7) $4\ 087 \times 63 =$　　(8) $29 \times 6\ 517 = 3$　　(9) $3\ 427 \times 67 =$

(10) $1\ 647 \times 38 =$　　(11) $64 \times 9\ 308 =$　　(12) $814 \times 402 =$

(13) $42\ 177 \div 51 =$　　(14) $20\ 746 \div 506 =$　　(15) $15\ 042 \div 46 =$

(16) $15\ 392 \div 74 =$　　(17) $119\ 012 \div 194 =$　　(18) $53\ 244 \div 493 =$

珠算技术等级鉴定普通级 6－4 级模拟题（反面）

（限时 20 分钟，乘除算小数要求保留两位）

（十九）	（二十二）	（二十五）	（二十八）
692	512 608	63 958	69 807
7 523	－980	－973	－824
615	6 713	1 439	5 197
3 805	7 421	627 503	803 657
709 435	312	－8 029	513
6 485	－6 912	716	－2 436
867	508	6 481	918
61 075	20 759	－947	402 735
349 748	206	108	608
467	－438 275	－465 802	－2 193
2 409	964	825	647
321	－4 835	－3 261	8 524
83 690	70 189	72 650	－31 905
514	－654	3 150	416
7 218	3 608	697	－9 207

(20) 5.24 × 3.68 =

(21) 632.85 ÷ 274 =2

(23) 16.05 × 43.2 =

(24) 97.34 ÷ 20.9

(26) 84 × 3 019 =

(27) 53 802 ÷ 854 =

(29) 273 × 1 864 =

(30) 71.424 ÷ 186 =

说明：加减算、乘算和除算各打对 8 题，为四级；各打对 7 题，为五级；各打对 6 题，为六级合格。

附录4

珠算技术等级鉴定普通级3－1级模拟题（正面）

（限时20分钟，乘除算小数要求保留两位）

（一）	（二）	（三）	（四）	（五）	（六）
497 806	6 321	42 156 073	192.78	17.64	37 582.14
8 526 913	803 416	5 768	5 830.52	502.89	－2 703.48
7 325	51 264 309	－167 385	83 931.52	7 201.63	17.35
48 197	5 809 376	4 267 593	57.93	457 230.48	320 587.61
24 897 213	47 825	－721 405	748 931.42	64 082.51	708.53
320 578	72 314	4 027	30.26	3 508.72	－5 408.29
81 675 429	409 851	－84 931	437.93	41.85	402 971.65
2 165	92 518 694	60 518 237	28 172.99	245 731.52	－540.98
11 459 306	8 104 738	－9 147 260	603 178.42	860.31	38.06
29 054	78 021	21 508	3 927.45	79 025	71 601.89
87 568 019	60 439	71 349 182	696.35	48.27	－8,072.43
1 305	43 267 018	4 851	2 840.74	6 292.03	408.29
529 164	1 067 594	－604 738	35 160.84	560.24	867 093.52
4 973 569	921 638	8 421 356	798 042.15	680 124.67	－64 382.16
62 487	2 061	42 908	23.61	63 915.72	86.35

(7)6 142×7 054＝　　(8)2 497×5 681＝　　(9)97.02×547.3＝

(10)4 286×5 791＝　　(11)153.16×4 093.2＝　　(12)753.08×581.6＝

(13)1 985 245÷283＝　　(14)3 084.62÷48.3＝　　(15)9.1802÷0.564＝

(16)2 691 808÷394＝　　(17)1 983 628÷527＝　　(18)1 331 406÷8 702＝

珠算技术等级鉴定普通级 3－1 级模拟题（反面）

（限时 20 分钟，乘除算小数要求保留两位）

（十九）	（二十二）	（二十五）	（二十八）
214.05	871 247	29 814.60	548 612
649 205.48	8 549	－873.46	79 824
84.57	－301 657	89.37	5 036
735 018.62	64 309	789 310.59	25 702 189
4 801.59	4 807 236	－2 306.18	5 703 413
7 350.18	－827 960	502.76	86 302 974
58 412.97	8 327	894 706.12	7 539
14.26	－69 501	－4 154.68	7 306 852
423.18	97 410 531	43.06	21,753
354 783.87	－8 452 083	64 189.53	567 201
7 831.94	10 235	－9 875.60	1 802
27 146.90	19 574 862	679.43	201 647
581.64	4 169	489 312.56	8 510 783
123 870.53	－508 716	－405 716.92	50 971
48.73	2 574 081	57.24	25 736 920

(20) 64.57 × 4 062.8 =　　　　(26) 508.2 × 34.91 =

(21) 4 137 × 8 962 =　　　　(27) 17 205 × 5 134 =

(23) 43 011.85 ÷ 24 706 =　　　　(29) 24 947.8 ÷ 136 =

(24) 324 995.1 ÷ 85 607 =　　　　(30) 18 754 176 ÷ 672 =

说明：加减算、乘算和除算各打对 9 题，为一级；各打对 8 题，为二级；各打对 6 题，为三级。

附录 5

珠算技术等级鉴定能手级模拟题

(一)加减算题

(限时 10 分钟)

(一)	(二)	(三)	(四)	(五)
1 907.34	431 068.95	34 508.71	32 814 075.96	3 615 908.42
69 278.51	86 951.47	62 805 147.39	8 345.07	8 451.97
82 705 394.46	7 049 285.31	9 584.26	613 209.48	-302 716.45
8 295 413.07	2 307.62	290 167.38	-7 038 956.14	98 450 172.63
368 940.51	45 376 910.28	3 197 605.29	65 715.29	-67 203.98
6 508.13	31 245.79	27 065 314.89	90 134 287.65	-4 329 857.21
970 134.28	580 916.34	7 563.04	3 604.25	90 216.74
48 137 502.96	94 086 375.18	528 640.71	-59 760.83	70 695 743.83
14 290.67	9 287.06	3 840 129.67	9 204 187.36	5 306.24
9 414 306.72	2 106 438.57	98 651.32	-471 205.12	307 581.69
3 280.46	687 015.34	84 607.59	58 419 026.73	-920 698.35
27 931 864.05	5 732 106.49	7 364 312.18	-93 674.28	65 308 742.91
65 837.29	61 405 389.72	879 532.06	-8 362 105.49	1 289.83
852 146.67	9 258.36	5 921 308.47	5 932.87	647 158.23
3 709 512.85	48 730.91	92 416.05	194 785.06	-70 591.46

（六）	（七）	（八）	（九）	（十）
50 342	85 630 127	6 321	38 916	1 385
8 719 253	98 526 437	504 978	90 614 752	409 762
1 604	8 912	83 697 205	2 054 873	-87 165 203
476 358	7 324 065	40 683	-735 846	38 149
79 604 124	59 138	5 831	4 601	9 478 205
31 968	83 142 705	267 904	1 982 753	6 132
8 452 073	509 423	30 185 627	-53 402	-804 957
7 204	7 658	49 138	60 329 871	27 938 065
659 138	3 175 096	7 820 594	-489 501	64 308
21 809 745	94 756	3 476	2 358	8 201 765
30 827	401 756	8 279 501	7 168 492	-4 367
8 367 193	712 459	790 621	-39 507	-125 906
1 025	8 603	1 365 984	-27 586 194	17 930 284
749 386	6 810 349	49 027	493 867	-64 513
61 281 749	94 527	69 725 813	-5 201	2 490 386
72 935	56 270 318	846 975	29 074 516	168 092
1 864 097	931 402	5 721	4702	-372 601
5 326	3 076	2 903 865	30 027	3 891
501 948	7 458 319	64 513	-156 893	80 473
39 028 716	81 068	71 430 982	6 710 483	48 015

（十一）	（十二）	（十三）	（十四）	（十五）
3 815.06	1 324 678.59	36 045.78	41 028 679.53	5 603 291.78
51 678 409.21	86 951.47	82 605 147.39	68 345.07	71 340.29
184 097.26	7 285 049.31	4 587.26	-4 359.56	-614 893.72
7 203 164.96	72 654.02	128 926.54	-7 532 956.14	1 608.54
16 039.51	37 456 910.28	6 297 605.29	56 715.29	-76 203.98
76 093 648.58	24 315.79	2 608 135.79	32 647 019.75	30 456 178.29
5 273.16	317 908.42	7 563.04	2 879.16	-5 719 042.38
4 137 502.96	62 703 549.82	3 582.94	-50 234.61	69 705 743.83
735 480.12	9 287.06	3 129 804.67	1 324 678.59	8 506.24
9 306.72	56 490.87	906 127.54	-6 219 205.12	806 452.93
6 249 831.57	237 015.34	60 847.59	8 045 916.03	-920 698.35
27 931 864.05	5 532 106.49	23 056.41	-93 807.28	98 013 526.74
83 729.54	96 170.83	5 376.48	-17 085.94	-7 103 582.49
152 146.27	9 258.36	40 921 308.47	3 932.87	168 647.23
2 709 512.87	3 568 029.71	2 531 078.73	82 754.02	62 548.31

（十六）	（十七）	（十八）	（十九）	（二十）
648 293	7 035	7 135 604	21 890 567	732 095
3 517	489 126	327 081	−106 293	6 419
52 148 039	52 307 849	2 478	5 482 671	−41 627
4 673 592	61 341	50 381 746	−8 216	−95 603 418
81 764	9 042 706	85 329	59 034	65 409
68 045 283	8 543	4 209 813	−94 602 537	8 273 015
317 204	726 109	528 365	314 795	21 865 903
9 571	50 819 427	91 653 027	5 018	−103 827
5 104 628	26 805	6 452	2 851 743	3 481 024
35 097	4 091 732	79 109	−80 692	60 379
69 471 582	5 986	6 152 374	10 543 267	−534 802
108 375	728 413	469 043	37 928	7 096
3 649 719	65 293 704	80 713 629	−514 207	−84 679
5 836	86 735	4 985	3 605 491	12 576 304
20 591	4 125 086	60 718	−8 763	−5 048
78 012 643	7 943	7 505 196	12 347 685	7 916 235
804 967	608 197	40 628 957	−8 369 417	69 034 659
1 239 604	23 947 085	8 194	4 189	−802 917
6 238	61 249	24 681	79 503	7 124 698
57 029	5 307	509 372	289 047	50 723

说明：1. 加减算 10 分钟，乘算和除算各 5 分钟，共 20 分钟。

2. 加减算、乘算和除算各打对 18 题，为能手一级；各打对 16 题，为能手二级；各打对 14 题，为能手三级；各打对 12 题，为能手四级；加减算打对 10 题，乘算和除算各打对 11 题，为能手五级；加减算打对 8 题，乘算和除算各打对 10 题，为能手六级。

(二)乘法运算

(限时5分钟，小数题要求保留四位，以下四舍五入)

(1)8 634 ×5 197 =

(2)9 705 ×2 308 =

(3)4 281 ×65 379 =

(4)73 056 ×9 128 =

(5)8 426 ×370 159 =

(6)9 708.3 ×682.9 =

(7)20 753.4 ×0.3698 =

(8)7 382 ×9 415 =

(9)3 475 ×2 608 =

(10)70 536 ×8 912 =

(11)126 984 ×5 073 =

(12)9 162.8 ×5.4307 =

(13)81.2056 ×4 908.3 =

(14)2 358.6 ×10.2497 =

(15)5 679 ×31 082 =

(16)9 657 ×68 123 =

(17)50 396 ×1 824 =

(18)812.6 ×70.3594 =

(19)1.2689 ×4 370.5 =

(20)16.4527 ×4 209.5 =

(三)除法运算

(限时5分钟，小数题要求保留四位，以下四舍五入)

(1)30 557 568 ÷4 832 =

(2)24 571 859 ÷3 809 =

(3)8 679 612 ÷3 284 =

(4)6 294 246 ÷1 659 =

(5)124 055 426 ÷17 842 =

(6)3 250 953 ÷82 074 =

(7)79 226 532 ÷9 527 =

(8)27 216 948 ÷7062 =

(9)197 710 864 ÷52 084 =

(10)373 969 134 ÷49 058 =

(11)229 738 586 ÷24 658 =

(12)145 576 404 ÷40 812 =

(13)2 991.3876 ÷380.14 =

(14)3 318.1407 ÷624.79 =

(15)16.33532 ÷3.8195 =

(16)7 504.09 ÷83.15 =

(17)2 528.72 ÷7 906.42 =

(18)39 917.38 ÷935.1 =

(19)56.12684 ÷0.9627 =

(20)16.45838 ÷20.9146 =

参考文献

[1] 姚克贤，赵孝廉. 珠算教程[M]. 大连：东北财经大学出版社，2008.
[2] 王宗江，赵孝廉. 计算技术教程[M]. 北京：高等教育出版社，2002.
[3] 毛波军. 珠算与会计书法[M]. 上海：上海交通大学出版社，2009.
[4] 苑玉敏. 珠算教程[M]. 北京：中国财政经济出版社，2002.
[5] 盛永志. 财经基本技能[M]. 上海：上海财经大学出版社，2007.
[6] 姜燕，曲焕波，刘洪亮. 新编会计基本技能[M]. 北京：电子工业出版社，2010.

读者反馈意见

亲爱的读者：

感谢您对《会计基本技能》的支持和热爱，为了今后为您提供更好的服务，请您抽出宝贵的时间来填写下面的意见反馈表，以便我们更好地对本教材做进一步改进，同时如果您在使用本教材的过程中遇到了什么问题，或者有什么好的建议，也请您来信、来电告诉我们。

地址：北京市丰台区科学城南极星大厦108室

电话：010－83794590/83794403

电子邮箱：caikai6223@263.net　QQ：649319527　QQ：1694299827

网址：WWW.KFHWH.CN

教材名称：《会计基本技能》

个人资料：

姓名：__________ 年龄：________ 所在院校/专业________________

文化程度：__________ 通讯地址：____________________

联系电话：__________ 电子信箱：____________________

您使用本书是作为：□指定教材□选用教材□辅导教材

您对封面设计的满意度：

□很满意□满意□一般□不满意□改进建议____________________

您对本书印刷质量的满意度：

□很满意□满意□一般□不满意□改进建议____________________

您对本书的总体满意度：

从语言质量角度看□很满意□满意□一般□不满意□

从科技含量角度看□很满意□满意□一般□不满意□

本书最令您满意的是：

□指导明确□内容充实□讲解详尽□实例丰富

您认为本书在哪些地方应进行修改？（可附页）

____

____

您希望本书在哪些方面可进行改进？（可附页）

____

____